일대일로와
신북방 신남방 정책

이강국 지음

BOOK STAR

머리말

    동아시아 역사를 돌이켜 보면 수많은 민족이 명멸했고 한때 대제국을 이루었던 민족들조차 흔적도 없이 사라져 버린 경우가 적지 않았으나, 한민족은 숱한 어려움 속에서도 불굴의 의지로 살아남아 강토를 보존해 왔다. 고려 태조 왕건의 북진정책은 고려의 영토가 압록강 유역까지 확장되는 원동력이 되었고, 세종대왕은 4군과 6진을 개척하여 오늘날 한반도 영토의 근간을 세웠다. 조선왕조실록에는 숙종이 백두산 경계비 설치 문제로 오고 있는 청나라 관헌을 접견하기 위해 국경지역으로 출발하는 접반사(接伴使)에게 "강역은 지극히 중요하니 반드시 힘써 다투도록 하라."고 비장하게 분부하는 내용이 실려 있다. 선조들이 국토 수호를 위해 얼마나 노심초사 했는지를 알 수 있다.

    현대 사회를 살아가는 우리는 선조들의 위업을 계승하고 나라를 발전시켜야 하는 과제를 안고 있다. 중국은 '중국몽' 기치를 내세우면서 일대일로 전략을 통해 급속도로 영향력을 확대하고 있다. 동남아, 인도양, 홍해 나아가 지중해 항구의 물류 거점들을 하나하나

접수해 가고 있다. 변변한 부존자원도 없고 원유, 천연가스 수입으로 막대한 외화를 지급해야하기 때문에 수출을 해야만 먹고살 수밖에 없는 한국으로서는 해외 시장 개척과 이를 위한 물류 네크워크 구축은 절대적으로 필요하다. 그런데 물류 네트워크를 핵심으로 하는 유라시아 이니셔티브를 내세우고 있던 시점에서 물류의 확충은 고사하고 한진해운이라는 거대 선사가 침몰하면서 해운 경쟁력이 크게 떨어지는 통탄할 일이 발생했다.

　이러한 엄중한 상황에서 신북방 정책과 신남방 정책이라는 슬로건이 제시되었다. 신북방 정책은 유라시아 국가들과 교통·물류 및 에너지 인프라 연계 등을 통해 한국 경제의 신성장 동력을 창출하고 동북아 중심의 경제 외교 정책을 뛰어넘어 북방지역을 '번영의 축'으로 삼는 정책이다. 신남방정책은 한반도 주변 4강에서 벗어나 외교적 지평을 넓히고 중국·미국·일본에 편중된 교역 의존도를 다변화할 대상으로 아세안을 인식하고 빠른 성장 추세를 보이고 있는 인도를 중시한다. 중국의 정치·경제적 리스크가 커지고 있는 상황에서 '포스트 차이나(Post China)'의 대상으로 지리적 인접성과 성장 잠재력 그리고 다양성을 지니고 있는 아세안을 선택하고 중국에 맞장을 뜰 수 있는 국가로 부상하고 있는 인도로 향하는 것은 외교 다변화, 시장 다변화를 위해서 어쩌면 당연하다고도 할 수 있다.

　한민족은 본래 광활한 대륙 벌판을 누비면서 힘차게 살았고 광개토대왕 성세에서 알 수 있듯이 대륙을 호령하였던 기상을 보였었다. 그리고 해상왕 장보고는 드넓은 바다를 개척하여 한반도를 동아시아 교역의 중심지로 만들었다. 그런데 오늘의 현실은 남북한으로 분단되어 사실상 섬으로 남아 있다. 이제 해양·대륙 복합 국가로의 전환이 필요하다. 신북방정책과 신남방 정책을 통해 대륙으로 연결하고 바다로 뻗어 나가야 한다. 북방 대륙과 해양을 연결하는 교량과 같은 위치에 있는 입지를 토대로 북방 지역 개발 사업에 참여함으로써 대륙과 해양을 아우르는 동북아 경제권 형성에 중심적인 역할을 할 수 있다. 분단 체제의 경계를 넘고 중국 동북 3성, 러시아 연해주를 지나 극동 시베리아, 유라시아로 나아가고, 또 한편으로 바다를 건너 아세안, 인도로 새로운 협력 공간을 확보하는 것은 글로벌 네트워크 시대에 필연적인 과정이다.

신북방·신남방 정책은 중국이 일대일로 정책을 속도감 있게 추진하고 러시아가 신동방 정책을 적극적으로 표방하며 아세안 경제공동체가 급속도로 진행되고 인도가 '메이크 인 인디아(Make in India)' 제조업 육성 정책을 통해 고도성장을 구가하고 있는 상황에서 나온 것으로 시의적절한 것으로 생각된다. 한편, 중국의 일대일로 전략은 당대에서는 가장 잘 체계화된 외국 진출 전략이라고 할 수 있다. 신북방·신남방 정책을 추진하는 데 있어서 벤치마킹할 필요가 있다. 그리고 우리의 중요한 교역·투자 대상국이자 인접국인 중국이 추진하고 있는 핵심 정책인 일대일로와 연계할 필요도 있다. 그러나 국익을 두고 일대일로 정책과 경쟁하는 측면도 있다. 그래서 이 책에서는 일대일로 정책이 시작된 계기가 된 시진핑 체제 출범과 일대일로 정책에 대해 먼저 설명한 후 신북방 정책, 신남방 정책에 대해 기술하고, 일대일로와의 협력 방안에 대해서도 살펴보았다.

25년 전 중국에서 연수할 때 연변(延邊)을 찾아서 윤동주 시인이 읊었던 '해란강'을 굽어보고 중·북·러 국경이 만나는 두만강 하류를 돌아보았다. 한반도가 북방과 자연스럽게 연결되어 있고 생태학적으로 매우 유사하다는 것을 실감하였고 남북 통일을 이루고 동북 3성, 연해주를 통해 경제적으로 뻗어나가는 장면을 그려보았다. 포스트 차이나로 주목받고 있는 베트남과 할랄 식품 및 이슬람 금융의 허브로 떠오르고 있는 말레이시아에서도 근무하였으며, 연간 경제성장률 7%를 기록하며 급속히 부상하고 있는 인도와 중견국 외교의 좋은 파트너인 호주를 담당하는 과장도 역임하였다. 지금은 고대 실크로드의 기점이었던 시안에서 일대일로 정책을 현장에서 목도하고 있다.

　　이러한 경험을 바탕으로 신북방 정책과 신남방 정책이라는 웅대한 정책에 관해 많이 생각해 보았고 나름대로 사명감을 가지고 새벽을 밝히며 책을 써 보았다. 2016년 1월 발간한 『중국의 新실크로드 전략 일대일로』의 증보도 겸하여 썼다. 이제 남북 정상회담과 북미 정상회담의 성공적 개최로 북한의 비핵화 프로세스의 거보를 내딛게 됨으로써 신북방·신남방 정책의 추진에 탄력을 받을 수 있게 되었다. 그런데 아무리 좋은 정책도 국민들의 관심을 이끌지 못하고 정책 담당자들의 책임성과 정책 수행 의지가 수반되지 않으면 성공할 수 없다. 이 책이 신북방·신남방 정책에 대한 관심을 불러일으키고 정책 추진에 미력하나마 도움이 되기를 바란다.

2018년 8월 시안에서
이강국

차례

①

시진핑 지도부 및
일대일로
전략 출범

1. 시진핑 1기 지도부 개시

(1) 제18차 당 대회 개최

2012년 말에 개최되는 제18차 중국 공산당 대회를 앞두고 홍콩을 비롯하여 미국, 일본, 한국, 대만, 유럽 등 세계 각지의 언론에서 누가 중국의 차기 지도자가 될 것인지 그리고 누가 상무위원회에 진입할 것인지 등에 관해 분석 기사와 추측 기사를 쏟아냈다.

중국은 비밀이 잘 유지되는 나라이기 때문에 특종을 잡기란 여간 어려운 일이 아니다. 특히, 정치에 관해 확실한 정보를 확보하여 보도하는 것은 불가능에 가깝다고 해도 과언이 아니다. 중국 사람들은 정보를 누설하여 발각되면 신상에 결정적인 영향을 받고 생명을 걸어야 할 경우도 있어 타인에게 함부로 발설하지 않는다. 더구나 정치 지도자 변동에 관한 중요한 내용이 사전에 누설되면 대상자가 결정적인 불이익을 받을 수도 있기 때문에 조심하고 또 조심한다.

그런데 왜 중국 정치에 관한 내용이 외국 언론에 사실처럼 그렇게 많이 보도될 수 있는가? 그 비밀은 홍콩에 있다. 영국 식민지 지배를 받고 있던 시기에 홍콩은 정보의 집결지로 중국 대륙을 관찰하는 안테나 역할을 하였다. 그래서 많은 언론 매체들이 특파원을 파견하고 있었다. 세계 각국 기관들도 중국에 관한 정보 수집을 위해 홍콩에 사무소를 두었다. 한국은 중국과 수교 이전에 주홍콩총영사관에 상당한 규모의 외교관을 파견하였고 대부분의 주요 언론 매체들도 홍콩에 특파원을 파견하고 있었다. 1997년 7월 1일 홍콩이 반환되면서 중국 안테나로서의 역할은 많이 줄어들었지만 홍콩의 역할은 아직도 주목을 받고 있다. 홍콩인들은 중국에 사업체를 가지고 있고 같은 중국인이기 때문에 아무래도 중국 관료나 중요 인물들과 친밀한 관계에 있을 가능성이 커서 정보 접근도가 높고 홍콩 언론은 중국 정보에 좀 더 밝을 수밖에 없다.

그런데 홍콩 언론 관련해서는 "모두 믿어서는 안 되고 그렇다고 믿지 않아서도 안 된다."라는 말이 있다. 중국의 일부 인사들이 자기에게 유리한 상황 전개를 위해 살짝 정보를 흘리는 경우가 있다고 한다. 또한, 곧바로 발표하면 충격을 줄 수 있는 사안의 경우는 충격을 완화하기 위해 정보를 흘려 보도하게 하는데, 이때 중국 인사들이 홍콩 언론을 이용한다고 한다. 한편으로 유리한 국면 전개나 국면 전환을 위해 사실과 다른 정보를 의도적으로 만들어 흘리는 경우도 있다고 한다.

아무튼, 제18차 당 대회를 앞두고 홍콩 언론들이 중국 지도자 인선에 관해 집중 보도하자 많은 외국 언론들도 홍콩 언론을 인용하면서 보도 경쟁에 뛰어들어 이에 관한 기사로 넘쳐났다. 상무위원 인선과 관련해서는 제17차 당 대회에서 이미 상무위원회에 진입한 시진핑(習近平), 리커창(李克强)을 비롯하여 위정성(兪正聲) 상하이시 당서기, 쟝까오리(張高麗) 텐진시 당서기, 보시라이(薄熙來) 충칭시 당서기 등이 기본적으로 거론되고 있었다.

보시라이는 국가 원로였던 보이보(薄一波)의 아들로서 전형적인 태자당에 속하며 랴오닝성 다롄시 시장, 당서기를 역임하면서 능력을 인정받았고 상무부장을 거쳐 인구가 최대 직할시인 충칭시 당서기를 맡고 있어 상무위원이 되는 것은 문제가 없을 것으로 여겨졌다. 그런데 그때 천지를 진동시킨 보시라이 사건이 터졌다. 보시라이 당서기의 심복이었던 왕리쥔(王立軍) 충칭시 공안국장이 직위해제되자 청두 주재 미국총영사관에 들어가 망명을 시도하였다. 왕리쥔은 다롄에서부터 보시라이의 신임을 받아왔는데, 보시라이의 부인의 영국인 사업가 독살 사건과 관련하여 보시라이에게 질책을 받자 신변의 위협을 느껴 미국총영사관으로 도피한 것이다.

중국에서는 도저히 상상할 수 없는 엄청난 사건으로 세인들의 지대한 관심을 불러일으켰다. 국무장관을 역임한 힐러리 클린턴은 자서전『힘든 선택들(Hard Choices)』에서 "왕리쥔이 미 총영사관에 있는 동안 보시라이에게 충성을 바치는 보안대가 총영사관 건물을 에워쌌다. 긴장된 순간이었다."라고 썼다. 이때에도 홍콩 언론은 상당한 정보력을 자랑하면서 이 사건에 관한 보도를 이끌어 갔다.

(2) 시진핑, 최고 지도자로 선출

보시라이 사건으로 인해 유력한 경쟁자 한 명이 탈락하였기 때문에 상무위원 인선은 보다 간명하게 되었다. 그 후 8월 북대하 회의에서 전현직 지도자들이 모여 차기 10년을 이끌 지도부 인선을 거의 확정하였다고 한다. 시진핑 총서기, 리커창 총리 구도도 이때 확정되었다고 하는데, 이 구도는 이미 2007년 제17차 당 대회에서 기본적으로 만들어졌다. 제17차 당 대회에서 시진핑이 리커창보다 서열이 앞서서 정치국 상무위원에 진출함으로써 최고 지도자로 될 가능성이 예상되었다.

시진핑은 저장성 당서기 때까지는 두각을 나타내지 못하다가 상하이 지역에서 강력한 세력을 행사하고 있던 천량위(陳良宇) 당서기가 갑자기 경질된 후에 상하이 당서기가 되면서 차기 지도자 후보 반열에 오르게 된다. 시진핑은 산시성 옌안시 옌촨현 량자허촌(梁家河村)에서 16세 때부터 7년 동안 하방생활을 하여 당 이념에 투철한 인물로 인식되었다고 한다. 옌안은 중국 공산당 혁명의 성지(聖地)이다. 상하이 당서기에 부임한 시진핑은 영국식 호화 사택을 사절하는 등 청렴한 이미지를 구축했고 최대한 몸을 낮추었다고 한다. 시진핑은 부친이 부총리를 역임한 시중쉰(習仲勳)으로 태자방에 속한다. 후야오방(胡耀邦)의 정책을 지지했던 시중쉰은 덩샤오핑에 의해 후야오방이 권력을 잃는 와중에도 끝까지 곁을 떠나지 않은 것으로 알려져 중국 공산당에 명망이 높다.

당 대회 폐막 일자가 가까워지면서 총서기와 함께 중앙군사위주석을 동시에 이어받는 문제가 중요한 사안으로 대두되었다. 덩샤오핑은 중앙군사위주석을 유지하면서 호령하였고 천안문 사건 이후 장쩌민(江澤民)이 총서기가 되었지만 중앙군사위주석은 곧바로 물려주지 않았다. 그리고 장쩌민은 후진타오(胡錦濤) 주석 초기에 약 2년 동안 중앙군사위주석을 유지하면서 수렴청정(垂簾聽政) 정도는 아니지만 상당한 영향력을 행사하였다.

당 대회 도중에 갑자기 시진핑이 공식 석상에 나타나지 않았다. 수영 도중에 허리를 다쳤기 때문이라는 설도 있었다. 그런데 2012년 11월 15일 내외신 기자 대면식에 시진핑 총서기가 제18차 중국 공산당 1기 전체회의에서 선출된 정치국 상무위원들을 대동하고 건강한 모습으로 나타났다. 그 후 시진핑 주석이 허리가 아프다는 말은 한 번도 들리지 않았다. 결국, 중앙군사위주석을 동시에 이어받기 위한 시위였다는 설이 설득력 있게 다가왔다. 중앙군사위주석을 이어받는 것은 신임 지도자가 명실상부하게 권력을 이양받는 조치이다.

2. 시진핑 정책 실시

(1) 중국몽 제시

중국 공산당 18차 당 대회에서 개혁, 개방 가속화 및 창신(創新) 방침이 천명되었다. 이어서 시진핑 주석은 '중국몽(中國夢·중국의 꿈)'을 기치를 내걸었다. 총서기로 선출된 직후인 2012년 11월 29일 전체 상무위원들을 대동하고 국가박물관에서 개최된 '부흥의 길(復興之路)' 전시회를 참관한 계기에 가진 연설에서 '중화민족의 위대한 부흥의 중국몽'을 언급한 이래 '중국몽' 이야기는 계속되고 있다.

시진핑 총서기는 중화민족의 위대한 부흥은 곧 근대 이후 중화민족의 가장 큰 꿈이라고 하면서, "중화민족은 많은 고난을 겪었으며 큰 희생을 치렀으나 이에 굴하지 않고 항거하여 자신의 국가 건설이라는 위대한 진전을 이룩하였으며 개혁 개방이래 부단히 노력하여 놀랄만한 성과를 거양하였고 이제는 역사상 어느 시기보다 중화민족의 위대한 부흥이라는 목표에 근접하였으며 미래는 밝다."라고 말하였다.

(2) 시진핑 정책의 특징

시진핑 정책의 키워드는 한마디로 말해 혁신을 통해 국가를 발전시키는 것이다. 이는 과거 사례를 기계적으로 답습하지 말고 새로운 시각에서 추진해야 한다는 것이다. 그리고 그 목표는 개인적으로는 주도권을 확립하고 국가적으로는 '중국의 꿈'을 달성시키는 것으로서 국내 정치, 국제 정치 및 경제 정책 등 거의 모든 정책에 적용될 수 있다.

먼저, 국내 정치적인 측면에서는 총서기, 국가주석과 함께 중앙군사위주석 직책을 일괄적으로 이어받고 반부패 조치와 군중노선 교육으로 사회 분위기를 장악하며 '체제 개혁 심화 영도소조' 등 다수의 영도소조 조장의 겸임을 통해 정치 주도권을 확보했다. 시진핑의 업무 방식은 상황이 여의치 않으면 때를 기다리지만 주도권을 잡으면 과감하고 공격적으로 밀어붙이는 것인데, 항상 염두에 두고 가장 먼저 취하는 조치는 확실한 주도권 확보이다.

둘째는 국제 정치적 측면이다. 시진핑 외교는 미국과의 '신형 대국 관계' 정립을 통한 국제 정치의 주도권 확립이 핵심 전략이다. 2013년 6월 미중 정상회담에서 시 주석이 "하나의 산에 두 마리 호랑이가 있을 수 없다(一山不容兩虎)."는 속담을 부정하고, "태평양은 넓기 때문에 두 마리 호랑이가 살 수 있다."라고 말하면서 제시하였던 신형 대국 관계는 대미 외교정책의 기본 방침과 철학이 되었다.

2015년 9월 중국 전승절[중국 인민 항일전쟁 및 세계 반(反)파시스트 전쟁 승리 70주년] 기념행사를 대대적으로 개최하여 일본의 우경화를 경계하는 한편, 제2차 세계대전을 종식시킨 반파시스트 전쟁 승리가 아시아 전장에선 중국 중심으로 여러 나라가 힘을 합쳐 일제(日帝)를 타도했음을 강조하여 중국이 중심이 되고 있음을 부각시켜 위상을 과시하였다.

셋째는 경제 정책 측면으로서 상하이 자유무역시험구, 해외투자 전략(走出去), 제조업 육성 정책 및 외자 기업에 대한 우대 철폐 등을 통해 자체 경쟁력 향상을 도모하고, '일대일로' 전략 및 아시아 인프라 투자은행(AIIB) 설립을 통해 국제 경제 주도권을 확보하려 하고 있다. 중국의 해외투자는 과거에는 자원 확보가 주된 목적이었으나, 이제는 자국 기업 경쟁력 강화, 자국 기업의 세계적인 기업 육성에 주안점을 두고 해외투자 촉진 전략인 '저우추취(走出去)' 전략에 입각하여 지원하고 있다. 제조업 강국으로 부상하기 위해 제조업 육성 정책을 표방하고 지금은 기술이 달리기 때문에 막대한 자금을 바탕으로 외국으로부터 유수의 기술을 확보하는데 주안점을 두고 있다.

중국의 제조업 육성 정책

2015년 5월 국무원(國務院)은 『중국제조 2025』 산업고도화 전략을 발표하면서 제조업은 국민 경제의 주체일 뿐만 아니라 나라 건설의 근본이며 나라 부흥의 도구이고 강성 국가의 토대라며 제조업 육성을 중국 굴기의 핵심으로 선언했다. 제조업 육성 정책은 3단계로 추진되고 있는데, 첫 번째 단계는 2025년에 제조 강국 반열에 진입하고, 두 번째 단계는 2035년에 전반적으로 세계 제조 강국 중등 수준에 달하며, 세 번째 단계는 신중국 건국 100주년인 2049년에 가까운 2045년에 세계 제조 강국의 상위권에 꼽히는 종합 전력을 확보하는 것이다.

제조업 10대 핵심 산업 분야(차세대 IT기술, 고정밀 수치제어 및 로봇, 항공우주장비, 해양장비 및 첨단기술 선박, 선진 궤도교통 설비, 에너지 절약 및 신에너지 자동차, 전력설비, 농업기계장비, 신소재, 바이오의약 및 고성능 의료기기)와 5대 중점 프로젝트 계획(국가 제조업 혁신센터 구축, 스마트 제조업 육성, 공업 기초 역량 강화, 첨단장비의 혁신, 친환경 제조업 육성)을 제시하였다. 특히 차세대 자동차 산업 주도권 확립을 위해 전기자동차 산업을 적극적으로 육성하고 있다. 반도체는 중국이 원유보다 더 많이 수입하고 있는데 거대한 자금을 동원(반도체 펀드 조성)하여 최첨단 산업 분야의 기술력 향상 일환으로 반도체 산업 발전을 대대적으로 추진하고 있다.

나아가, 2017년 3월 28일 인민은행, 공업신식화부(공신부), 은행감독위원회(은감회), 증권감독위원회(증감회), 보험감독위원회(보감회) 등 5개 기관이 합동으로 『제조 강국 건설에 대한 금융지원 관련 지도의견』을 발표하였다. 제조업의 경쟁력을 강화하기 위해 은행 자금뿐만 아니라 증권 자금, 나아가 보험 자금을 망라한 지원책을 제시하고 있는데, 매우 체계적이고 종합적인 지원 방안이다. 제조 기업들의 해외 진출의 자금조달 경로를 대대적으로 확대하고 제조 기업에 대한 '해외 진출' 지원 정책을 촉진하기 위해 다원화되고 맞춤화된 금융 서비스를 제공함으로써 중국 기업들이 보다 풍부한 자금력을 바탕으로 해외에서 첨단 기술기업, 유수한 기업 인수를 용이하게 하도록 지원하는데 목적이 있다.

3. 시진핑 2기 지도부 출범

(1) 중국 정치 체제 특징

중국은 공산당이 중심이 되는 사회로서 당이 우위에 있고 당이 지도하는 국가다. 그런데 공산당이 절대적인 체제이지만 당내에서는 경쟁이 치열하게 이루어지는 시스템이다. 그리고 당원 충원 과정이 상당히 체계화되어 있다. 현재 공산당원은 8천여만 명으로 추산된다. 대학생 등 젊은 층을 당원으로 가입시키고 각 분야의 유능한 인력을 당원으로 충원하는데, 이때 리더십, 도덕성, 발전 가능성 등을 철저히 검증한다.

당이나 행정부 등 각 기관의 승진과 지도층 선발 시스템도 체계화되어 있고 능력을 중시한다. 능력 검증을 통해 유능한 사람이 승진하고 특별히 유능한 사람은 중국어로 '티바(提拔)'라고 하여 몇 단계 뛰어서 발탁되기도 한다. 현재 세계에서 가장 효율적인 시스템을 운영하고 있는 국가는 중국이라고 할 수 있는데, 이것은 일사불란한 공산당 체제하에서 능력이 있는 사람들이 각 부문을 이끌고 있기 때문이다.

일반적으로 빵 문제가 해결되면 정치적 욕구가 분출된다는 것이 정치학에서 정설이다. 그래서 많은 학자들이나 정치 분석가들은 중국도 급속히 경제가 발전하고 있기 때문에 언젠가는 정치적 욕구가 분출될 것으로 예상하고 있다. 심지어 중국도 정치 변동이나 정치적 혼란을 피할 수 없을 것이라는 전망을 내놓고 있다. 그러나 중국 지도층의 생각은 다르다. 공산당이 계속 통치해야 하며 통치할 수 있다고 생각한다.

정치 변동 사이클은 권력층 부패가 심각해지면 물가고와 실업 문제 등이 심각해지면서 대중들의 삶이 어려워지고, 그렇게 되면 각종 시위가 일어나고, 사회가 혼란해지며 결국은 엘리트층이 분열되어 정권이나 체제가 붕괴된다는 것이다. 중국 인사들은 경제 발전, 엘리트 충원, 당의 정화라는 세 가지를 이룬다면 공산당 체제가 계속적으로 유지될 것으로 확신하고 있다. 즉 경제 발전을 통해 인민들의 빵 문제를 해결하고 광범위하게 퍼져 있는 엘리트를 충원하고 단결시켜 공산당 통치를 공고히 하며 반부패를 통해 인민들의 신뢰를 확보해 나간다면 공산당이 계속 통치해 나갈 수 있다고 믿는 것이다.

통치공고화 방식으로 관심을 끌고 있는 것이 장쩌민 시기에 제시된 「3개 대표론」이다. 이것은 공산당이 선진 생산력, 선진 문화, 광범위한 인민 이익 등 3개를 대표해야 한다는 것이다. 그 핵심은 민간 기업가들을 포함하여 사회 각층에 포진해 있는 엘리트들을 품안에 끌어들이는 것이다. 공산당은 노동자, 농민 위주의 정당이지만 경제가 발전함에 따라 민간 경제 엘리트도 많아지게 되고 이들을 무시할 수 없게 되어 민간 기업가들에게 당의 문호를 개방하고 있다. 중국 공산당은 노농 계급의 이익만을 반영하는 당에 머물지 않고 이익 대변의 저변을 확대하고 있다. 이것이 바로 광범위하게 퍼져 있는 엘리트를 충원하고 단결시켜 공산당 통치를 공고히 하는 방식이며 「3개 대표론」의 요체이다.

이제 중국 인사들은 심지어 중국 체제가 서구 민주주의 체제보다 더 효과적이라고 하면서 서구 민주주의 체제를 답습할 필요가 없다고 말하고 있다. 서구 민주주의 체제는 선거 과정에서 많은 비용이 소모되고 인기 영합적인 포퓰리즘으로 인해 재정 적자를 초래하며 정권 교체가 이루어질 경우에는 과거 정부의 정책을 부정하고 새로운 정책을 시행하는 경우가 많아 정책의 연속성이 크게 떨어진다는 것이다. 반면에 중국 체제는 효율적이고 연속성 있게 정책을 집행하기 때문에 국가 발전에 효과적이고 결국 국민들에게도 유익한 체제라는 논리이다.

(2) 덩샤오핑의 권력 교체 시스템

장기 집권과 권력 독점의 폐해를 본인이 직접 겪은 바 있는 덩샤오핑(鄧小平)은 이를 방지하기 위한 몇 가지 장치를 마련해 놓았고 장쩌민, 후진타오 시기를 거치면서 지켜지고 보다 체계화되었다. 첫째는 집단 지도 체제이다. 당 총서기가 일인자이지만 정치국 상무위원들이 상무위원회에서 각기 한 표를 행사하도록 했고 각자 업무를 분담(分工·분공)토록 했다. 이것은 중국으로서는 하나의 큰 제도 혁신이며 시스템의 혁신이기도 하다. 시행착오를 경험한 후 비로소 독특하고 상당히 완결적인 당 관리 구조, 국가 관리 구조, 군대 관리 구조와 사회 관리 구조를 구축했다.

둘째는 차차기 후계자를 미리 정하는 격대지정(隔代指定, 현 지도자가 한 세대를 건너뛰어 그다음 세대의 지도자를 미리 낙점하는 방식)의 전통이다. 능력이 검증된 비교적 젊은 인사를 중간에 정치국원으로 발탁하여 장래 지도자를 예측토록 했다. 격대지정은 후계자 지정을 둘러싼 권력 투쟁을 막고 견제와 균형으로 안정적인 권력 승계를 확보하기 위해서다. 한마디로 문화혁명이라는 결정적 과오를 남긴 마오쩌둥 같은 독재를 막기 위해서이다.

세 번째는 연임 제한으로써 최고 국가지도자는 한 번 연임을 통해 10년간 권력을 잡을 수 있으나 그 이상은 안 된다는 것이고 이것은 장쩌민, 후진타오 시기를 거치면서 지켜졌다. 물론 중국의 최고 실권자인 공산당 총서기의 연임 제한은 공산당 당장(黨章)에 명문화된 것은 아니고 관례에 의해 이루어져 왔다. 연임 제한 규정은 1982년 헌법 개정을 통해 국가주석, 국가부주석은 2회를 넘어 연임할 수 없다고 명시되었다. 한편, 중앙정치국 상무위원의 경우 '칠상팔하(七上八下, 67세는 유임, 68세는 은퇴)'와 같은 연령제를 두었다. 연령제는 2000년대 이후 나타난 것으로 명문화된 것은 아니지만 당 불문율로서 관행화되어 노간부들을 은퇴시키고 주기적인 세대교체를 해왔다. 이 같은 집단 지도 체제와 연령 제한에 따른 임기제가 있으면 절대 권력이 생길 수 없다.

(3) 제19차 당 대회 관전 포인트

제19차 당 대회를 앞두고 관심을 끈 것은 세 가지였다. 첫 번째는 차기 후계자로 될 수 있는 두 명의 젊은 인사가 과연 누가 될 것인가, 그리고 시진핑은 과연 후계자를 둘 것인가. 두 번째는 능력이 출중하고 시진핑 주석의 신임을 두텁게 받으면서 부패 척결을 진두지휘하고 있는 막강한 왕치산(王岐山) 정치국 상무위원 겸 중앙기율검사위 서기가 연령 제한에도 불구하고 연임할 것인가. 세 번째는 차기 신임 정치국 상무위원으로 누가 발탁될 것인가 등이었다.

이런 측면에서 제19차 당 대회는 시진핑 주석 집권 2기의 판도뿐 아니라 집권 10년이 되는 2022년 이후까지도 권력을 유지할 것인지 가늠할 수 있는 중요한 정치 행사였다.

차기 지도자로서는 일찍이 제18차 당 대회 때 젊은 인사로서 정치국원이 된 후춘화(胡春華) 광둥성 서기와 쑨정차이(孫政才) 충칭시 서기가 주목을 받아 왔다. 두 인사는 정치국원이자 중요한 지방의 당서기를 맡고 있고 60년대 생으로 정치국 상무위원이 되면 한 번 연임해도 연령 제한에 걸리지 않은 인사들이었다. 후진타오 주석, 원자바오(溫家寶) 총리가 차차기 지도자로 염두에 두고 '격대지정'의 원칙에 따라 후춘화와 쑨정차이를 발탁하였으며 제19차 당 대회에서 두 인사가 상무위원으로 진입하고 제20차 당 대회에서는 각각 서열 1, 2위가 될 것이라고 관측되고 있었다. 이것은 2007년 17차 당 대회 때 시진핑과 리커창이 정치국 상무위원회에 입성해 후계자 수업을 받은 뒤 2012년 제18차 당 대회 및 이어서 개최된 전인대를 통해 나란히 서열 1인자로서 총서기 및 국가주석, 그리고 서열 2인자로서 총리가 된 것과 같은 이치다.

그런데 제19차 당 대회를 불과 3개월 앞두고 쑨정차이 충칭시 당서기가 비리 혐의로 공식 조사를 받고 있다고 보도되어 세상을 깜짝 놀라게 하였다. 쑨정차이가 낙마하자 당, 정부뿐만 아니라 중국 사회 전체가 긴장했다. 차세대 주자로 확실시되던 쑨정차이가 하루아침에 날아가다니 믿을 수가 없다는 것이었고 '시진핑 주석이 세긴 세구나 조심해야지'하는 분위기가 감돌았다. 그 후 쑨정차이는 수개월에 걸친 조사 끝에 '쌍개(雙開, 공직 및 당적 박탈)'처분을 받았다고 공식 발표되었다. 시진핑 주석은 최고 지도자가 되자마자

'8개 항' 부패 척결 방침을 제시하고 '호랑이든 파리'든 다 잡겠다고 반부패 투쟁을 강력히 전개해 왔다. 중국에서 '쌍개' 특히 당적박탈까지 받으면 후에 상황이 호전되어도 다시 살길이 없어 정치적인 사망선고나 다름없다고 한다.

제19차 당 대회에서는 차기 대회인 제20차 당 대회에서 최고 1인자와 2인자에 오를 두 명의 예비 후계자를 결정해야 하는데 유력후보자 한 사람인 쑨정차이가 전격 낙마하면서 후계자 문제는 시계제로 상태가 되었다. 그런데 곧바로 시진핑 주석이 아끼는 천민얼(陳敏爾)이 부상하였다. 천민얼은 시진핑이 저장성 당서기로 있을 때 저장일보에 발표한 '지강신어(之江新語)' 칼럼 232편의 초고를 4년간 집필했다. '국주(國酒)'라 불리는 마오타이(茅台)가 생산되는 지역 정도로만 알려진 '깡촌'의 대명사인 구이저우(貴州)성 성장으로 와 있다가 얼마 안 있어 당 서기로 승진하였다. 성도인 구이양(貴陽)을 세계적인 빅데이터 산업의 중심지로 탈바꿈시켰다. 경제성장률은 10%가 넘어 눈부신 성과를 냈다. 이 과정에서 중앙에서 힘을 실어 주었다고 한다.

천민얼이 충칭시 당서기로 전격 발탁되자 갑자기 강력한 후계자로 부각되었고 정치국원을 뛰어넘어 곧바로 최고지도부인 정치국상무위원으로 직행할 것이라는 관측이 크게 제기되었다. 제19차 당대회 시간이 다가오자 홍콩 및 외국 언론에서는 천민얼이 후춘화와더불어 정치국 상무위원에 입성하는 것으로 기정사실화하다시피보도하였다. 그런데 결과는 두 사람 모두 상무위원에 진입하지 못했다. 천민얼은 정치국원에 선출되고 후춘화는 정치국원으로 재선출되었지만 상무위원으로 진입하는 것과는 큰 차이가 있다. 결과적으로 시진핑은 차기 후계자를 지정하지 않았다.

(4) 정치국 상무위원 선출

제19차 당 대회에서 '7상8하(七上八下)' 원칙이 깨질지도 주요 관심사였다. 시진핑의 최측근인 왕치산 상무위원이 연령 제한을 넘어 연임되고 심지어 총리까지 될 수 있다는 관측이 나돌았다. 왕치산의 유임 여부는 시진핑 장기 집권 여부와 관련되어 있기 때문에 큰 관심을 불러일으키는 사안이었다. 왜냐하면, '7상8하' 연령 제한에 걸리는 왕치산 상무위원이 유임되면 연령 제한의 불문율이 깨져 시진핑으로서는 집권 10년이 되는 2022년 이후에도 집권할 수 있는 길이 열리기 때문이다. 그러나 시진핑은 이때에 왕치산 문제에 관해서 무리하지 않았다. 대신 다른 방법을 생각하고 있었는데, 이것은 바로 몇 개월 후에 나타났다.

쑨정차이가 낙마하고 왕치산이 연령 제한으로 물러나고 다크호스로 부상한 천민얼과 함께 후춘화가 상무위원에 진입하지 못하자 자연스럽게 시진핑 측근 인사들이 상무위원 자리를 꿰찼다. 새롭게 진입한 인사들은 리잔수(栗戰書) 중앙판공실 주임, 왕양(汪洋) 부총리, 왕후닝(王滬寧) 중앙정책연구실 주임, 자오러지(趙樂際) 중앙조직부장, 한정(韓正) 상하이시 당서기이다. 그 후 리잔수 상무위원은 전국인민대회 상무위원장을 맡고 왕양 상무위원은 전국 정치협상회의 주석으로 선출되었다. 왕후닝 상무위원은 이념·선전 업무를 맡게 되었는데 제19차 당 대회에서 당장에 삽입된 시진핑 사상을 선두에서 진두지휘하고 홍보하고 있다. 자오러지 상무위원은 중앙기율검사위 서기로서 반부패 업무를 관장하고 한정 상무위원은 국무원 상무부총리에 임명되었다.

(5) 국가주석 연임 제한 규정 삭제

2018년 중국의 최대 명절인 '춘절'이 지난 직후 또 세상을 놀라게 하는 내용이 보도되었다. 당 중앙위원회가 전인대에 국가주석, 국가부주석 연임을 제한하는 헌법 규정 내용의 삭제를 건의한다는 내용이다. 이어서 중국공산당 제19기 중앙위원회 3차 전체회의(19기 3중 전회)가 2월 26일부터 28일까지 사흘간 베이징에서 열렸다. 일반적으로 중국 공산당 3중 전회는 늦가을이나 초겨울에 개최되며 중요한 경제 정책을 결정하는 회의로 운영되어 왔는데, 1978년 12월 덩샤오핑이 개혁 개방 방침을 결정한 11기 3중 전회가 유명하다. 그런데 19기 3중전회가 통상적인 개최 시기보다 한참 앞당겨 3월 전국인민대표대회(전인대) 개막에 임박하여 열리고 새 지도부의 경제 정책 비전 제시를 다루는 관행을 깨고 국가 지도자 인선과 국가기관에 관한 안건을 다룬 것은 매우 이례적이다.

제19기 3중 전회에서 결정된 내용을 바탕으로 2018년 3월에 개최된 13차 전인대 회의에서 국가주석과 국가부주석에 대한 연임 제한 삭제안이 통과되었다. 그리고 시진핑 주석은 만장일치로 국가주석에 재선출되었다. 언론에서는 시진핑 주석은 '롤 모델'이던 푸틴을 넘어섰다고 평가하였다. 푸틴 대통령은 집권 연장을 위해 총리와 직무를 맞바꾸며 실권을 유지하는 편법을 사용했지만 시 주석은 헌법 개정으로 정면 돌파를 선택했다.

　이와 관련하여 중화민족의 위대한 부흥이라는 중국몽 추진을 위해서는 10년 임기만으로는 부족하다는 논리가 등장했다. 그리고 당 기관지 인민일보는 최고지도자가 공산당 총서기, 국가주석, 중앙군사위원회 주석이라는 세 직위를 겸직해 당과 국가를 이끄는 삼위일체의 지도 체제가 중국 국정에 부합하다고 주장하고, 당장(黨章)에 총서기와 중앙군사위원회 주석은 임기 제한이 없지만, 헌법에 국가주석 직위만 연임을 제한하는 규정이 있어 제도적으로 일치하지 않기 때문에 새 시대에 중국 특색의 사회주의를 전면적으로 관철하려면 제도의 통일성을 담보해 당의 안정적 통치 기반을 마련해야 한다는 해설 기사를 실었다. 다만 인민일보는 "국가주석 임기제의 수정은 당과 국가 영도 간부의 은퇴 제도 변경을 의미하지 않고 영도 간부의 종신제를 의미하는 것도 아니다."라고 밝혔다.

　한편, 연령 제한으로 상무위원에 잔류하지 못하고 퇴직한 것으로 여겨졌던 왕치산이 2018년 1월 말에 개최된 후난성 인민대표대회에서 전인대 대표로 선출되고 3월 전인대에서 국가부주석에 선출되어 화려하게 복귀하였다. 이것은 '7상8하'라는 관점에서만 왕치산의 유임 문제를 분석했던 세인들의 의표를 찌른 한 수였고 시진핑 주석 역시 연령 제한에서 자유로워졌다.

4. 시진핑 2기 지도부 특징

(1) 정치 권력 공고화 및 장기화

시진핑 주석은 2012년 말 최고 지도자가 되자마자 반부패 조치 및 군중노선 교육을 대대적으로 실시하고 '체제 개혁 심화 영도소조' 등 여러 개의 소조 조장을 겸임하면서 정치 주도권을 장악해 왔다. 2016년 11월에 개최된 18기 6중 전회에서 당의 '핵심 지위'를 부여받았다. 그리고 2017년 10월 개최된 제19차 당 대회에서 「시진핑 신시대 중국 특색의 사회주의 사상」을 공산당 당장(黨章)에 삽입하고 이어서 개최된 전인대에서 헌법에도 명기하면서 마오쩌둥, 덩샤오핑과 같은 지도자 반열에 올랐다는 평가를 받고 있다.

그리고 격대지정(隔代指定, 현 지도자가 한 세대를 건너뛰어 그 다음 세대의 지도자를 미리 낙점하는 방식)의 관례를 깨고 후계자를 지정하지 않음으로써 지속적인 연임 가능성을 열어 놓았고, 최고 권력기관이라고 할 수 있는 공산당 중앙위원회 정치국에 측근들을 대거 기용하였다. 차이치(蔡奇)의 베이징, 리훙중(李鴻忠)의 톈진, 천민얼의 충칭에 이어 상하이에 리창(李强), 광둥에 리시(李希)를 당서기에 임명함으로써 31개 성·직할시 가운데 가장 중요한 지방 다섯 곳을 핵심 측근인 '시좌진(習家軍·시 주석과 함께 일하면서 형성된 그룹)'으로 채웠다는 평가이다.

2017년 12월 중국 공산당 중앙위원회가 내린 「인민무장경찰부대 영도지휘체제에 관한 결정」에 따라 무장경찰은 당 중앙군사위원회의 단일 지휘를 받게 되었다. 1982년 6월 창설된 무장경찰 부대는 후방에서 국가 안전을 보위하는 임무에 따라 국무원과 중앙군사위원회의 이중 관리를 받았고, 지방 무장경찰 부대는 각 성의 공안기관이 관리, 지휘를 맡았다. 지방정부는 시위 등 각종 집단 행동에 대해 임의로 무장경찰을 동원해 진압하며 사회질서 유지에 활용하는 경우가 많았다.

이어서 초강력 사정기관인 국가감찰위원회가 신설되었다. 공산당원만을 대상으로 하는 중앙기율검사위원회와는 달리, 국가감찰위원회는 비당원 출신 공직자 감시도 가능할 뿐 아니라 조사와 심문, 구금에 재산 동결과 몰수 권한까지 법적으로 부여받은 강력한 반부패 사정 기구이다. 국가기관 서열도 국무원과 중앙군사위원회 다음으로 법원과 검찰에 앞선다. 그리고 각 지방에는 국가감찰위원회의 지휘를 받는 감찰위원회가 설치되었다.

2018년 3월 전국인민대표대회(전인대)의 헌법 개정을 통해 사회주의 제도는 중화인민공화국의 근본 제도라고 돼 있던 헌법 조항에 "공산당의 영도는 중국 특색 사회주의의 가장 본질적 특징"이라는 내용을 보탰다. 헌법에 특정 당의 지위가 반영되면서 시진핑 주석이 강조하는 공산당 영도가 더욱 강화되게 되었다. 헌법의 국가주석 연임 제한 규정을 삭제함으로써 10년을 넘어서 당 총서기와 국가주석, 중앙군사위 주석을 포함한 당·정·군 '삼위일체 영도'의 구도가 계속 가능해졌다.

(2) 두 개의 백년 목표 실현 강조

중국식 사회주의 시장경제의 기틀을 마련한 덩샤오핑은 1978년 말 개혁·개방 정책을 천명한 후 1982년 3단계 국가 경제 발전론인 삼보주(三步走·세 발걸음) 전략을 제시하였다. 경제 강국으로 가는 목표를 향한 세 발걸음이다. 우선 제일보인 '원바오(溫飽)'는 인민들이 먹고 입는 문제를 해결하는 초보적인 단계이고, 제이보인 '샤오캉(小康)'은 생활 수준을 중류 이상으로 끌어올리는 것이며, 제삼보인 '대동(大同)사회의 실현'은 중국의 현대화를 실현하는 것이었다. '원바오' 사회는 개혁·개방을 통해 이미 달성되었다.

시진핑 주석은 '두 개의 백년' 목표 실현을 부쩍 강조하고 있다. 첫 번째 목표는 공산당 창당 100주년인 2021년에 전면적 샤오캉(小康) 사회를 실현(중산층 사회 진입)하는 것이고, 두 번째 백년 목표는 중화인민공화국 수립(1949.10.1) 100주년이 되는 2049년까지 사회주의 현대화 국가를 건설하는 것이다. 이것은 '중국몽'을 이루기 위한 원대한 로드맵이다. 중국몽의 최종 목표는 '중화민족의 위대한 부흥'을 이루는 것으로서 마오쩌둥(毛澤東)이 중국을 떨쳐 일어나게(站起來, 짠치라이)하고, 덩샤오핑이 부유하게(富起來, 푸치라이) 했다면, 시진핑 자신은 강하도록(强起來, 창치라이) 하겠다는 것이다. 경제력, 군사력을 바탕으로 국력이 상승한 중국은 이제 기본적인 '굴기(崛起)'를 이루었다고 판단하고 국민들에게 '국운 상승'에 대한 집단의식(collective consciousness)을 고양시키고 있다.

2017년 12월 중국 경제일보는 교통은행 금융연구센터의 보고서를 발표했다. 이에 따르면 중국의 연평균 성장률은 2016~2020년 6.5%, 2021~2035년 5%를 달성한다. 그럴 경우 중국 GDP가 2028년에 미국을 따라잡고, 2050년에는 미국의 1.4배에 이른다. 이런 예측이라면 앞으로 10년 후 2028년에 '중국몽'은 실현되는 것이다. 중국 사람들은 마오쩌둥이 없었으면 신중국(중화인민공화국)이 없었을 것이고, 덩샤오핑이 없었으면 중국의 개혁개방이 없었을 것이라고 입버릇처럼 말한다. 시진핑 주석은 훗날 중국 사람들이 시진핑이 없었으면 중국이 최고 강대국이 되지 못했을 것이라고 말하는 장면을 꿈꾸고 있을지 모른다.

(3) 공세적 외교 전개

중국의 국력이 신장되고 중국인의 민족주의가 고양되면서 외교 기조도 바뀌고 있다. 시진핑 주석 등장 이후 강대국으로서의 정체성을 공식화하고 강대국 외교를 본격적으로 전개하고 있다. 시 주석은 2013년 6월 미중 정상회담 시 '신형 대국 관계'를 제시했는데, 이는 시진핑 1기의 핵심 외교 정책으로 기능해 왔다.

일찍이 덩샤오핑은 외교 전략으로 도광양회(韜光養晦 · 자신을 드러내지 않고 때를 기다리며 실력을 기른다)를 주문했다. 이후 중국의 외교 전략은 유소작위(有所作爲 · 세계 속에 중국의 역할을 한다), 화평굴기(和平屈起 · 강국으로서 평화롭게 우뚝 선다)로 이어졌다. 이제 중국은 국력 상승의 자신감을 바탕으로 도광양회 외교 전략을 말하지 않는다. 확실히 분발유위(奮發有爲 · 떨쳐 일어나 할 일을 해야 한다) 외교 전략으로 전환하고 있다.

시진핑 주석은 2016년 7월 1일 중국 공산당 창당 95주년 기념식에서 "어떤 외국도 우리가 핵심 이익을 거래할 수 있을 것으로 기대하지 말라."고 경고했다. 그리고 제19차 당 대회 연설에서 "어떤 나라도 중국이 자신의 이익에 손해를 끼치는 쓴 열매를 삼킬 것이라는 헛된 꿈을 버려야 한다."고 역설했다. 중국이 다른 국가에 기본적으로 호혜적인 태도를 취하지만 자국의 핵심 이익과 관련된 사안에 대해선 단호히 대처하겠다는 의지를 분명히 하고 있다.

시진핑 주석은 제19차 당 대회에서는 '신형 국제 관계'를 바탕으로 세계의 평화 발전과 국제적 책임에 적극적으로 기여하는 '인류 운명 공동체' 건설을 천명하였다. 이는 중국 스스로 외교의 규범과 철학, 질서 형성을 시도하겠다는 것으로서 큰 틀에서 세계 질서를 만들어 가는 룰 세터로서의 역할을 강화하겠다는 뜻으로 보인다. 지금까지 중국은 자유주의 국제 질서를 대체로 수용했고 그래서 2001년 세계무역기구(WTO)에도 가입했다. 그런데 이제 국력이 상승한 상황에서 미국의 주도에 그대로 동의하거나 순응하지는 않겠다는 것이다.

미국에서는 역대 대통령들이 중국이 경제성장을 하면 점점 민주주의 등 서방의 가치를 공유하게 될 것이라는 낙관론을 가지고 '대중국 관여 정책(engagement policy)'을 실시하고 심지어 부상도 '용인'하였는데 그 결과 미국에 가장 위협적인 경쟁 상대를 키웠다는 인식이 대두되어 왔다. 이에 따라 미국의 대중국 정책에 있어서 변화가 나타나고 있으며, 오바마 정부는 '아시아 회귀(pivot to Asia), 재균형(rebalancing) 전략'을 추진하였다. 그렇지만 오바마 정부는 중국을 동반자(partner)로 불렀으며 전반적으로 중국을 봉쇄하는 정도는 아니었다.

그런데 중국 공산당 체제가 건재하고 특히 시진핑 주석이 '중국 몽' 드라이브를 강력히 전개하자 미국 내에서 중국을 견제해야 한다는 인식이 확산되고 있다. 트럼프 대통령은 2017년 11월 '인도-

태평양(Indo-Pacific)' 구상을 제시했고 이어서 나온 미국의 국가안보전략(NSS) 보고서는 중국을 미국 주도의 자유주의적 세계 질서에 대한 수정주의자(revisionist)로 규정했다. 세계 최강의 함대인 태평양사령부는 '인도ㆍ태평양사령부'로 명칭을 변경하였다. 인도-태평양 구상은 오바마 행정부의 '아시아 재균형 정책(Pivot to Asia)'을 대체하고 새로운 전략 수단이 되고 있다.

인도-태평양 구상

① 인도-태평양 구상 제시

2017년 11월 트럼프 대통령은 아시아 순방 중에 '인도-태평양 구상(Indo-Pacific Initiative)'을 제시하였다. "자유롭고 개방된 인도-태평양(Free and Open Indo-Pacific)"을 여러 차례 언급하였고, 이어서 12월에 발표된 미국의 국가안보전략(NSS, 2018 National Security Strategy) 보고서는 "중국과 러시아는 미국의 가치와 이익에 정반대되는 세계를 형성하기 원한다(China and Russia want to shape a world antithetical to U.S. values and interests)"고 밝히며, 이들을 미국 주도의 자유주의적 세계 질서에 대한 수정주의자(revisionist)로 규정했다.

② 인도-태평양 구상 출범 배경

트럼프 행정부가 인도-태평양 구상을 추구하게 된 배경은 중국의 군사력이 현대화되고 특히 남중국해 문제를 둘러싼 해양굴기(海洋崛起)가 본격화되면서부터이다. 인도-태평양 구상의 핵심은 이러한 해상 안보 상황에 직면하여 나온 것으로서 소위 쿼드(Quad)로 불리우는 호주, 일본, 인도, 미국 사이에 해상 안보를 발전시키는 것이다.

③ 인도-태평양 구상과 일대일로와 관계

미국은 동중국해에서 인도양에 이르는 중국의 영향권 형성 시도가 이 지역에 미국의 접근과 이익을 제한하는 것으로 보고, 미국의 안보 이익을 보장하기 위해 전략 공간을 서쪽으로 이동시키고 있다. 결국, 인도-태평양 구상이 이 지역에서 중국을 견제하여 미국의 안보 달성을 목적으로 하며 '일대일로 구상'과의 경쟁을 의미한다.

마이크 폼페이오 국무장관은 2018년 7월 30일 미국 상공회의소가 개최한 세미나에서 '미국의 인도·태평양 경제비전'이라는 제목의 기조연설에서 인도·태평양 지역에 기술과 에너지, 사회기반시설 등을 중심으로 1억1천300만 달러(약 1천264억 원)를 투입하는 신규 투자 계획을 발표했다. 폼페이오 장관은 이번 투자 자금은 인도·태평양 지역에 대한 평화와 번영을 위한 미국의 헌신에 있어 새로운 시대를 맞는 '착수금' 성격"이라고 밝혔다. 이 투자 계획은 무역전쟁과 남중국해 문제 등 미·중 간 갈등이 고조된 가운데 이뤄진 것으로 역내 중국의 부상을 견제하고 일대일로 프로젝트에 대항하는 맞불 성격의 투자로 해석된다.

중국은 외교 예산도 대폭 늘렸다. 2018년 3월 5일 전인대 개막식에서 배포된 예산 보고서에 따르면 외교 예산 규모는 600억 위안(약 10조 원)으로서 예년보다 15.6% 늘어났다.

이어서 정치국 상무위원 전원과 왕치산 국가부주석도 참석한 가운데 2018년 6월 22일에서 23일까지 개최된 중앙외사공작회의에서 신시대 중국 특색 사회주의 외교 사상(시진핑 외교 사상) 주요 내용을 10가지(당의 집중 단일 지도, 중국 특색 대국 외교 추진, 인류 운명 공동체 구축, 중국 특색 사회주의 견지, 일대일로 건설, 평화 발전, 글로벌 파트너십 구축, 글로벌 거버넌스 체제 개혁, 핵심 이익을 마지노선으로 국가 주권·안보·발전 이익 수호, 우수한 전통과 시대 특징을 결합한 중국 외교의 독특한 품격 견지)로 제시하고, 중국 특색 대국 외교의 새로운 국면을 열기 위한 시진핑 사상의 전면적 실천을 당부하였다.

아울러 일대일로 건설을 통한 개방 촉진, 안정적 · 균형적 대국관계 구축, 우호 환경 조성을 위한 주변국 외교 및 개발도상국과의 단결 · 협력 중요성을 강조하였으며, 특히 개발도상국은 국제 업무에서의 선천적 동맹군임을 강조하며 중국-개발도상국 관계를 바탕으로 국제사회에서의 우군 확보에 주력할 것임을 시사하였다. 언론들은 중국이 미국과의 글로벌 패권 경쟁에서 공세적인 외교를 예고한 것으로 해석하고 있다. 시진핑 정권의 최대 인프라 사업인 일대일로 선상의 아시아 · 아프리카 국가들이 집중적인 타깃이 될 것으로 보인다.

● 제2절 ───────── 일대일로 전략 출범

1. 일대일로 전략 선언

육상 실크로드와 해상 실크로드 구상을 지칭하는 일대일로(一帶一路) 전략은 시진핑 주석이 2013년 9월 중앙아시아와 10월에 동남아시아를 순방할 때 제기하였다. 시진핑 주석은 2013년 9월 카자흐스탄 방문 시 나자르바예프대학 강연과 상하이협력기구(SCO) 정상회의 발언을 통해 실크로드 경제 벨트 구상을 처음으로 제시하였다.

나자르바예프대학 강연에서 정책 소통(政策溝通) 강화, 교통·연계(道路聯通) 강화, 무역 원활화(貿易暢通) 강화, 화폐유통(貨幣流通) 강화, 민심상통(民心相通) 강화 등 5개 방안을 제시하였는데, 모두 '通'자가 포함되어 시 주석의 제안을 보통 '5通'이라고 한다. 상하이협력기구 정상회의 발언을 통해 실크로드 경제 벨트 건설을 위한 교통·물류 통로 개척, 무역·투자 편리화 협정 협의, 금융 분야 협력 강화, 에너지 클럽 설립 및 식량 안보 협력 메커니즘 수립 등을 언급하였다.

실크로드의 의미

실크로드는 시안에서 시작하여 하서회랑(河西回廊)을 가로지르고 타클라마칸 사막의 남북 가장자리를 따라 가며 파미르 고원을 넘고 중앙아시아 초원을 지나 지중해에 이르는 길로서 수천 년간 동서를 이어온 교통로이자 인류 문명 교류의 대동맥으로서 역할을 하였다. 이 길을 통해 비단을 비롯하여 도자기, 차 등이 수출되었으며, 호박, 향료, 면화, 토마토 등 농작물과 천문역법, 아랍어 숫자 등이 동방으로 들어왔다. 나아가 종교가 전래되는 등 문화의 교류도 활발히 이루어졌다. 실크로드란 말은 130여 년 전인 19세기 말 독일의 지리학자 리히트호펜(Richthofen)이 쓰면서 시작되었다. 『중국(China)』이라는 책에서 중국으로부터 중앙아시아를 경유해 서쪽 지역으로 수출되는 주요 물품이 비단(silk)이라는 사실을 감안하여 이 교역로를 독일어로 '자이덴슈트라센'('자이덴'은 비단, '슈트라센'은 길을 의미, 영어로 Silk Road)이라고 명명하였다.

〈고대 실크로드〉

실크로드의 개척자

① 장건의 서역 여행

역사적으로 실크로드가 처음 열린 것은 전한(前漢: BC 206~AD 25) 때이다. 한 무제(武帝)는 흉노에 패하여 서역으로 옮겨가 있는 대월지와 연합해 흉노를 제압하고 서역으로 통하는 교통로를 확보하길 원하여 장건(張騫)을 파견했다. 장건은 천신만고 끝에 기원전 139년에 대월지에 도착하여 흉노를 치자는 무제의 뜻을 전하며 왕을 설득했지만 소용이 없었다. 비옥한 땅에서 풍요를 누리고 있었던 대월지로서는 굳이 한나라와 동맹하여 흉노를 공격할 까닭이 없었다. 13년 만에 귀국한 장건은 서역 지역에 관한 정보를 보고했고 이는 한나라가 대외 정책을 세우는 데 중요한 역할을 했다. 서역 여러 나라는 한나라가 막강한 대국이라는 사실을 장건 일행을 통해 알게 되어 한나라에 사신을 파견하여 외교 관계를 맺게 되었다.

② 곽거병의 서역 정벌

장건의 서역 여행을 바탕으로 영토 확대와 서역 개척에 지대하게 공헌한 인물이 바로 곽거병(霍去病)이다. 젊은 나이에 흉노(匈奴) 토벌에 출정하여 대승을 거두어 혁혁한 공을 세웠다. 그가 불과 24세로 요절하자 한무제는 크게 슬퍼하여, 장안(長安) 근교의 무릉(茂陵)에 무덤을 짓되 일찍이 곽거병이 대승리를 거둔 기련산(祁連山: 天山)의 형상을 따게 하여 그의 무공을 기렸다. 이 무덤은 지금도 무제릉(武帝陵) 가까이에 있으며, 무덤 앞에는 마답흉노(馬踏匈奴), 즉 흉노를 밟고 있는 말 석상이 있다.

〈마답흉노 석상〉

③ 반초의 서역 경략

반초(班超)는 후한(後漢) 때 불후의 역사서인 『한서(漢書)』를 지은 반고(班固)의 동생이다. 변경에 흉노족이 침범하여 자주 약탈하고 주민을 살상한다는 소식을 접하고 무인(武人)으로 자원하여 흉노 원정군으로 가담하여 "붓을 버리고 군대에 나간다."라는 뜻의 투필종군(投筆從軍)의 모범을 모였다. 서역을 토벌하고 반세기 이상 흉노의 지배하에 있던 50여 나라를 한나라에 복종시켰다.

④ 현장법사 서천취경

현장(玄奘)법사는 실크로드를 따라 인도에 들어가 17년 동안 구법을 하고 많은 진귀한 불교 경전을 가지고 장안으로 돌아와 '서천취경(西天取經), 천축 인도에서 불경을 가져오는 것)'의 꿈을 실천했다. 현장법사는 실크로드를 오가면서 체험하고 견문한 내용을 기술한 『대당서역기』를 남겼는데 당시의 실크로드를 이해하는 데 없어서는 안 될 중요한 사료이다.

⑤ 고선지의 활약

당 현종 시기에 고구려 유민의 아들인 고선지(高仙芝)는 힌두쿠시 고원의 험준한 길을 타고 파키스탄 북부에 위치한 소발률국(小勃律國)을 정벌하고 파미르 고원을 넘어 중앙아시아 일대를 정벌하였다. 그 후 고선지가 탈라스 전투에서 사라센 제국에게 패배할 때에 아랍의 포로가 된 제지공에 의해 제지술이 서방세계로 전파된 사실을 학자들은 문명사 차원에서 주목하고 있다. 그래서 고선지 장군은 실크로드 길을 개척한 장군이자 제지술을 서방세계에 전래한 인물로 인식되고 있다.

시진핑 주석은 2013년 10월 인도네시아 방문시 의회 연설에서 아세안 국가들과의 협력 주안점을 제시하면서, 윈윈 결과를 도출하는 협력의 일환으로 21세기 해상 실크로드 구상을 제시하였다. 이때 중국-아세안 FTA 업그레이드, 아시아 인프라투자은행 설립 및 이를 활용한 기초 시설 연계성 구축, 중국-아세안 해상협력기금을 활용한 아세안 국가와의 해상 협력 강화 등을 언급하였다.

해상 실크로드

명나라 때 정화(鄭和)는 30여 년간 일곱 차례에 걸쳐 대함대를 이끌고 동남아시아와 인도양 인근은 물론 아프리카 동안 지역까지 원정을 하여 해상 실크로드의 개척자라고 칭한다. 몇 번은 무력을 이용해 싸움을 하였지만 대부분 외교적 수단을 통해 설복시키고 각국의 풍속을 존중하는 바탕 위에 교류하였다고 한다. 해상 실크로드의 주요 거점 항구는 역대 왕조마다 바뀌어 왔으나 푸젠성 취안저우(泉州)는 유네스코에서 인정한 해상 실크로드의 기점이다. 그 후 해상 실크로드로는 남중국해에서 말라카해협을 거쳐 인도양, 아라비아해, 홍해(紅海)를 지나 지중해까지 이르는 해로(海路)로 범위가 확장되었다.

2. 일대일로 전략 어원 및 의미

(1) 일대일로의 어원 및 전략적 의미

일대일로(一帶一路)는 실크로드 경제벨트(絲綢之路經濟帶)와 21세기 해상 실크로드(21世紀海上絲綢之路)의 끝 자를 따서 만든 신조어이다. '일대(一帶)'는 하나의 지대를 뜻하는데 중국과 중앙아시아, 유럽을 연결하는 '육상의 실크로드 경제벨트'다. '일로(一路)'는 중국에서 동남아시아, 서남아시아를 거쳐 아프리카와 유럽에 연결되는 '해상 실크로드'이다.

2014년 4월 리커창 총리가 보아오 포럼 개막식 연설에서 '실크로드 경제벨트'와 '21세기 해상 실크로드'라는 용어를 함께 언급하였고, 보아오 포럼 '실크로드의 부흥' 세션에 참석한 양제츠 국무위원이 '실크로드 경제벨트'와 '21세기 해상 실크로드' 두 구상을 합쳐

'일대일로(一帶一路)'라고 칭한다고 언급하면서 '일대일로(一帶一路)' 용어가 공식적으로 제시되었다.

일대일로는 실크로드 옛 영광을 재현하고 중국의 꿈을 실현하기 위한 중국 정부의 대규모 대내외 구상으로서 중앙아시아, 동남아, 중동 등 지역을 거쳐 유럽에 이르는 지역을 육로와 해로로 연결해 관련국들과 경제 협력을 강화하는 사업이다. 거시적으로는 신중국 성립 100주년이 되는 2049년까지 내다보며 아시아와 유럽, 아프리카를 잇는 육상과 해상 실크로드를 따라 인프라 개발과 무역 증대를 통해 국익을 확보해 나가겠다는 장기적인 전략이다.

(2) 대외 개방 측면에서 일대일로 전략의 의미

일대일로 전략은 상하이 자유무역시험구와 더불어 중국의 제3차 대외 개방 정책이라고 할 수 있다. 1차 대외 개방은 1978년 12월 중국 공산당 제11기 3중 전회에서 개혁개방 방침이 결정되고 이어서 선전(深圳) 특구를 시작으로 경제 특구를 통한 발전이다. 1980년대에는 연해 개방으로 확대되었으며 1990년대는 덩샤오핑의 남순강화(南巡講話)를 기점으로 전방위로 개방이 확대되었다. 제1차 개방 시기는 중국의 개혁개방 정책이 소위 점→선→면으로 확대된 시기라고 할 수 있다.

2차 대외 개방은 2001년 WTO 가입으로 시작된다. 중국은 WTO 가입 이후 대외 수출 중심으로 가파른 경제성장을 이루었다. 서부대개발, 중부굴기, 동북진흥 등 지역 거점 개발 전략이 본격적으로 추진되었다. 그리고 전국 각지에 국가급 경제개발구인 '신구(新

區)'가 하나하나 들어선다. 2008년 미국발 경제 위기는 세계의 양대 시장인 미국과 유럽의 구매력을 약화시키면서 중국이 '세계의 시장'으로 부상하는 계기가 된다. 한편, 중국은 지속적인 경제성장 실현을 위해 내수시장 확대 및 도시화 개발을 진행한다.

3차 대외 개방은 2013년 9월 말 상하이 자유무역시험구에 이어 일대일로 전략으로 이어진다. 산업을 고도화하고 제도를 혁신해 나가면서, 동부 연안에 치우쳐 있던 개발 전략을 본격적으로 서북부 내륙과 국경 지역으로 확장하고 나아가 실크로드 연선 국가로의 확대 등을 추진하는 적극적인 개방 개념이다. 다만 제3차 개방은 완전히 새로운 것이 아니고 기존 개방을 확대하는 개념이다. 서부 대개발과 중원굴기 지역은 실크로드 경제벨트 지역에 포함되고, 동남부 지역, 동부 연안 선도 지역은 21세기 해상 실크로드 개발 지역에 포함되었다. 동북 진흥 지역 역시 실크로드 경제벨트 지역으로 포함된다. 또한, 징진지(京津冀) 경제 일체화 지역과 창장(長江) 경제벨트 지역 역시 일대일로와 연결된다.

3. 일대일로 전략 추진

(1) 일대일로 전략의 정책화

2013년 10월 24~25일 이틀간의 주변 외교 업무 좌담회(周邊外交工作座談會)가 개최되었을 때 시진핑 주석은 "경제, 무역, 금융 등 역내 경제 협력에 중국이 적극적으로 참여해야 한다"라며, 관련국과의 기초 인프라 연결 강화, 실크로드 및 21세기 해양 실크로드 구축, 주변 지역을 기본으로 한 자유무역지대 구축 가속, 역내 경제 일체화 국면 창출 등을 구체적인 방안으로 제시했다. 2013년 11월 개최된 중국공산당 제18기 3중전회에서 일대일로 전략 추진 방침이 공식적으로 결정되었다. 이 회의에서 채택된 중공중앙의 「전면적 개혁심화에 있어 몇 가지 중대 문제에 대한 결정」 문건에 개방형 경제 체제 구축의 일환으로 실크로드 경제권 추진에 대한 내용이 포함되었다. 내륙 변경 지역의 개방 확대의 방향으로 동부, 중부, 서부를 연결하고 남북을 잇는 경제회랑 형성, 인접 국가 및 지역 간 인프라 건설 가속화, 실크로드 경제벨트와 해상 실크로드 건설 추진 등이 주된 내용이다.

2014년 3월 12기 2차 전인대에서 리커창 총리가 정부 업무보고를 통해 2014년 중점 업무로 '일대일로' 건설 계획과 중국-인도-미얀마 경제회랑, 중국-파키스탄 경제회랑 건설 추진을 제시함으로써 '일대일로'가 중국의 국가전략이 되었다. 또한, 2015년 3월 5일 리커창 총리는 전인대 정부 업무보고에서 '일대일로' 건설을 통해 전방위적으로 대외 개방을 추진해 나가겠다고 밝혔다.

(2) 일대일로 전략의 특징

일대일로 전략은 중국 국내의 개발지역을 주변국과 연결하며 내부의 개혁과 대외로의 개방을 동시에 추구하는 전략이다. 기존에 착수되고 국경을 초월하여 추진되고 있는 철도 및 도로망 연결 사업과 아시아 각지의 산업단지 등은 모두 일대일로의 기반이자 실체로 인식되고 있다. 중국은 '일대일로' 전략은 다음의 네 가지 특징을 가지고 있다고 말한다.

첫째, 아태 지역을 포괄하여 새로운 시장을 개척하겠다는 목표이다. 둘째, 신실크로드 연선 국가와 지역의 정세가 상이함에 따라 각국 사정에 맞는 정책이 필요하다는 인식을 갖고 추진한다. 셋째, 리스크를 고려하여 중점 국가, 산업, 프로젝트를 신중히 선정하여 문제점을 해소하고, 경험을 통한 성과를 기초로 일대일로 건설을 가속해 나간다. 넷째, 참여국들의 공공 서비스를 기반으로 하여 분업 세부화와 산업 심화를 촉진시키며, 혁신적인 발전 방향을 선정하여 시장과 정부 간, 그리고 국내외 간에 협력 관계를 구축해 나간다.

한편, 단순히 교통로의 구축이라는 개념을 넘어선 세력권 확보와 국제 정치경제 질서의 재편의 의미를 지니고 있다는 지적과 관련하여 일대일로 전략은 마셜 플랜과 비교되기도 한다. 이에 대해 왕이 외교부장은 '일대일로'는 '마셜 플랜'보다 유구한 역사를 가진 정책이자 동시에 갓 나온 신생 정책으로서 마셜 플랜과는 비교가 되지 않는다고 단언하였다. 또한, 왕이 부장은 2015년 3월 15일 '12기 3차 전인대 회의' 계기 기자회견에서 2015년 중국 외교의 관건으로서 "하나의 중점, 두 개의 주요선(一个重点, 兩條主線)"을 제시하면서, '하나의 중점'은 일대일로 추진이며, '두 개의 주요선'은 '평화' 및 '발전'이라고 언급하였다.

중국은 일대일로 전략은 본질적으로 관련 국가들의 협력 플랫폼이자 국제사회에 인프라 공공재를 제공한다는 점을 내세우면서 일대일로 전략은 협력 공동 번영을 기초로 연선 국가들과 평등하고 우호적인 경제 및 문화교류, 공동 번영 실현 등에 목적이 있다고 주장하고 있다. 중국 정부는 친·성·혜·용(親誠惠容), 의리관(義利

觀), 운명 공동체, 호혜공영(互惠共贏), 공동향유(共同享有) 등 다양한 구호를 지속적으로 개발하여 설파하면서 기존 강대국의 헤게모니적 정책과는 다르다는 점을 강조하고 있다.

중국 인사들은 일대일로 전략은 개방적인 협력, 조화와 포용, 시장 메커니즘 및 상호 원원을 견지하며, 시장이 주도하고 관(官)은 지원하는 역할을 맡을 것이라고 말하고 있다. 또한, 일방적인 원조 정책이 아니며 다양한 경제회랑을 하나의 프레임으로 통합하여 운영의 효율성을 높이기 위해 추진된다고 표명하고 있다. 금융 위기 이후 세계 경제성장의 중요 원동력인 중국이 가지고 있는 우수한 생산 능력, 기술, 자본, 성장 경험을 바탕으로 공동 번영을 이루어 낼 것이라고 주장한다.

아울러, 각국의 경제성장과 정치적 상황을 고려한 정책 조정, 인프라 연결을 통한 상호 연계, 무역 투자의 원활화, 새로운 융자 모델의 개척을 통해 이루어질 것이라고 말하고 있다. 또한, 기존의 협력 메커니즘을 활용할 것이며 당사국과 협력을 통해 공동의 로드맵, 아젠다, 프로젝트를 마련하고 현지 전략을 조율해 나가겠다고 밝히고 있다. 가오후청 상부부장은 2016년 4월 12일 베이징에서 개최된 「13 · 5 규획 전망 보고서」에서 일대일로는 공동 협의(共商), 공동 건설(共建), 공동 향유(共享)를 원칙으로 한다고 밝혔다.

4. 일대일로 전략 추진 배경

(1) 신성장 동력 확보

중국은 과거 30여 년 동안 연평균 약 10%의 고속 성장을 구가하였으나, 이제는 경제성장률이 6%대로 떨어져 고속 성장기에서 중속 성장기로 진입하고 있다. 이 때문에 2013년에 시진핑 주석은 고속 성장에서 중고속 성장으로의 전환을 의미하는 이른바 '신창타이(New Normal, 뉴노멀)'를 선언하였다.

중국 정부는 창장(長江) 경제벨트, 징진지(京津冀) 협동 발전, 신형 도시화, 자유무역시험구 등 일련의 정책을 통해 정책 재조정과 국내 시장 활성화를 추진하고 있는데, 모두 '뉴노멀' 전략과 연계되어 있으며 신성장 동력 마련을 염두에 두고 있는 정책이다. '일대일로 전략'은 이것보다 더 적극적인 정책으로서 해외 투자와 진출을 독려하여 대외 협력으로 뉴노멀 시대에 대응하려는 정책이다.

(2) 잉여 산업 수출로 과잉 산업 문제 해소

2008년 글로벌 금융위기 이후 중국 정부는 대규모 경기 부양 정책을 실시하였는데, 관련 산업의 생산시설 증대가 경기 둔화 영향에 따라 과잉 산업(overcapacity)으로 나타나고 있다. 일대일로 프로젝트는 철도, 도로, 항만 등 인프라 건설을 유발하기 때문에 철강, 시멘트, 판유리, 알루미늄 등 중국 내 공급 과잉을 해소하고 내수 부진으로부터 오는 문제점들을 해소할 수 있다고 보고 있다. 이는 미국이 제2차 세계대전 후 유럽 부흥을 명분으로 추진한 마셜 플랜을 통해 미국의 넘쳐나는 철강을 소화했던 전례를 들어 일대일로 사업이 중국판 마셜 플랜으로 불리기도 한다.

일대일로 프로젝트를 통해 철도, 발전소, 통신 등을 신흥국에 수출하고 인프라 투자를 확대해 국내의 잉여 생산력을 소비하려 하고 있다. 동남아, 중앙아 및 유럽으로 향하는 고속철도를 부설하게 되면 과잉 생산된 철강을 사용할 수 있고 역내 교통망 연계의 허브가 될 수 있다고 보고 있다. 한편으로 과잉 생산 설비 해소 방안으로 생산 시설 이전 방안을 적극 추진하고 있다.

(3) 전면적 개방을 통한 지역 균형 발전 촉진

중국은 덩샤오핑이 주창한 '선부론(先富論)'에 입각하여 동부 연안 지역의 발전을 추진해 왔으나 낙후된 중서부 지역을 개발시키는 지역 균형 발전 촉진 전략으로 전환하고 있다. 일대일로는 서부 대개발의 업그레이드 버전으로 지역 불균형 발전과 도농 격차를 해소하고 이를 바탕으로 신장 등 소수민족의 독립 움직임까지 약화시키려는 야심찬 계획이다. 일대일로 프로젝트가 주로 낙후되고 소수민족 문제가 심각한 산시성에서 신장위구르자치구로 이어지는 서북 5개성을 중심으로 추진되고 있는 것은 이 정책의 취지를 잘 나타내 주고 있다.

나아가 중국 정부는 일대일로 구상을 통해 중국의 서부 개발과 중앙아시아 국가들에 대한 진출을 통합적으로 추진하고 서북 지역 등 경제적 낙후 지역에 중앙아시아로 통하는 기초 시설, 물류망을 구축함으로써 지역 경제 활성화 촉진을 기대하고 있다. 아울러 소수민족이 많이 거주하는 윈난성 및 광시좡주 자치구(廣西壯族自治區) 역시 동남아로의 접근성을 높임으로써 이 지역에 대한 경제 개발의 모멘텀 확보를 모색하고 있다.

(4) 안정적인 에너지 수입원 확보

중국은 급속한 경제 발전과 소득 향상에 따라 에너지 소비량도 급증하여 안정적인 에너지 수입원 확보가 중요한 국가적인 과제로 대두되고 있다. 말라카 해협을 통해서 운송함으로써 말라카 해협 의존도가 대단히 높은 중국은 중동과 아프리카로부터는 해상 실크로드를 통해서 그리고 중앙아시아로부터는 육상 실크로드 경제벨트를 통해 원유·천연가스를 안정적으로 확보하려 하고 있으며 해상 실크로드와 육상 실크로드가 에너지 안보의 양대 날개 축으로 기능할 것으로 보고 있다.

(5) 경제적 영향력 확대 및 경제 통합 주도권 확보

중국은 많은 외환을 보유하고 있어 세계 각국의 인프라 개발 수요를 충족시킬 수 있는 나라이다. 자금 지원을 받아 인프라 시설을 건설하고자 하는 수요는 엄청나다. 아시아에서만 2020년까지 인프라 개발 수요가 8조 달러에 이르고, 아시아를 넘어 여타 지역의 국가들 교통인프라 투자액도 5조 달러로 예상된다. 중국은 막대한 외환 보유액을 적절히 활용하여 주변국들의 개발 수요에 맞추면서 개발 프로젝트에 참여하고 경제 영토를 중앙아시아와 동남아시아 등지로 넓혀 영향력을 확대해 나가고자 하는 것이다.

일대일로 전략은 동아시아와 유럽 경제권을 연결하여 지역 경제 통합의 주도권을 확보하려는 포석이라는 해석도 있다. 국민총생산 규모 면에서 일본을 능가하고 세계 경제에서 차지하는 경제적 위상이 높아감에 따라 지역 경제 통합을 주도하는 데 관심을 갖게 되었다. 중국은 육상과 해상 실크로드를 양대 축으로 아시아, 유럽, 아프리카 및 주변 해역을 모두 아우르고 동아시아와 유럽 경제권을 연결하는 것을 목표로 일대일로를 내세우고 있다는 분석이 있다.

(6) 주변 외교의 확대 및 적극적인 외교 전략

2013년 10월 정치국 상무위원 7인이 모두 참석한 '주변 외교 업무 좌담회'에서 향후 5~10년간 주변 외교의 전략 목표, 기본 방침 및 총체적 구조 확립 등에 관해 논의되었다. 이 회의에서 시진핑 주석은 기본 방침으로 친성혜용(親誠惠容) 개념을 제시하였으며 '분발유위(奮發有爲)'라는 외교 추진 입장을 표명하였다.

한편, 기존의 주변 외교보다 적극적인 개념인 일대일로 전략은 정치·안보 분야 협력이 아닌 경제 분야 협력을 강조함으로써 중국에 대한 주변 국가들의 경계를 다소 느슨하게 하는 효과를 기대하고 있다. 이는 뉴노멀의 전개에 부합하는 환경 조성과 지정학적 환경을 자국 중심으로 조성하려는 의미가 있다. 많은 전문가는 일대일로 전략은 서쪽으로 적극 진출한다는 전략으로서 미국과의 군사적인 대립과 직접적인 충돌은 회피하면서도 활용 가능한 자금을 동원하고 투자를 확대하며 인문 교류를 활성화하여 활동 공간을 확대해 나가겠다는 포석으로 분석하고 있다.

과거 중국은 '세계에서 가장 큰 발전도상국'이라는 점을 강조하였으나 이제는 그렇게 강조하지 않는다. 신형 대국 관계 및 신형 국제관계, 중화민족 부흥의 위대한 '중국의 꿈'을 부쩍 강조함으로써 '강대국'이라는 인식으로 전환하고 있다. 나아가 '대륙 국가'라는 정체성에서 탈피하여 해양을 포함한 '대륙-해양' 국가라는 복합 국가 정체성으로 전환하고 있다. 일대일로 구상은 전통적인 지정학을 뛰어넘어 공간적으로 대륙과 해양을 망라하고 있으며, 세계를 전략 공간으로 보고 있다. 일대일로 구상은 주변 외교 개념을 대폭 확장시키고 있으며 중국 외교 패러다임 전환의 중추 역할을 하고 있다.

지정학 발전사

① 대륙 심장부론

실크로드가 지나가는 곳은 유라시아 지역의 핵심 지역이다. 일찍이 영국의 저명한 지리학자 해퍼드 매킨더(Halford Mackinder)경은 "유라시아 대륙의 핵심부는 심장 지역(heartland)으로서, 이 심장 지역을 지배하는 자가 세계를 지배할 것이다."라고 말했다. 매킨더는 "미국과 영국 등의 '섬나라' 해양 세력이 세계를 지배하려면 반드시 유라시아 대륙을 지배해야만 한다. 유라시아 대륙의 지리적 구조를 볼 때, 그 중심인 중앙아시아 '심장부'(Heartland) 지역을 장악한 세력은 주변의 해안 지역 어디든든 한달음에 도달할 수 있는 결정적인 유리함을 가지게 되며 따라서 유라시아 전체를 손에 넣을 수 있게 된다."라고 대륙 중심론을 펼쳤다.

② 해양 중심론

알프레드 마한(Alfred Thayer Mahan)은 "해양을 지배하는 국가가 결국 세계를 지배한다."라고 해양 중심론을 제창하였다. 특히 어떻게 '대영제국'이 건설됐는지를 분석하여 미국도 바다로 눈을 돌려 해양력을 새롭게 인식해야 한다고 주장했다. 「해양력이 역사에 미치는 영향」이라는 명저를 통해 미국이 세계 해군국이 되기 위해 준비해야 할 일로 대해군의 건설, 해외 해군기지의 획득, 파나마 운하의 건설 그리고 하와이왕국의 병합을 제시했는데, 미국은 마한의 교과서대로 추진하였다. 이 책은 해양 역사와 전략을 입체적이고 명쾌하게 추적해 미국의 해양력을 건설한 이론적 바탕이 되었으며, 20세기 이후 미국의 운명을 바꿔놓은 세계 전략 지침서가 되었다.

③ 주변부 인접 지대 중심론

니콜라스 존 스파이크만은 대륙과 해양을 연결시키는 연안 지대들, 즉 서유럽, 동아시아 같은 주변 지역이 향후 중요한 역할을 할 것이라는 '주변부 인접 지대 중심론(Rimland Theory)'을 설파했다. 인구 밀도와 물자 생산, 문화의 발전과 유통 등을 기준으로 보았을 때 그 밀집 지역은 모두 대양과 접한 테두리 지역이라는 것이다. 따라서 제2차 세계대전 이후 미국이 소련을 위시한 공산주의의 팽창을 위협으로 느끼게 되었을 때 나온 대응 전략은 아시아와 유럽의 테두리 지역을 철저히 미국의 영향 아래 두어 심장부 지역을 확보한 공산주의 세력이 뻗어나오지 못하게 막는다는 것이다.

이것은 냉전 시기에 미국의 세계 전략의 기초가 된 조지 케넌의 봉쇄(Containment Policy) 정책의 이론적 근거가 되었다. 조지 케넌의 봉쇄 정책은 1947년 '트루먼 독트린(Truman Doctrine)'으로 공식화되었으며 제2차 세계전쟁으로 폐허가 된 유럽 국가 부흥 계획인 이른바 '마셜 플랜(Marshall plan)'이 나오고 미국과 캐나다, 유럽 10개국의 집단방위기구인 NATO(북대서양조약기구)가 발족되었다. 봉쇄 정책이라는 적극적인 개입 정책을 전개함에 따라 미국은 19세기부터 이어온 '먼로 독트린(Monroe Doctrine)', 즉 고립주의를 포기하였다.

④ 중앙아시아를 핵심으로 하는 유라시아 발칸 중시론

카터 행정부 시절 국가안보담당 특별보좌관을 역임한 브레진스키는 1990년대 말 『거대한 체스판』이라는 책에서 유라시아 지역의 중요성을 강조하면서 특히, 중앙아시아를 핵심으로 하는 유라시아 발칸에 주목해야 한다고 말했다. '세계 일등적 지위'를 구가하는 미국이 21세기에도 여전히 세계 정부적 역할을 담당하는 데 필요한 전략적 관점에서 유라시아 관리의 중요성을 역설하였다. 당시에는 미국의 첫 번째 적수로 러시아를 꼽았으나, 향후 러시아, 중국, 인도가 거대한 반미 동맹을 맺어 대항할 경우 미국에게 큰 부담이 될 것이라고 경계하였으며, 특히 중국이 향후 미국의 패권에 도전할 가능성이 있다고 예견하였다.

1. 일대일로 전략 추진 체계

(1) 일대일로 건설 영도소조 출범

2015년 2월 '일대일로 건설공작 영도소조'가 출범하였다. 장가오리(張高麗) 상무 부총리가 '일대일로 건설공작 영도소조'의 조장을 맡아 일대일로 프로젝트 건설을 총괄하고, 부조장은 당 중앙 정책연구실 왕후닝(王滬寧) 주임, 왕양(汪洋) 부총리, 양징(楊晶) 국무위원, 양제츠(楊潔篪) 외교담당 국무위원을 임명하였다. 이로써 '일대일로' 프로젝트를 주도할 '일대일로 건설공작 영도소조' 지휘부인 '1정 4부(一正 四副)' 체제를 확정했다.

가장 주목되는 인사는 왕후닝 당 중앙정책연구실 주임이었다. 상하이 푸단대 교수 출신으로 장쩌민 주석 이래 후진타오 주석 및 시진핑 주석에 이르기까지 '무관의 그림자 책사' 역할에서 탈피하여 '일대일로 건설공작 영도소조' 부조장이 되면서 사실상 국무에 직접 참여한 것으로 볼 수 있다. 왕후닝은 자본가의 공산당 가입을 가능케 해 당 집권 기반을 확충한 장쩌민의 '3개 대표론'과 빈부, 도농, 지역 간 격차를 축소하는 균형발전, 사회, 환경 문제를 중시하는 지속 가능한 발전, 첨단·신기술 산업 발전을 통해 발전의 질을 높여야 한다는 후진타오의 '과학적 발전관' 등 지도 이념을 만드는 데 깊이 관여하였다. 나아가 시진핑 주석이 주창한 '중국의 꿈'(中國夢)과 일대일로 전략을 만든 것으로 알려져 있다.

(2) 중앙정부 및 지방정부의 역할

일대일로 전략 추진은 중앙이 구상을 수립하고 지방정부가 집행하는 하향식 방식을 취하고 있으나, 구체적인 실행 계획에서는 지방정부의 실행 방안이 반영되어 진화하는 상향식 접근이 주를 이루고 있다. 중앙정부에서 일대일로 실무 업무의 주축 부서는 '국가발전개혁위원회(발개위)'이며 지방에서도 각 지방 정부의 '발전개혁위원회(발개위)'가 실무 중추를 담당하고 있다.

중앙정부는 일대일로 전략을 거시경제 관리, 경제성장 구조 전환, 대외 외교전략 추진 등 거시적이고 장기적 비전으로 추진하고 있다. 지방정부들은 해당 지역의 경제성장 전략으로 인식하고 일대일로 전략을 이용해 중앙정부의 지원을 받아 자기 지역을 발전시키기 위한 경쟁을 치열하게 전개하고 있다. 일대일로 전략에 관한 실시 방안(action plan)이 발표된 후에 지방 성·시에서 경쟁적으로 참여 의사를 표시하였다. 중국 정부는 사실상 중국 전역을 일대일로 전략에 직간접적으로 연계시키고 있어 중국은 거대한 일대일로 사업장으로 탈바꿈하고 있는 분위기이다.

2. 일대일로 전략의 청사진

(1) 일대일로 실행 방안(action plan) 발표

중국 정부는 대외적으로 여러 국가와 일대일로 건설을 위한 협력 방안을 논의하고 구체 계획을 마련하는 한편, 대내 발전 전략이라는 측면에서도 일대일로 건설을 위한 방안 마련에 돌입하였으며 국가 발전개혁위원회를 중심으로 범부처적인 차원에서 일대일로 건설 청사진 마련 작업을 추진하여 왔다. 2015년 3월 28일 국가발전개혁위원회, 외교부, 상무부 등 3개 부서가 공동으로 「실크로드 경제벨트와 21세기 해상 실크로드의 비전과 행동」이라는 실행방안(action plan)을 발표하였으며, 이 문건에는 일대일로의 협력 내용과 방법, 로드맵 등이 담겨져 있다.

이 실행 방안(action plan)에서 일대일로 전략의 주요 협력 내용으로 정부 간 정책 소통, 교통 및 에너지 인프라 연결, 무역 자유화 추진, 금융 협력 강화, 인적 교류 확대 등이 제시되었으며, 이중에서 교통, 에너지 인프라 구축 및 연결을 가장 우선시되는 분야라고 언급하였다. 기본적으로 일대일로 구상의 청사진은 기존의 개발 및 협력 사업들을 하나의 틀에 묶으면서 새로운 사업들을 추가하는 방식으로 마련된다. 대표적인 추진 사업은 교통망 연계 사업, 항만 개발 사업 및 천연 가스망 연결 사업이며, 아시아 인프라 투자은행(AIIB)이 새로운 사업에 해당된다.

(2) 육상 및 해상 일대일로 노선(路線)

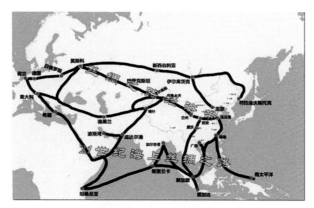

〈육상 및 해상 일대일로 노선〉

중국 정부가 제시한 노선은 초기에 제시된 노선에서 약간 변경되고 일부 노선이 추가되어 3개의 육상 노선과 2개의 해상 노선 등 총 5개의 노선으로 이루어져 있다. 육상 노선의 첫 번째 노선은 중국-중앙아시아-러시아-유럽 노선이며, 두 번째 노선은 중국-중앙아시아-중동-페르시아만-지중해 노선이고, 세 번째 노선은 중국-동남아시아-서남아시아-인도양 노선으로 이루어져 있다. 해상 노선의 첫 번째 노선은 중국-남중국해-인도양-유럽 노선이며, 두 번째 노선은 중국-남중국해-남태평양 노선이다.

육상 노선의 첫 번째 노선은 신장위그르 자치구를 빠져나가 카자흐스탄 북부를 관통한 후 모스크바를 경유하여 벨라루스와 폴란드를 경유하여 독일 뒤셀도르프에 이르는 노선이다. 두 번째 노선도 역시 신장위그르 자치구를 빠져나가 카자흐스탄 남부와 우즈베키스탄 및 투르크메니스탄을 거쳐 이란을 경유하고 터키를 통해 동

유럽을 거쳐 그리스와 이탈리아에 이른다. 세 번째 노선은 윈난성을 빠져나가 미얀마와 방글라데시를 거쳐 인도를 관통하여 인도양으로 나간다.

해양 노선의 첫 번째 노선은 푸젠성을 출발하여 남중국해를 지나 말라카 해협을 통과하고 인도양을 경유하여 아프리카 동안을 거치고 홍해를 지나 수에즈 운하를 통과하여 지중해에 닿는다. 구체적으로 푸젠성 취안저우(泉州) - 광저우 - 싱가포르 - 방글라데시 - 스리랑카 - 파키스탄 - 탄자니아 - 홍해 - 지중해로 이어지는 해상 물류망을 상정하고 있다. 두 번째 해양 노선인 남태평양으로 이어지는 남선은 기존 로드맵에 포함되지 않았던 것으로 새롭게 등장하였으며 정치적인 의미를 두고 인위적으로 추가했다는 인상을 주는데 광활한 남태평양을 향하고 있다. 시진핑 주석이 2014년 말 호주에서 개최된 G20 정상회의에 참석한 계기에 남태평양은 해상 실크로드의 가장자리라고 하면서 호주-뉴질랜드를 잇는 해상 실크로드 라인을 추가하였다.

(3) 일대일로 전략 5통

국가발전개혁위원회, 외교부, 상무부는 공동 명의의 「실크로드 경제벨트 및 21세기 해상 실크로드 전망과 행동」 문건에서 시진핑 주석이 언급한 '5통', 즉 정책 소통, 인프라 연통, 무역 창

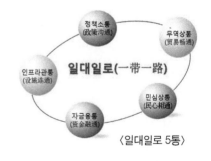

〈일대일로 5통〉

통, 자금 융통, 민심 상통의 중점 산업 분야를 명시하였다.

첫째, 정책 소통은 일대일로 구상 관련 국가와 정책 교류 확대를 통해 지역 협력 기반을 구축하는 것이다. 둘째 인프라 연통은 국가 간 기초설비 건설계획 추진, 기술 표준 시스템 연계 강화, 항만 기초설비 건설, 육로 및 수로 연결망, 항공망 등 협력 강화, 에너지 기초설비 연계망, 광케이블 등 상호 연결 및 건설 협력 강화 등이 포함된다. 셋째, 무역 창통으로 공동 자유무역지대 건설 확대 추진, 검역, 인증 등 각국의 비관세 무역 장벽 완화, 상호 간 무역, 투자 등의 협력 확대를 위한 다양한 형태의 규범 마련, IT, BT, 신에너지, 신소재 등 첨단산업 영역 협력 확대 등을 추진한다. 넷째, 자금 유통으로 금융 협력을 심화하기 위해 AIIB 및 실크로드 기금 등을 창설하고 운영한다. 다섯째, 민심 상통을 통해 문화 교류, 학술 왕래, 인력 교류, 미디어 교류 및 관광 협력을 강화한다.

(4) 일대일로 전략 추진 원칙

중국은 자국의 이념을 선전하거나 자국의 이익만을 위한 것이 아니라 여러 나라의 공동 발전과 상생을 위해 일대일로 구상을 제안하였다고 표명하면서 이를 위한 추진 원칙을 다음과 같이 설명하고 있다. 첫째, 공동으로 상의하고 공동으로 실행하며 성과를 공유하는 원칙이다. 협력 사업을 진행함에 있어서 공동 기획하는 초창기와 공동으로 실행하는 중반기 사업을 진행한 후에 수익을 공유하는 후반기까지 전체적인 과정에서 관련 국가와 상의하면서 진행해야 한다.

둘째, 평등 원칙이다. 일대일로 사업을 진행하는 나라는 크기나 강대국이거나 약소국과 관계없이 평등하게 대우하고 각자 강점과 적극성을 발휘하여야 한다. 셋째는 공개 원칙을 구현한다. 일대일로 구상의 모든 의사결정은 공개 투명한 전제하에서 이루어지는 것으로 막후 결정이나 은밀하게 불공정하게 조작되는 것이 아니다. 또한, 개방과 점진적 원칙을 통해 중국 주변 국가에서 시작하여 여건이 마련되면 외부로 더 연장하며 과거 실크로드의 지리적 범위에 국한되지 않는다.

일대일로 추진 방식은 정부의 지도, 시장 운영, 기업 주체, '프로젝트 선 인도'의 원칙 등이다. 일대일로 구상에 포함되는 지리적 규모와 분야가 광범위하고 복잡하기 때문에 정부의 지도적 역할이 필요하다는 인식이다. 중국 정부 당국은 각 나라의 정책 연계, 총체적 기획 수립, 중점적인 프로젝트나 어려운 프로젝트 실행 및 시장 리스크 평가와 양허 등 여러 측면에서 정부가 주도적 역할을 발휘해야 한다는 것이다. 정부가 선도적, 보장적 역할을 발휘해야 민간이 적극적으로 참여할 수 있다고 인식한다.

중국은 정부에서 지도적 역할을 발휘한다는 것은 정부에서 모든 일을 도맡아 한다는 뜻이 아니라고 말하고 있다. 일대일로 구상을 추진할 때에도 시장경제의 기본 원칙을 준수해야 하고, 시장 규칙과 국제 관행을 존중해야 하며, 자원 배치에서 시장이 기초적인 역할을 발휘하도록 해야 하고, 기업이 시장 행위의 주체적인 역할을 발휘하도록 해야 한다. 구체적인 실행 측면에서 '프로젝트 선 인도'의 원칙에 따라야 한다. '일대일로'의 거시적인 구상은 최종적으로 모두 크고 작은 협력 프로젝트에서 구체화된다. 프로젝트의 기획과 실행에 있어서는 정부의 독단적인 결정도 아니고 시장에 전적으로 맡기는 것도 아닌 정부의 의도와 시장 운행을 접목하여 집행해야 한다.

일대일로 협력 메커니즘은 기존의 양자 및 다자 간 협력 메커니즘을 기반으로 하여 상호 보완 및 융합하는 방식으로 운영한다. 양자 협력 측면에서 '일대일로' 구상은 기존 연합위원회, 혼합위원회, 협의위원회, 지도위원회, 관리위원회 등 메커니즘의 역할을 발휘하는 데 힘을 모아 MOU 체결 혹은 협력 시스템 구축을 추진한다. 다자 협력 측면에서 상하이협력기구(SCO), 중국 - 아세안(10+1), 아시아태평양경제협력체(APEC), 아시아 · 유럽 정상회의(ASEM), 아시아협력대화(ACD), 아시아 신뢰구축회의(CICA), 중국과 아랍국가연맹 협력 포럼, 중국 - 걸프협력회의 전략적 대화, 메콩강유역(GMS) 경제협력, 중앙아시아 지역경제협력체(CAREC) 등 다양한 협력 메커니즘이 포함된다.

(5) 일대일로 전략 대상 범위

일대일로 전략의 대상 범위는 철로와 도로, 산업단지, 항만시설, 공항 및 항공노선 등의 연계와 자원 인프라와 금융 인프라 구축 등이다. 중국은 일대일로를 통해 인프라 플랫폼을 구축하고 국내와 연선 국가들을 연결하는 플랫폼을 통해 서로 연결하고 통하는 자유무역 시스템을 구축하겠다는 전략을 펼치고 있다. 아시아 인프라투자은행(AIIB), 실크로드 기금, 해상실크로드 은행 등의 기금을 통해 일대일로 지역의 낙후된 인프라 시설을 개선하여 국제적으로 서로 연결할 수 있는 공간 플랫폼을 창출하겠다고 말하고 있다.

일대일로의 중국 국내적 범위에 관해서는 다양한 의견이 나오고 있다. 특히 지방별로 지역 개발을 위해 자기 지역이 중심지라는 점을 강조하는 경향이 있다. 다수의 의견은 실크로드 경제벨트는 시안에서 시작한다는 것이다. 일부는 중국횡단철도(TCR, Trans China Railway)의 시작이 롄윈강이기 때문에 롄윈강에서 시작한다고 말한다. 그런데 일대일로 전략의 범위는 전국적인 단위이기 때문에 사실상 실크로드의 시작점을 논의하는 것은 큰 의미가 없다.

중국은 내륙이 14개 주변 국가와 연결되어 있고 해상의 주변국까지 합치면 30개 국가와 연결되어 있다. 주변국과 연결되어 있는 지방정부를 '해외 투자 촉진(走出去)' 전략의 창구로 활용하고 그 지방정부와 연결되어 있는 내륙 지방을 배후지로 연계하여 발전시켜 산업 네트워크 공간으로 활용하고자 한다. 한편, 3대 삼각주(보하이만 삼각주, 창장 삼각주, 주장 삼각주)를 포함한 연안 지역, 징진지(京津冀: 베이징, 톈진, 허베이) 일체화, 창장 경제 일체화, 서부 대개발, 동북 진흥 전략을 일대일로와 연계하여 추진한다는 입장을 강조하고 있다.

다음은 일대일로의 국제적 범위이다. 아시아, 유럽, 아프리카 지역 65개 국가와 지역의 인구 44억 명(세계 인구의 63%)이 직간접적으로 연결되는 것을 상정하였다. 중국 정부는 일대일로 프로젝트의 관련 국가 범위가 고대 실크로드에 한정하지 않는다고 밝힘으로써 관련 국가는 더욱 확대될 것이다. 그리고 관련 국가들과 정상회담이나 양해각서 체결을 통해 일대일로 협력을 확대하고 공식화 해 나가고 있다.

(6) 경제회랑 구축 추진

일대일로의 진정한 의미는 물류의 '중국화'로서 모든 길이 중국으로 통하게 만드는 전략이다. 중국과 주변 국가 간에 철로, 도로, 석유·가스관 등을 연결하고 항만을 건설·확충하여 물류를 소통시키겠다는 '후롄후통(互联互通)' 구상이다. 중앙아시아, 동남아시아는 물론 중동, 나아가 유럽까지 하나의 경제권으로 묶기 위한 '동맥' 연결 작업을 착착 진행하고 있다. 이러한 인프라를 토대로 6대 경제회랑을 통해 자국과 실크로드 경제벨트와 21세기 해상 실크로드의 연결을 추진하고 있다.

〈6대 경제회랑〉

6대 경제회랑은 중국-몽골-러시아, 신(新) 유라시아 대륙교, 중국-중앙아시아-중동, 중국-인도차이나 반도, 중국-파키스탄, 중국-미얀마-방글라데시-인도 등이다. '경제회랑(economic corridor)'은 주된 경제권을 철도, 도로 등 물류망을 중심으로 연결하는 프로젝트로서 일대일로 구상의 추진에 있어서 중추적 역할을 담당하게 된다. 그리고 차항출해(借港出海: 타국의 항만을 통해 해양 진출) 전략을 통해 실크로드 경제벨트와 21세기 해상 실크로드를 연결해 나가는 전략을 구사하고 있다. 예를 들어 파키스탄의 과다르항과 신장위구르의 카스를 연결하는 인프라 건설을 진행하여 파키스탄을 통해 직접 인도양에 진출하여 석유 에너지 수입의 길을 확보하려 하고 있다.

① 신 유라시아 대륙교

장쑤성 롄윈강, 산둥성 르자오(日照)에서 신장 아라산커우를 거쳐 네덜란드 로테르담에 이르는 국제 철도 노선이다. 이 노선은 란저우-롄윈강 철도, 란저우-신장 철도 등을 통해 동부, 중부, 서부로 연결되고 중국 영토 밖으로는 카자흐스탄, 러시아, 벨라루스 및 폴란드를 거쳐 유럽의 여러 도시에 도달한다. 충칭-독일 뒤스부르크, 청두-폴란드 로즈, 정저우-독일 함부르크 등도 포함된다.

② 중국-몽골-러시아 경제회랑

2014년 9월 중·몽·러 3국 정상은 상하이 협력기구(SCO) 두산베 정상회의에서 철도, 고속도로 연결과 건설을 강화하고 세관 검색 및 통관 편리를 증진하며 국경 간 협력 시스템을 제고하여 3국 간 경제회랑을 구축해 나가기로 합의하였다. 2015년 7월 러시아 우파시에서 3국 정상은 '중·몽·러 3국 협력 중기 로드맵'을 공식적으로 채택하였으며 중·몽·러 경제 회랑을 건설하기로 하였다. 중·몽·러 3국을 잇는 노선은 '중국 징진지-울란바토르-울란두

데, 모스크바' 노선과 '중국 하얼빈-창춘-선양-만저우리-러시아 치타' 노선이다. 2016년 6월 3차 중·몽·러 3국 회담 시 '중·몽·러 경제회랑 건설 규획 강요'를 체결하였다.

③ 중국-중앙아-중동 경제회랑

이 경제회랑은 카자흐스탄, 키르기즈스탄, 타지크스탄, 우즈베키스탄 및 투르크메니스탄 등 중앙아 5개국과 이란, 터키를 포괄한다. 일대일로 관련국들 가운데 중국이 가장 중시하는 나라는 육상 실크로드와 관련해서는 중앙아시아 중심 국가인 카자흐스탄이다. 시진핑 주석이 바로 카자흐스탄 방문 시에 실크로드 경제벨트를 제기한 측면도 있지만 카자흐스탄은 일대일로 프로젝트에서 가장 중요한 요충지로 꼽힌다. 일대일로 경제회랑의 두 개가 바로 카자흐스탄을 기점으로 각각 러시아와 중동으로 갈려나가기 때문이다.

④ 중국-인도차이나 반도 경제회랑

리커창 총리는 2014년 12월 방콕에서 개최된 제5차 메콩강 지역 경제 협력 지도자 회의에 참석하여 중국과 인도차이나 반도 5개국 간의 협력 강화에 관한 제안을 하였다. 이 제안은 산업 협력뿐만 아니라 광범위한 교통 네트워크의 공동 기획 및 건설, 자금 펀딩을 위한 새로운 모델 창조, 지속 가능하고 협력적인 사회경제 발전 증진 등을 포괄하고 있다. 현재, 쿤밍에서 동남아로 향하는 고속도로가 건설되고 메콩강에 연해 있는 국가들을 남북으로 연결하는 고속도로 사업이 진행되고 있으며 쿤밍에서 라오스, 태국, 말레이시아, 싱가포르에 이르는 범아시아 고속철도 사업도 추진되고 있다.

⑤ 중국-파키스탄 경제회랑

리커창 총리의 2013년 5월 파키스탄 방문 시에 경제회랑 개념이 처음으로 제시되었으며 양국은 2013년 7월 중국-파키스탄 경제회랑 발족을 선언하였다. 이 경제회랑은 파키스탄 남부 과다르항에서 중국의 신장위구르 자치구 카스까지 3,000km를 연결하는 초대형 프로젝트이다. 2015년 4월 파키스탄을 방문한 시진핑 주석은 나와즈 샤리프 파키스탄 총리와 정상회담에서 경제회랑 건설에 관련한 30여 개 양해각서(MOU)를 비롯해 모두 51개의 양자 협력 관계에 관한 양해각서를 체결했다.

여기에는 과다르 항구 개발, 과다르 국제공항 개발, 신장위그르 자치구와 파키스탄을 잇는 카라코람 고속도로 개선, 파키스탄 남부 카라치와 라호르를 잇는 도로 건설, 발전소 건설, 철도 건설 등 대규모 사업에 중국이 양허 차관 등을 지원하는 계획이 포함되어 있다. 중국은 파키스탄 에너지와 교통 분야에 각각 340억 달러와 120억 달러 등 총 460억 달러를 '경제회랑' 건설에 투자하며, 이 계획이 실현되면 중국 정부가 단일 국가에 투자하는 역대 최대 규모가 된다. 중국은 중국-파키스탄 경제회랑 건설 지원을 위한 투자 규모를 점차 확대하여 560억달러에 이르고 있다.

중국은 미국이 말라카 해협을 봉쇄할 경우 자국의 생명줄을 죌 수 있다는 점을 우려해 왔다. 후진타오 주석은 중국이 '말라카 해협의 딜레마'에 빠져 있다고 경고하고 이를 해결하는 방안을 찾는 것이 무엇보다 중요하다고 강조한 바 있다. 전문가들은 중국-파키스탄 경제회랑은 추진 과정에서 적지 않은 난관에 직면할 수도 있겠지만 계획대로 이루어지면 중국의 '말라카 해협의 딜레마' 해결의 전환점이 될 것으로 보고 있다.

⑥ 중국 - 미얀마 - 방글라데시 - 인도 경제회랑

2013년 5월 리커창 총리의 인도 방문 시에 중국 - 미얀마 - 방글라데시 - 인도 경제회랑(BCIM)이 제기되었으며, 같은 해 12월에 동 경제회랑 공동 위원회 제1차 회의가 쿤밍에서 개최되었다. 2014년 10월에는 시진핑 주석이 인도를 방문하여 BCIM 국가들(방글라데시, 중국, 인도, 미얀마)의 경제회랑 사업을 촉진하여 실크로드 경제 벨트 및 21세기 해상 실크로드 협력을 가속화해 나가기로 하였다. 2015년 5월 모디 인도 총리의 중국 방문 계기에 이루어진 회담에서 리커창 총리는 인프라 건설, 산업화 현대화 프로세스, 중국-미얀마-방글라데시-인도를 잇는 경제회랑 개발, 철도, 산업단지 건설 등을 중요한 협력 분야로 제시했다.

인도가 자국의 정치 · 안보적인 고려로 일대일로 협력에 소극적이지만, 중국은 쿤밍에서 육상과 해상으로 주변국과 연결되는 경제권을 형성하기 위한 BCIM 경제회랑 정책 추진을 위해 인도에 많은 공을 들이고 있다. 중국은 AIIB가 지난 2년간 아시아 지역 인프라 프로젝트에 투자하기로 승인한 43억 달러(약 4조 6,000억 원) 중에서 10억 달러(약 1조 700억 원)를 인도 관련 프로젝트에 투자키로 함으로써 아시아에서 인도에 가장 많은 자금을 투입하고 있다.

2

일대일로 전략의
분야별 추진

● 제1절 ── 일대일로 전략의 프로젝트별 추진

1. 철도 건설

(1) 중국-유럽 화물열차

'일대일로' 구상이 시행되면서 중국 국내 각지에서 중앙아시아와 유럽으로 향하는 국제 화물열차가 속속 개통되고 있다. 중국 내륙 지역 개방을 촉진하는 연결고리인 중국-유럽 화물열차는 일대일로 연선 각국이 공유하는 중요한 무역 통로가 되고 수출입 화물에 새로운 물류 모델을 제공하고 있다. 중국에서 유럽으로 갈 때는 화물이 있지만 유럽에서 다시 중국으로 올 때는 수송할 상품이 별로 없다는 것이 회의론에 등장하는 단골 메뉴였으나 이제는 물량이 늘어나면서 화물열차 운송의 경제성이 빠른 속도로 오르고 있다.

개혁개방 이래 동부 연해 지역은 중국 경제와 세계를 연결하는 주요 통로이자 대외 무역의 중심이었지만 이제 중국-유럽 화물열차라는 '철도 실크로드'가 일대일로 건설의 중요한 플랫폼이 되면서 중국의 대외 무역 구도에 상당한 변화가 생기고 있다. 서쪽 노선은 아라산커우(阿拉山口)에서 출발해 카자흐스탄, 러시아, 벨라루스, 폴란드를 거쳐 독일에 도착한다. 동쪽 노선은 만저우리(滿洲里)를 출발해 러시아 등을 거쳐 유럽에 도착한다. 중부 노선은 얼롄하오터(二連浩特)를 출발해 몽골, 러시아 등을 거쳐 유럽에 닿는다.

중국-유럽 화물열차 사용량이 많아지고 연선 각국의 협력이 강화되면서 운행·검사·통관 속도가 향상돼 시간이 많이 단축되고 있다. 중국과 유럽연합(EU)은 대부분 철도 궤간이 1,435mm지만 구소련 국가들은 1,520mm인 관계로 이들 국가에 들어갈 때와 나갈 때에는 레일을 교체해야 한다. 중국과 카자흐스탄 경계에 위치한 아라산커우 대륙항에서는 레일 교체 작업이 빈번히 이루어지는데, 거대한 크레인이 중국 측 열차에서 컨테이너를 내려 카자흐스탄 열차에 올린다.

중국-유럽 화물열차

① 위신어우(渝新歐) 및 롱어우(蓉歐) 국제 화물철도

충칭과 독일 뒤스부르크를 잇는 총 길이는 1만 1,179km의 '위신어우(渝新歐)' 철도[충칭을 의미하는 위(渝), 신장(新疆)의 앞 글자 신(新), 유럽(歐洲)를 뜻하는 오우(歐)의 합성에는 충칭에서 출발해 신장의 아라산커우(阿拉山口)를 통과하고 카자흐스탄, 러시아, 벨라루스, 폴란드를 거쳐 독일 뒤스부르크에 이른다. 충칭에서 생산된 노트북 등을 독일로 실어 나른다. 해상 운송 방식을 선택할 경우에 운송 시일이 40일이 소요되는 것에 비해 2주 정도만 소요된다.

한편, 쓰촨성 청두(成都)시에서 출발하는 '롱어우(蓉歐)' 정기 화물열차가 운행되고 있다. 청두에서 출발해 신장(新疆) 아라산커우(阿拉山口), 카자흐스탄, 러시아, 벨라루스를 지나 폴란드 로즈에 도착하며, 총 길이는 9,826km이고 2주 내에 폴란드까지 운송된다. 매일 정기적으로 열차가 운행되고 있으며, 통관 절차에 있어서 '일차적 신고, 일차적 검사, 일차적 통과' 원칙을 실시해 중도에 화물에 대해 재검사하는 시간을 단축하고 있다. 2017년 연간 운행 횟수가 1,000회를 넘어서면서 중국 내 유럽 화물열차 노선 중 최다 운행 횟수를 기록했다.

② 정신오우(鄭新歐) 국제 화물철도

허난성 정저우-독일 함부르크 간 국제화물열차로서 신장위그르 자치구의 아라산커우를 통과하여 총 4개국(카자흐스탄, 러시아, 벨라루스, 폴란드)을 거쳐 최종 목적지인 독일 함부르크에 도착하며 총 길이가 1만 214km로 편도에 16~18일 정도 소요된다. 이 노선은 해상 운송보다 운송 시간을 20일 단축할 수 있다.

③ 창안하오(長安號) 국제 화물철도

2013년 11월 시안-카자흐스탄 알마티 간 철도(장안호의 일부)가 개통되었다. 총 길이 약 3,866 km로 편도 6일이 소요된다. 시안 - 네덜란드 로테르담, 시안 - 러시아 모스크바, 시안 - 카자흐스탄 알마티 및 시안 - 카자흐스탄 리무 등 4개의 노선으로 구성되며 1단계인 시안 - 알마티 노선이 개통된 것이다. 중국에서는 자동차, 공정기계 등을 싣고 출발해 돌아올 때는 중앙아시아의 목화, 농산물 등을 싣고 오고 있다. 창안하오가 2016년 3월 26일 카자흐스탄에서 수입한 식용유 2,000톤을 싣고 시안 국제항구(내륙항구)에 복귀하여 수출 위주의 무역에서 벗어나 양방향 무역이 성사되었다.

'창안호'가 벨기에에서 볼보 완제품 자동차 160대를 싣고 16일 만에 시안에 도착하여 2018년 6월 13일 성대한 영접식이 개최되었다. 볼보 완제품 자동차 수입 전용 화물열차 운행은 시안 내륙항 운영 이후 첫 번째 사례로서 이로써 섬서성 소비자들은 자동차 구매 예약 후 인수까지 대기 시간을 기존에 비해 약 2/3 이상 단축할 수 있게 되었을 뿐 아니라 판매자 또한 연해 지역 항구를 통해 수입하는 것보다 운송 원가 및 기타 제반 비용을 낮출 수 있게 되었다.

④ 이신어우(義新歐) 국제 화물철도

2014년 11월부터 저장성 이우(義烏)시를 출발하여 카자흐스탄과 러시아, 벨라루스, 폴란드, 독일, 프랑스 등 연선 국가들을 통과하여 스페인 마드리드에 닿는 총연장 1만 3,052km의 세계 최장의 '이신어우(義新歐)' 화물철도 노선[이우(義)에서 신장위구르자치구(新)를 거쳐 유럽(歐)으로 이어진다는 의미]이 운행되기 시작했다. 해양 운수로 40여 일이 걸리던 물류 시간을 21일로 단축했다.

⑤ 위에신어우(粤新歐) 국제 화물철도

2013년 11월 광둥성 둥관-신장-모스크바간 총 길이 약 2만km의 국제 화물철도가 개통되었다. 광둥 지역과 중앙아 5개국, 러시아 등 간의 교역 촉진에 기여하고 향후 베트남, 인도네시아, 미얀마 등에서 생산된 제품들도 둥관 운송센터를 통해 러시아로 수출할 수 있다.

⑥ 동북 지역 국제 화물철도

헤이룽장(黑龍江) 하얼빈(哈爾濱)과 독일 함부르크 간 총 9,820km를 오가는 국제 화물열차가 2015년 6월부터 운행을 시작했다. 화물열차는 매주 한 차례 한국·중국·일본산 제품을 유럽으로 수출하고 유럽산 제품을 하얼빈으로 운송하고 있다.

지린(吉林)성 성도인 창춘(長春)과 독일 브란덴부르크주의 슈바르츠하이데 간 9,800km를 오가는 국제 화물열차가 2015년 8월 말 운행을 개시했다. 이 화물열차 노선은 창춘-만저우리(滿洲里)-러시아 시베리아-벨라루스 브레스트-폴란드 바르샤바-독일 슈바르츠하이데이며, 남북한·중국 동북3성·일본·몽골 등 동북아시아 각국의 화물을 운송하고 있다.

(2) 고속철도 건설

중국은 전 국토를 동-서, 남-북으로 촘촘하게 잇는 '4종4횡(四縱四橫)' 철도망 계획을 추진하고 있다. 이 정책의 목적은 드넓은 중국 대륙을 1일 생활권 지대로 만들고 내수 시장을 활성화하겠다는 데 있다. 2017년 말 기준으로 2만 2,000km를 건설하여 세계 고속철의 절반 이상을 차지하고 있으며 2030년까지 3만km를 건설할 계획이다. 4종(四縱)은 징후(베이징-상하이) 고속철, 징강(베이징-홍콩) 고속철, 징하(베이징-하얼빈) 고속철, 동남연해(항저우-푸저우

- 선전) 고속철이고, 4횡(四橫)은 쉬란(쉬저우 - 란저우) 고속철, 후
쿤(상하이 - 쿤밍) 고속철, 칭타이(칭다오 - 타이위엔) 고속철, 후롱
(상하이 - 우한 - 청두)연강(沿江) 고속철이다.

　중국은 가격 및 기술 경쟁력을 기초로 고속철 업체의 합병과 국
가 지도자들의 고속철 해외 세일즈를 통해 해외 진출에 박차를 가
하고 있다. 중국의 양대 고속철도 제조사 간 과다한 경쟁을 피하고
효율성을 높이기 위해 중궈베이처(中國北車 · CNR)와 중궈난처(中
國南車 · CSR)가 서로 합병하여 '중궈중처'(中國中車)라는 거대 공
룡 고속철도 회사가 탄생하였다. 한편, 중국 정부는 현재 20~30개
국과 고속철 협력을 논의하면서 실크로드 경제벨트 구축에 박차를
가하고 있으며 유라시아 고속철, 중앙아시아 고속철, 범아시아 고
속철 등 노선 건설을 추진하고 있다. 범아시아 노선은 이미 착공하
였으며 유라시아, 중앙아 노선은 협의가 진행되고 있다.

국제 고속철도 건설

① 유라시아 고속철도

유라시아 고속철도는 중국 신장에서부터 카자흐스탄 알마티를 지나 모스크바,
우크라이나 키예프, 폴란드 바르샤바, 독일 베를린, 프랑스 파리, 영국 런던까지
연결하는 구상이다.

② 중앙아시아 고속철도

중앙아시아 고속철도는 신장에서 카자흐스탄, 키르키스스탄, 우즈베키스탄, 투
르크메니스탄, 이란, 터키를 연결하는 노선으로 향후 독일까지 연장이 가능하
다. 이와는 별도로 중국과 러시아는 모스크바에서 러시아 연방 타타르스탄공화
국 수도 카잔까지 이어지는 고속철도 프로젝트를 추진하고 있는데 베이징까지
로 연장 계획도 논의되고 있다.

③ 범아시아 고속철도

범아시아 고속철도는 윈난성 쿤밍, 베트남, 라오스, 태국, 말레이시아, 싱가포르를 연결하는 노선이다. 총 세 개 노선으로 되어 있는데 라오스, 베트남, 미얀마를 각각 경유하여 모두 태국 방콕을 거쳐 말레이시아를 통과하고 최종적으로 싱가포르에 닿는다. 그중에서도 라오스 노선이 가장 먼저 가시화되고 있다. 중국과 라오스 당국은 2014년 11월 초 아시아유럽정상회의(ASEM) 기간에 중국 수출입은행의 대출을 조건으로 착공하기로 한 바 있다. 쿤밍에서 라오스의 수도 비엔티안까지 417km에 이르는 고속철도 건설에 중국은 자금을 지원하며 자국의 표준 기술과 장비가 사용되고 자국 인력을 동원하여 건설 공사를 하고 있다. 중국 정부는 태국과의 고속철도 건설도 동시에 추진하고 있다.

2. 가스관 건설

(1) 중앙아시아 가스관

중국의 에너지 및 자원 수요의 폭증은 유라시아 지역의 에너지 수급 및 수송 구도를 크게 변화시켜 유라시아 대륙을 가로지르는 에너지 운송의 필요성과 중요도를 높였다. 중국-중앙아시아 가스관 3개가 이미 완공되어 운송 중이며 현재 건설 중인 제4의 가스관이 완성되면 중국은 가스 수입의 40%를 중앙아시아에 의존하게 된다.

중앙아시아-중국 가스관(Central Asia - China Gas Pipeline: CACGP)은 2008년 7월에 착공되었고, 2009년 12월에 A노선과 2010년 10월에 B노선이 개통되었다. A, B 평행 노선(각각 1,833km)의 CACGP는 투르크메니스탄의 사만-데페(Saman-Depe) 가스전에서 시작하여 우즈베키스탄과 카자흐스탄을 통해 신장위그르자치구의 훨궈스까지 연결되며 서기동수((西氣東輸, West-East Gas Pipeline, 서부 지역 가스를 동부 지역으로 운송) 2기 가스관으로 연결되어 상하이와 선전까지 공급되고 있다.

2012년 12월부터 운행이 개시된 중앙아시아 가스관 A, B 노선의 총 가스 공급량은 각각 연간 150억m^3로서 총 300억m^3를 공급하며, 사만-데페 가스전의 가스 공급량이 최고점에 도달하는 2015~2020년 사이에는 연간 400억m^3까지 늘어날 전망이다. A, B 노선 건설을 위해 중국개발은행(China Development Bank)은 75억 달러의 차관을 제공하였다.

C 라인은 2014년 6월 준공되었으며 투르크메니스탄에서 중국으로 천연가스를 수송하기 위한 총 1,830km 길이의 가스관으로 연간 250억m^3의 천연가스를 수송할 수 있다. 이 중 100억m^3는 투르크메니스탄에서 공급하고, 100억m^3는 우즈베키스탄에서, 그리고 50억 m^3는 카자흐스탄에서 공급된다. C 라인은 당분간 연간 70억m^3의 천연가스를 공급하게 되며, 점차로 늘려가고 있다. 이에 따라 중앙아-중국 가스관 용량은 연간 550억m^3에 달할 전망이다.

중국-중앙아간 네 번째 가스 파이프라인인 D 라인 건설 착공식이 2014년 9월 개최되었는데, 이 라인은 투르크메니스탄-우즈베키스탄-타지키스탄-키르기즈스탄을 통과하여 중국에 연결된다. 연간 250억m^3 용량의 D 라인이 준공되면 중국-중앙아 가스관의 총 수송 용량은 800억m^3(전체 중국의 가스 수입 물량의 40%)에 달할 것으로 예상되고 있다.

중국은 중앙아 가스관 연결을 통해 해상 운송보다 저렴한 가격으로 천연가스를 수입하고 있으며, 천연가스 수입선의 다변화도 가능하게 되었다. 한편, 중앙아시아 3국은 중국으로 천연가스를 수출하게 됨으로써 기존의 러시아 중심의 에너지 네트워크 의존에서 벗어나 천연가스 수출 루트를 다변화하고 경제적 이익을 확보하는 계기를 마련하게 되었다. 특히, 천연가스의 주된 수출국인 투르크메니스탄은 러시아에 대한 수출 의존에서 벗어나 중국을 통한 천연가스 수출 루트의 다변화와 적정 가격으로의 에너지 수출을 통해 경제적 이익을 얻고 있다.

(2) 미얀마 가스관

중국-미얀마 간 가스 파이프라인은 일대일로 전략 훨씬 이전에 공사가 시작되었지만, 미얀마를 통해 인도양으로 나가는 일대일로 전략 추진에 있어서 중요한 역할을 할 것이다. 2013년 6월에 완공되어 시험 운영을 거친 후 2013년 10월부터 수송을 개시하였다. 이 가스관은 25억 달러가 투입되었으며 미얀마의 해상 천연가스전에서 생산되는 가스를 매년 120억m³ 수송한다. 한편, 대우인터내셔널은 미얀마 해상 가스전에서 생산한 가스를 대부분 중국에 판매하고 있으며 이 가스도 미얀마 가스관을 통해 중국으로 운송된다. 2015년 1월 완공되었던 챠우크퓨항과 쿤밍을 연결하는 770km 송유관도 2017년 4월 정식 가동에 합의하였다.

(3) 러시아 가스관

중국은 러시아와 2006년부터 연간 총 680억m³ 시베리아 천연가스를 동부(380억m³) 및 서부(300억m³) 노선을 통해 공급받는 것을 합의하고, 공급 조건 등에 대해서는 양해가 이루어졌으나, 공급 가격 문제로 인하여 천연가스 공급 협상을 타결하지 못하고 있었다. 그런데 러시아가 유럽 지역의 천연가스 수요가 줄어들고 우크라이나 크림반도 문제로 인하여 서방의 경제 제재를 받게 되자 아시아 시장으로의 진출이 시급해졌다.

중국과 러시아는 2014년 5월 상하이에서 동시베리아 천연가스를 중국으로 공급하기로 하는 계약을 체결하였는데, 가스관 완료 후 30년간 380억m³의 천연가스를 공급한다. 그리고 같은 해 11월에 러시아는 서시베리아 가스전으로부터 중국의 서북 지역으로 30년간 천연가스를 공급하기로 합의하였다. 러시아가 동부 및 서부 노선을 통해 중국에 매년 판매하는 천연가스는 680억m³이다. 가스관 서부 노선은 러시아 서시베리아 - 알타이공화국 - 신장 - 서기동수 1기로 연결된다. 동부 노선은 러시아 동시베리아-중국 동북 지역 노선으로서 이 가스 파이프라인은 2019년에 북쪽 구간인 헤이룽장성 허이허(黑河)-지린성 창링(長嶺)을 통과한다. 이어서 중국 측 구간은 랴오닝성, 허베이성, 톈진시, 산둥성, 장쑤성을 관통하여 상하이에 이르며 그 길이는 3,371km에 달한다.

3. 항만 건설

(1) 항만 건설 전략

중국은 원유 수송 등 안정적인 무역로 확보를 위한 제해권을 강화할 필요가 있다고 인식하여 해외 항만의 개발과 운영에도 적극적으로 나서고 있다. 이제 인도양을 넘어 아프리카로 이어지고 유럽으로 가는 홍해, 지중해 거점까지 개척하고 있다. 이러한 중국의 항구 건설 협력에 대해 미국, 일본, 인도 등은 군사적 측면을 강조한 '진주목걸이(String of Pearls)' 전략으로 명명하면서 중국의 영향력 확대를 경계하고 있다.

'진주 목걸이'는 중국 본토에서 아프리카 동안을 잇는 동남아 및 인도양의 에너지 해상 운송 루트상에 목걸이 모양으로 위치한 군사 및 상업시설 연계망을 지칭한다. 미얀마 시트웨(Sittwe)항 및 차우크퓨(Kyauk phyu)항, 방글라데시의 치타공(Chittagong)항, 스리랑카의 함반토타(Hambantota)항, 파키스탄 과다르(Gwadar)항, 예멘 아덴항 및 모카항, 탄자니아 바가모요항, 홍해 지부티항 등이 포함된다. 여기에 더하여 중국은 '진주 목걸이' 연선에 있는 캄보디아 시아노크빌항, 몰디브 등의 항구를 확보하기 위해 적극적인 행보를 보이고 있다.

〈중국의 진주목걸이 전략〉 　　출처: 문화일보

(2) 주요 항만 건설

① 파키스탄 항만

중국은 2013년 2월 파키스탄 과다르항의 운영권을 인수하였다. 과다르항 자유무역구 부지를 장기간 임대하는 계약을 체결했다. 이 계약에 따라 중국 해외항구유한공사(Chinese Overseas Port Holdings, 중국 건축공정 총공사의 해외사업부에 소속)가 항구의 운영 및 관리를 담당하고 있다. 과다르항은 중국의 자금 지원을 통해 공사가 진행되어 왔다.

〈중국-파키스탄 경제회랑〉

한편, 2015년 4월 시진핑 주석의 방문을 계기로 파키스탄 과다르 항에서 신장위구르자치구 카스까지 3,000km 구간에 철도, 도로, 가스관을 건설하는 중국 - 파키스탄 경제회랑 사업을 공동 추진하기로 합의했다. 계획대로 경제회랑이 개통되면 중국으로서는 걸프해 연안과 페르시아만 일대에서 수입하는 중동산 석유를 인도양에서 신장으로 운송하여 말라카 해협에 집중된 운송 부담을 해결할 수 있으며 기존 말라카 해협을 돌아 들어오는 수송 루트를 9,000km 단축할 수 있게 된다. 아울러 과다르항의 군사적 효용 가치를 감안할 경우 이곳을 해군 기지화할 경우 중국은 인도양에서 유력 경쟁국인 인도를 바로 코앞에서 견제할 수 있고 군사 작전 반경도 넓힐 수 있다.

② 스리랑카 항만

스리랑카 라자팍사 대통령 정부는 중국으로부터 대규모 차관을 받아 남부에 함반토타 (Hambantota) 항구를 건설하고 콜롬보 국제금융도시 개발사업

〈스리랑카 항구〉

을 추진했다. 라자팍사 대통령을 선거에서 이기고 집권한 시리세나 대통령 정부는 친중 일변도 외교에서 탈피하여 친서방 노선을 취하면서 대규모 지원과 투자를 기대했으나 서방 진영의 지원과 투자가 저조하자 중국의 지원과 투자가 필요하다는 현실적 인식하에 중국과의 관계를 개선하고 일대일로 구상 참여 의지를 표명하였다.

그런데 스리랑카 측은 중국과 진행한 프로젝트로 인한 막대한 부

채를 감당할 수 없어서 중국과 함반토타항구 프로젝트의 재무-자산 스왑 협상을 진행했다. 스리랑카로서는 막대한 규모의 부채를 상환할 방법이 달리 없었기 때문이다. 스리랑카 정부는 함반토타항구의 스리랑카 대 중국 지분 비율을 20:80으로 제안했으나 이에 대한 정치권 및 여론의 반발이 거세지고 항의 시위가 발생하자 중국측과의 재협상을 통해 30:70으로 재조정하였다. 결국 항만 운영권(99년)은 2017년 12월 중국 국유기업 자오상쥐(招商局)유한공사가 갖게 되었다.

③ 미얀마 항만

말라카 해협은 세계 전체 물동량의 20%를 넘고 한국, 일본이 수입하는 원유의 대부분이 이 해협을 따라 운송되고 있을 정도로 동아시아 국가들의 명줄이라고 할 수 있다. 중국도 원유 수송로로 말라카 해협을 주로 이용하다가 이제는 미얀마를 잇는 석유, 가스 파이프라인을 설치하여 우회하여 운송하는 방안을 확보하였다. 중국-미얀마 송유관의 미얀마 기착지인 차우크퓨 지역에 중국이 20년 사용권을 가진 항구가 건설되고 있다.

차우크퓨는 미얀마의 옛 수도인 양곤에서 서북부 방향으로 500km가량 떨어진 벵골만에 접한 조그마한 어촌 마을이었다. 중국은 차우크퓨가 수심이 25m로 천혜의 항구로서 인도양에 진출할 수 있는 전략 요충지라는 점을 간파하고 일찌감치 눈독을 들여왔다. 중국 주도의 컨소시엄은 라카인주의 항구 도시인 차우크퓨에 23억 달러를 들여 16km² 면적의 특별경제구역 산업단지를 조성했다. 이 산업단지는 중국과 미얀마 정부가 2013년 공동 투자에 합의한 사업으로 일대일로 전략의 핵심 사업 중 하나다. 중국과 약 2,200km의 국경을 맞대고 있는 미얀마는 중국이 인도양으로 진출할 수 있는 관문이다.

④ 지부티 항만

중국은 유엔 평화유지군 작전 참여와 아덴만 해역에서의 선박 보호 작전 강화, 인도적인 지원 등 명목으로 아프리카 동부 홍해에 있는 지부티에 군사기지를 구축하였다. 지

〈지부티〉

부티는 지중해와 아시아를 잇는 수에즈운하 입구에 있으며 아라비아해와 인도양으로 진출할 수 있는 전략적 요충지다. 세계 상선의 30%가 통과하는 물길을 틀어막을 수 있는 요새이자, 아프리카 · 중동 · 인도양으로 단숨에 진출할 수 있는 교두보다. 프랑스와 미국, 이탈리아, 일본, 중국 등 다섯 강대국의 군사기지가 버티고 있다는 점만 봐도 그 전략적 가치를 알 수 있다.

그런데 2017년 지부티에 첫 해외 군사기지를 설치하며 늦게 진출한 중국이 차이나 머니를 내세워 급부상하고 있다. 중국은 미군의 관문 역할을 해온 현지 항구 운영권까지 넘보면서 최대 병력을 주둔시켜 온 미국의 지위를 위협하고 있다. 미국 아프리카사령부의 토머스 발트하우저 사령관은 2018년 3월 미국 하원 군사위원회 청문회에서 중국이 지부티 주요 항구를 통제할 가능성에 깊은 우려를 나타냈다. 발트하우저 사령관이 말한 주요 항구는 도랄레 항구를 말한다. 이 항구는 미군 부대 코앞에 있는 곳으로 지부티뿐만 아니

라 아프리카의 다른 지역으로 가는 미군 병력과 물자가 오가는 핵심 관문이다. 발트하우저 사령관은 중국이 이 항구를 차지해 이용을 제한하면 미군의 물자 보급과 함정의 연료 재급유에 영향을 끼칠 것이라며 중대한 결과에 직면하게 될 것이라고 말했다.

⑤ 그리스 항만

해상으로는 동남아 말라카 해협과 미얀마, 스리랑카, 유럽 그리스의 주요 항구를 연결하는 거대한 해상 통로를 연결함으로써 21세기의 새로운 실크로드를 건설한다는 계획과 관련하여 중국 지도자들의 그리스 방문이 잦아지고 있다. 리커창 총리는 2014년 6월 그리스 방문 시 약 50억 달러 규모의 무역 및 투자 협정을 체결하였다. 리커창 총리가 그리스를 방문한 지 한 달도 안 되어 시진핑 주석이 브릭스 정상회담 참석을 위해 브라질로 가는 길에 그리스를 깜짝 방문하였다.

이 같은 파격은 지중해와 유럽 남부의 관문인 그리스 피레우스항 운영권 때문이다. 리커창 총리는 그리스 방문 시 "중국은 피레우스항을 시작으로 유럽으로 통하는 내륙 지역의 고속철 건설에 참여하기를 희망한다."라고 강조했는데, 해상 실크로드의 유럽 기착지인 피레우스항을 통해 유럽 대륙의 육상 실크로드를 개척하겠다는 것이다. 시 주석은 그리스 방문에서 피레우스항 확장 및 주변 인프라 건설 참여를 다시 확인하였다. 그리스 최대 항구인 피레우스항은 유럽과 중동, 북아프리카 지역 등 지중해 전 지역을 오갈 수 있는 전략적인 요충지이자 실크로드 경제벨트와 21세기 해상 실크로드 구축을 위해서도 중국에 없어서는 안 될 물류 기지로 인식되고 있다.

1. 아시아인프라투자은행(AIIB)

(1) 아시아인프라투자은행 설립

시진핑 주석은 2013년 10월 아시아 순방 시에 유도요노 인도네시아 대통령과 회담하면서 아시아인프라투자은행(AIIB) 설립을 제안하였다. 2014년 10월 24일 중국, 인도, 파키스탄, 몽골, 스리랑카, 우즈베키스탄, 카자흐스탄, 네팔, 방글라데시, 오만, 쿠웨이트, 카타르와 ASEAN 9개국(인도네시아 제외) 등 총 21개국의 아시아 인프라투자은행(AIIB) 제1차 창립 희망 회원국 재무장관 및 수권대표들이 베이징에서 AIIB 설립 양해각서를 체결하였으며, 초기 자본금 500억 달러 규모(추가적으로 1,000억 달러 수준으로 증액 목표)의 AIIB 설립을 선언했다.

미국이 AIIB 설립에 부정적인 인식을 갖고 반대를 표시하였으나 중국의 설득으로 참여 국가 숫자는 늘어갔다. 특히, 미국의 주요 우방이자 선진국 일원인 영국이 2015년 3월 AIIB 참여를 선언하면서 분위기가 완전히 바뀌었다. 그 후 참여 국가가 크게 늘어났으며 중국 정부는 4월 15일에 57개 창립 회원국을 확정하였다. 이어서 2015년 5월 20~22일간 아시아인프라투자은행(AIIB) 제5차 교섭 대표회의가 싱가포르에서 개최되어 57개 AIIB 예비 창립 회원국이 AIIB 설립 협정문에 최종 합의하였고, 6월 29일 베이징에서 설립 협정문 서명식이 개최되었다.

창립 회원국을 지역별로 보면 유럽에서는 주요 7개국(G7)인 영국과 독일, 프랑스, 이탈리아를 포함해 18개국이 참여했으며, 아세안에서도 인도네시아 등을 비롯해 10개국이 창립 회원국에 이름을 올렸다. 또한, 한국, 인도, 브라질 등 주요 신흥국들과 사우디아라비아, 아랍에미리트(UAE), 카타르 등 중동 국가들도 AIIB 설립에 동참했다. 미국, 일본 등 기존 국제금융기구(WB, ADB, IMF)의 주도 국가는 AIIB 참여에 대한 유보 혹은 거부 의사를 표명하였다.

2016년 1월 16일 베이징에서 아시아인프라투자은행 설립 개소식이 개최되어 공식 출범하였다. 아시아인프라투자은행 초대 총재로는 진리췬(金立群) 중국 재정부장이 선출되었다. AIIB 첫 연례총회가 베이징에서 개최되고, 제2회는 2017년 6월 제주에서 개최되었다. 회원국 수도 증가하여 2017년 현재 84개국이 되었다.

아시아인프라투자은행의 지분 배분

기본 표(전체 투표권의 12%, 국별 2,474표), 창립 회원국 표(국별 600표), 지분 표(출자액 10만불당 1표), 역내국과 역외국 간 지분 비중 75:25, 2013년 명목 GDP와 구매력 평가(PPP)를 60:40으로 혼합한 국별 GDP 산정 등 원칙이 정해졌다. 총 1,000억 달러 규모를 출자 총액으로 하면서, 투표권은 중국 26.06%,

인도 7.51%, 러시아 5.93%, 독일 4.15%, 한국 3.50%, 호주 3.46%, 프랑스 3.19%, 인도네시아 3.17% 수준에 합의하였다. 한편, 지분율은 중국 30.34%, 인도 8.52%, 러시아 6.66%, 독일 4.57%, 한국 3.81%로 정해졌다.

초기에 AIIB를 구상할 때는 중국 중심적인 성격의 금융 시스템을 제안하였으나 점차 보다 국제표준에 입각한 다자적이고 개방적인 성격의 금융 시스템으로 변모하고 있다는 평가이다. 이사회 권한 강화 등 AIIB 지배 구조가 상당히 개선된 것으로 평가되었다. 아울러 주요 안건 통과 저지에 충분한 투표권 확보, 일부 이사회 권한의 총재 위임 절차 확보, 이사회 비상주화 등으로 중국의 핵심 이익이 확보된 것으로 인식되고 있다.

(2) 국제 금융 질서에 미치는 영향

전문가들은 아시아인프라투자은행은 중국이 미국과 일본 주도의 세계은행(WB), 국제통화기금(IMF) 및 아시아개발은행(ADB)을 견제하고 국제 금융시장에서 입지를 강화하며 중앙아 및 동남아 지역으로 경제력을 확대하려는 두 마리 토끼를 동시에 잡겠다는 야심찬 프로젝트라고 평가하고 있다.

아시아인프라투자은행 설립 구상은 국제 질서의 수용자에서 창조자로 변신하려는 중국의 의지를 보여 준다. 중국이 제2차 세계 대전 이후 형성된 미국 주도의 국제 금융 질서를 흔들고 있는 것이다. 미국은 AIIB 지배 구조의 투명성이 담보되지 않았다며 AIIB 설립을 반대해 왔지만 속내는 자국이 만든 국제 금융 질서에 대한 위협으로 인식했다는 분석이다. AIIB 설립이 20세기 후반을 지배했던 미·영·일 연합 금융 질서에 종언을 고하는 것으로 보는 것은 과도한 평가이지만, 분명한 것은 가장 강고한 것으로 평가된 기존 금융 질서에 심리적인 종언을 고한 전환기적인 사건이라고 평가할 수 있다.

(3) 위안화 국제화와의 관계

아시아인프라투자은행을 통해 많은 외화가 인프라 개발에 투자됨으로써 위안화의 국제화에도 진전이 있을 것으로 예상된다. 국제은행 간 통신협회(SWIFT)에 따르면 2015년 10월 초에 벌써 위안화가 일본 엔화를 제치고 세계 결제 통화 순위 4위를 기록하며 주요 통화로 올라섰는데, 일대일로 정책이 본격적으로 추진되면 위안화의 중요성은 더 커질 것으로 전망된다.

한편, 국제통화기금(IMF)은 2015년 11월 30일 워싱턴에서 집행이사회를 열고 특별 인출권(SDR) 통화 바스켓에 위안화를 편입하기로 결정했다. SDR은 그동안 달러화, 유로화, 엔화, 파운드화 등 4종의 화폐로 구성돼 있었다. 위안화의 편입 비율은 10.92%로 정해졌다. 이는 달러화(41.73%)와 유로화(30.93%)보다는 낮은 것이지만 엔화(8.33%)와 파운드화(8.09%)보다는 높은 것이다. 위안화를 세계 3대 기축 통화로 인정한 셈이다. SDR 통화 바스켓에 위안화가 편입됨으로써 일대일로 구상은 날개를 달게 됐다. 중국이 일대일로 프로젝트를 추진할 때 자본을 받아들이는 나라 입장에서는 어떠한 화폐를 사용할 것인지에 대한 고민을 할 수밖에 없는데, 위안화의 SDR 편입은 상대국이 위안화를 더 쉽게 받아들이도록 하는데 도움을 주게 될 것이기 때문이다.

(4) 일대일로 프로젝트 대출

2017년 5월 기준으로 아시아인프라투자은행(AIIB)은 총 6차례에 걸쳐 13개 프로젝트에 대한 자금 지원을 승인하였으며 총 자금 지원 규모는 21억 7,500만 달러이다. 전력 인프라 건설이 5건, 빈민촌 개발과 항구 건설 및 수리 시설 구축 등이 4건, 교통 인프라 건설이 3건, 천연가스 수송과 같은 에너지 공급 시스템 구축이 1건이다. 기존 AIIB 대출 지원 프로젝트 중 AIIB 독자 지원은 단 1건뿐이고 대다수가 다자개발은행 등 국제 금융기구와의 협조 융자 형태이며 차입국 정부가 출자하는 경우도 있다.

국가별로 살펴보면 지원 프로젝트 수 최다 국가는 인도네시아(3건), 파키스탄, 방글라데시, 오만이 2건으로 2위에 랭킹되어 있다. 파키스탄은 '중국 - 파키스탄 경제회랑'의 관련국으로 AIIB로부터 총 4억 달러의 자금을 지원받고 있다. 인도네시아는 총 3건의 프로젝트로 4억 4,150만 달러, 오만과 방글라데시가 2건 프로젝트로 각각 총 3억 100만 달러, 2억 2,500만 달러 대출 지원을 받고 있다.

2017년 말 현재 AIIB는 20여 개 프로젝트로 늘어나 34억 달러를 투자했고 첫 대중국 투자 프로젝트는 난방용 석탄을 천연가스로 교체하는 사업이다. 베이징 지역 510개 마을의 21만 6,750가구를 액화 천연가스(LNG) 수송관으로 연결하는 프로젝트에 2억 5,000만 달러를 투자하는 사업이다. 중국 정부는 대기오염을 억제하기 위해 북부지역 도시를 중심으로 석탄 난방을 가스 난방으로 교체하는 '메이가이치(煤改氣)' 정책을 전면적으로 추진하고 있다.

2. 여타 금융 협력

(1) 실크로드 기금 조성

2014년 11월 중국은 APEC 정상회의에서 400억 달러 '실크로드 기금'을 발표하고 이어서 50억 위안 규모의 해상 실크로드은행 설립을 발표했다. 시진핑 주석이 11월 8일 아시아태평양경제협력체(APEC) 비회원 국가 정상들을 초청해 연 '소통과 동반자 관계 강화를 위한 대화'에서 실크로드 기금 조성 입장을 발표했다. 400억 달러 규모의 자금을 출연해 '실크로드 기금'을 만들어 일대일로(一帶一路) 주변 일대의 도로 건설, 연해 국가의 기초시설 건설, 자원 개발, 산업 및 금융협력 소통과 관련된 프로젝트에 대한 투자, 융자를 지원하게 될 것이라고 밝혔다.

실크로드 기금은 중국 정부 및 중국투자유한책임회사, 중국수출입은행, 국가개발은행이 공동 출자하여 설립한 중장기 개발 투자 기금으로, 일대일로 전략 추진 과정에서 관련 투자, 융자서비스를 제공하며 신흥 개발도상국의 도로나 철도 프로젝트에 장기적으로 투자해 나가는 기금이다. 2015년 4월 20일 시진핑 주석의 파키스탄 방문 시 실크로드기금회, 싼샤집단(三峽集團) 및 파키스탄 민영 전력·인프라 위원회가 공동으로 파키스탄 수력발전소 개발에 관한 MOU를 체결하였는데, 이는 실크로드 기금이 최초로 대외 투자 항목에 활용되는 사례이다.

(2) 브릭스의 신개발은행(NDB)

2014년 7월 15일 브라질에서 개최된 브릭스 정상회의에서 개발은행 설립과 위기대응기금 설치를 선포하였다. 신개발은행(NDS)은 중국, 러시아, 인도, 브라질, 남아공 등 브릭스(BRICS) 5개국이 브릭스 국가 및 신흥국의 인프라 건설 자금을 지원하기 위해 만든 금융기구로서 일대일로 프로젝트에도 참여한다. 초기 자본금은 500억 달러로 회원국이 100억 달러씩 출자하며 1,000억 달러로 확대한다.

이와 별도로 브릭스 5개국은 금융위기 등 유사시에 대비한 1,000억 달러 규모의 위기대응기금(CRA)을 설치키로 하였으며 전체 위기대응기금 가운데 중국이 410억 달러, 브라질, 러시아, 인도가 각각 180억 달러, 남아공이 50억 달러를 분담한다. 신개발은행 초대 총재는 인도가 맡고 운영위원회의 의장 국가는 러시아가 이사회 의

장국은 브라질이 담당키로 하였다. 본부는 상하이에 들어서고 남아공에는 첫 지역 센터를 설치하고 2016년부터 본격적으로 활동을 시작하였다.

(3) 상하이협력기구(SCO) 개발은행

상하이협력기구(SCO)는 애초 지역 문제, 국경 문제 해결을 목적으로 창설됐으나, 기구의 주요 과제와 기능은 현격히 변화했고 회원국 및 옵저버 국가도 확대되고 있다. 러시아가 신동방 정책을 추진하고 중국과 다방면에 있어 긴밀한 협력 관계를 갖게 되면서 상하이협력기구의 중요성이 커지고 있으며 중국은 상하이협력기구를 외교 · 안보를 넘어 회원국 개발을 위한 금융 협력 기구로도 기능을 확대하기 위한 논의를 주도해 왔다.

2013년 9월 23일 시진핑 주석은 금융 협력을 강화하기 위해 상하이협력기구 개발은행과 전문 계좌 설립을 제안하였고, 11월 29일에는 리커창 총리가 상하이협력기구 개발은행 설립 추진과 회원국 간 화폐 결제 강화를 제의하였다. 2014년 12월 15일 카자흐스탄 수도 아스타나에서 개최된 상하이협력기구 총리회의에서 상하이협력기구의 협력 틀에서 융자 보장 체제를 조속히 수립해 나가기로 하였다. 2015년 7월 시진핑 주석과 푸틴 대통령은 일대일로와 유라시아 경제연합 사업을 연결하기 위한 구체적 계획안에 대해 논의했으며 상하이협력기구를 일대일로 프로젝트 협력 사업 추진의 장으로 하자는데 합의했다.

● 제3절 —— 일대일로 전략의 중국 국내적 추진

1. 지역별 역할 설정

중국 정부가 일대일로 전략 구상을 대대적으로 추진하겠다는 입장을 밝히자 중국 내 대부분의 성(省)·시(市)에서는 중앙정부의 지원을 받기 위한 호재로 활용하기 위한 목적으로 일대일로 구상에 참여 의사를 표명하고 일대일로 전략 대상 지역으로 선정되기 위해 경쟁을 치열하게 전개했다. 1차적으로 2015년 3월 발표된 「실크로드 경제벨트와 21세기 해상 실크로드의 배경 및 행동」에서 성(省)급 행정단위 주에서 일대일로 실시 대상 지역이 지정되고 각 지역, 특히 서부 지역 거점 도시들의 역할과 기능이 명시되었다.

신장웨이우얼 자치구는 '육상 실크로드의 핵심 지역'으로 선정되었다. 2014년 5월 26일 중앙정치국 회의에서는 신장웨이우얼 자치구의 사회·치안 안정을 위해 신장을 실크로드 경제벨트의 중심으로 건설해야 한다는 의견이 제시된 바 있다. 신장웨이우얼 자치구는 신 유라시아 대륙교, 중국-중앙아-중동 경제회랑 및 중국-파키스탄 경제회랑 건설 추진 임무가 부여되었다. 일대일로 전략에서 서북 5개성의 역할이 중요한 점을 고려하여 신장웨이우얼 자치구가 '육상 실크로드의 핵심 지역'으로 선정된 이외에도 산시성은 실크로드의 '새로운 기지', 간쑤성은 '황금 구간', 닝샤후이주자치구와 칭하이성은 '전략지대'로 정해졌다. 특히, 닝샤후이주자치구는 아랍 국가들과의 연결 통로로 역할이 강조되었다.

쓰촨성과 충칭시는 서부 개발 개방의 거점 지역이다. 중국 남북, 동서 교통 허브, 서부 지역 상업, 물류 중심지로서의 역할이 가능하다. 일대일로 전략과 창장 경제벨트, 21세기 해상 실크로드의 접점에 있으며 유럽-아시아 국제 무역 · 물류의 교두보, 국제 기술, 자본의 접근이 용이하기 때문이다. 윈난성은 중국 서남 지역 개방의 '교두보'이며 메콩강 유역 경제협력과 중국-미얀마-방글라데시-인도 경제 협력의 전진기지이다. 광시좡주자치구는 실크로드경제벨트와 21세기 해상 실크로드가 유기적으로 연계된 중요 관문이다.

연해 지역은 창장 삼각주, 주장 삼각주 등의 높은 경제 개방도와 강한 경제력과 대만 · 홍콩 · 마카오 배후 효과를 활용해 나간다는 방침이다. 푸젠성은 '21세기 해상 실크로드'의 핵심 지역으로서 해상 실크로드 건설의 첨병이자 주력군이다. 광둥성은 경제 발전의 선도자로서 일대일로 해상 실크로드 건설에 있어서 추진체 역할을 담당하게 된다. 하이난다오는 관광 개발의 중점 지역으로 역할을 할 것이다.

산둥성은 21세기 해상 실크로드를 통해 연해 도시 및 항구를 긴밀하게 연결하는 역할을 한다. 베이징, 톈진, 허베이, 창장 연안 경제 지역은 일대일로와 징진지, 창장 경제 협력을 결합시켜 추진하며, 네이멍구자치구, 랴오닝성, 지린성, 헤이룽장성은 중국 - 몽골 - 러시아 경제회랑 건설을 중심으로 중국 국내와 국제 간 교류 협력을 심화하고 북방 개방을 추동해 나가는 역할을 부여받았다.

2. 지역별 일대일로 전략

(1) 서북부 지역

① 신장위그르 자치구

'일대(一帶)'인 육상 실크로드의 핵심 추진 지역으로 선정되었으며, 서쪽으로 향한 중요한 거점으로서 실크로드 경제벨트의 교통허브, 비즈니스 물류 및 에너지 중심으로 육성해 나간다는 방침이다. 우루무치와 카스(喀什)를 중심 지역으로 교통 서부 개방 창구, 교통 허브, 상무 물류, 문화 과학 중심 및 의료 서비스 센터로 자리매김하려고 한다. 우루무치는 기초 시설(철도, 도로, 공항, 인터넷, 에너지 시설)의 현대화를 추진하고 있다. 아라산커우(阿拉山口)는 철도, 도로, 항공, 파이프라인 '사위일체' 운송 수단이 통과하는 곳으로서 중앙아시아를 연결하는 길목에 있어 중요한 물류 도시로 부상하고 있다. 카자흐스탄과의 국경 지역 휘얼귀스(霍尔果斯) 보세 구역 활성화, 키르기즈스탄과의 국경 무역 확대, 국경 통관 원활화 및 국제 항공 연계 사업 , 중앙아시아 국가들과 유라시아 상품 전시회 등의 사업을 추진하고 있다.

② 산시성(陝西省)

서부 개방의 중요 기지, 종합 경제문화 중심으로 발전시킨다는 전략이다. 종합 교통 허브 중심, 글로벌 비즈니스 무역 중심, 과학기술·교육·문화·관광 교류 중심, 에너지·금융 중심, 경제·무역협력 중심 등 '5개 중심' 건설을 주요 내용으로 하는 일대일로 방안을 추진하고 있다. 특히, 시안을 내륙 개혁개방 신기지로서 내륙 교통망의 내륙항(land port), 중앙아시아 및 유럽으로 이어지는 물류의 내륙교(land bridge)와 금융 허브 역할을 수행하도록 한다는 목표를 설정하였다. 인문 교류 강화를 위한 조치로서 실크로드 대학 연맹과 산시 실크로드 국제 문화교류 센터를 설립한다. 국제 관광노선을 개발하고 실크로드 관광열차를 개통하며 실크로드 경제 벨트 관련국 및 국내 성시와 협력하여 문물 보호 및 고고학 연구를 공동으로 추진하고 세계문화유산 등재 업무계획도 마련해 간다.

③ 간수성(甘肅省)

간수성은 교통, 에너지 통로, 경제문화 중심으로 육성한다는 방침이다. 종합 교통망, 상무 물류 중심, 실크로드 정보 회랑, 산업 협력 기지, 원구 시범단지, 도시 기능 집체, 인문 교류 유대, 체제 시스템 혁신 등 8대 임무를 중심으로 하는 일대일로 건설을 추진하고 있다. 란저우는 철도 중심지로서 중앙아시아 진출 거점으로서의 역할을 담당한다. 한편, 란저우시에 중국에서 다섯 번째로 신구(新區)가 설치됨에 따라 산업 측면에서 중요한 지역으로 성장할 것으로 전망이며 주요 육성 산업은 석유화학, 장비제조, 바이오 등이다. 매년 란차후이(란저우 투자무역 상담회)와 둔황 실크로드 국제문화제가 개최되고 있다.

④ 닝샤후이주자치구(寧夏回族自治區)

회족이 상대적으로 많이 거주하는 종교적, 민족적 특성을 고려되어 아랍국가 및 이슬람 지역과의 교류와 협력의 거점으로 지정되었다. 닝샤후이주자치구는 개명되고 온건한 회족들이 거주하고 있어 중국 정부로부터 소수민족 정책에 관한 관심을 많이 받고 있는 지역이며 이슬람 식품인 할랄 음식 생산 단지도 조성되어 있다. 2015년 9월 인촨(銀川)에서 개최된 중국-아랍국가 박람회에 시진핑 주석이 축하 메시지를 보내 관심을 표명하였으며 이 행사는 격년으로 개최되고 있다.

⑤ 칭하이성(青海省)

칭하이성은 창장(長江), 황허(黃河)의 발원지로서 독특하고 큰 생태 가치를 지니고 있는 지역이다. 완비된 교통망, 풍부한 자원 에너지, 다양한 문화 등의 특징으로 일대일로 전략 통로, 인문 교류 중심지로 설정되었다. 칭하이성은 1개 유대(인문 교류 교량 유대)를 중심으로, 3개 통로(러시아-유럽, 중앙아시아-중동, 서남아시아 개방 통로)를 관통하고 3개 분기점(시닝, 하이동, 거얼무)을 조성하고, 장비제조업 등 6대 기지를 만들어 실크로드 영광스러운 길을 재창조한다는 목표를 설정하였다. 거얼무에는 태양광 전지 210만 개가 설치된 세계 최대의 태양광발전소가 건설되었다.

(2) 서남부 지역

① 쓰촨성(四川省)

일대일로 전략으로 '2513년 행동 계획'을 실시하고 있다. '2'는 러시아, 싱가포르, 인도, 체코, 사우디아라비아 등 20개 국가를 선정하여 이를 집중 개발하고 관리·발전시켜 나간다는 전략 목표이다. '5'는 50개의 중대 프로젝트를 우선적으로 확보한다는 목표로서 1,000만 달러 이상 투자 규모의 50개 프로젝트, 턴키사업 계약 규모 1억 달러 이상의 주요 산업 및 인프라 프로젝트를 선택하여 집중 공략한다는 것이다. '1'은 100개의 우수 기업을 시범 지도한다는 뜻으로 연선 국가와 양호한 무역 투자 기반을 가지고 경쟁력을 겸비한 100개의 우수 기업을 선정하여 이를 중점적으로 관리하고 모범사례로 발전시켜 나간다는 것이다.

② 충칭(重慶)시

충칭은 '일대일로'와 '창장 경제지대'가 'Y'자로 만나는 지점에 위치한다. 창장 황금수도(长江黄金水道), 위에신어우(粤新歐) 국제 화물철로 연계 운송 대통로 등을 기반으로 하는 '일대일로' 국제무역 대통로서의 역할을 추진하고 있다. 한편, 2015년 11월 시진핑 주석의 싱가포르 방문 시 발표된 제3 싱가포르 공업단지 조성은 충칭의 '일대일로' 전략 추진에 큰 힘이 되고 있다. 참고로 싱가포르가 중국에 조성한 공업단지로서 제1단지는 쑤저우 공업원구이며 제2단지는 톈진 생태단지(에코시티)이고, 제3단지는 충칭 후롄후통(互联互通) 프로젝트이다.

③ 윈난성(雲南省)

윈난성은 동남아시아, 서남아시아를 거쳐 중동을 통해 유럽과 아프리카와 접근이 가능한 위치에 있다. 북부는 육상 실크로드로 연결되고 남부는 해상 실크로드와 연결된다. 메콩강 유역 경제 협력 GMS)과 중국-미얀마-방글라데시-인도 경제회랑(BCIM)은 윈난성의 일대일로 건설에 있어서 양대 핵심 사안이다. 교통, 에너지 자원, 통신 등 부문에 있어 상호 소통하여 '21세기 해상 실크로드'를 연결하는 역할을 해 나간다는 계획이다. 쿤밍은 수려한 경치와 다양하게 거주하는 소수민족들의 문화적 이점을 활용하여 '관광회랑' 과 '문화회랑' 조성을 추진하고 있다.

④ 광시좡주자치구(廣西壯族自治區)

광시좡주자치구는 아세안 지역과의 연계성이 높은 지역이다. 난닝(南寧)은 아세안 동남아 국가 및 중국 화남(華南), 서남(西南) 경제권의 접점에 위치한 글로벌 경제 도시이며 2004년부터 '중국-아세안 박람회'를 개최하는 등 아세안 각국과 문화 · 경제 측면에서 긴밀한 협력 관계를 유지하는 광시의 대표적인 도시이다. 친저우시(欽州)는 중국-베트남-태국-싱가포르를 연결하는 경제 축의 핵심에 있으며 광시 베이부만 경제구에 위치하고 범아시아 철도와 도로가 이어져 2010년 중국-아세안 FTA 체결 이후 새로운 발전 지역으로 주목받고 있다.

(3) 동부 연안 지역

① 산둥성(山東省)

21세기 해상 실크로드에 의거하여 연해 도시와 항구를 긴밀히 연결해 나간다는 방침이다. 단기적으로는 일대일로 연선 국가 및 지역과 정책, 무역, 통화, 민심, 도로 등의 분야를 상호 연결하고 소통하며(互聯互通), 특히 양자 혹은 다자 간 협력을 강화하기 위해 '국가별 산업 협력단지'를 조성하면서 관련 플랫폼을 마련한다. 중기적으로 향후 10년 동안 일대일로 연선 국가와의 경제, 문화, 과학기술 등의 협력을 강화하고 해당 국가들과의 쌍방향 교류를 강화해 나간다는 방침이다. 장기적으로는 일대일로 연선 국가와 산업, 문화, 관광 등 전 분야의 협력 시스템을 완비하여 한국, 일본, 중앙아시아, 동남아시아 등과의 역내 협력에 중요한 플랫폼이 되고 신유라시아대륙 횡단 철도의 성장 거점으로 발전을 기대하고 있다.

② 장쑤성(江蘇省)

쑤저우 공업원구, 쿤산 양안 협력 시범구 등 개방 협력 플랫폼의 금융 혁신 강점을 활용하여 국경 간 위안화 업무를 싱가포르 남경 생태과학기술섬, 쑤퉁(蘇通)과학기술원구 및 우시(舞錫) 싱가포르 공업원구 등 신 협력 원구로 확대해 나가고 있다. 그리고 '정화(鄭和)'를 배경으로 실크로드 경제무역 문화전을 개최하고 실크로드 국가들과 정부 간 교류를 강화하며 우호 도시 및 인문 교류 기지를 건설해 나간다는 방침이다.

③ 저장성(浙江省)

일대일로의 '문호성(門戶省)' 그리고 '중견성(中堅省)'으로 된다는 목표를 설정하고 각 지역 특성에 맞는 일대일로 정책을 추진하고 있다. 소상품 내수시장 도소매의 중심지이자 수출입 집산지인 이우시는 이신어우 횡단철도의 시발점이다. 닝뽀항은 심수항으로 이름을 날리고 있으며 거대한 물류기지이다. 수천여 개의 섬이 산재하고 있는 저우산은 해양 경제 발전 시범구로 지정되었다. 닝뽀-저우산항을 세계적인 벌크 상품의 집산지 등 무역창통의 보루로 육성해 나간다는 복안이다. 항저우는 중국의 '전자상거래의 고향'으로 불릴 정도로 중국 전체 1/3의 종합 전자상거래 관련 사이트가 자리 잡고 있다. 대표적인 기업은 알리바바, 징둥(京東), 양마터우(洋碼頭)이다.

(4) 화중 지역

① 허난성(河南省)

허난성은 일대일로의 종합 교통 중추 및 상업·무역 물류 중심, 신 유라시아대륙교 경제회랑 지역이 상호 협력하는 전략 플랫폼, 내륙 대외 개방의 전략 지점을 표방하고 있다. 경제무역 협력 수준 제고 방안으로 허난성이 내세우고 있는 정저우 국경 간 전자상거래 종합 시범구 건설 방안이 강조되고 있다. 또한,「정저우 항공항 경제 종합 실험구」를 통해 21세기 해상 실크로드와 육상 실크로드를 연결하는 주요 접점 역할을 하려고 한다.

② 후베이성(湖北省)

총 2,800km 길이의 창장 운항 항로 구간 중에서 약 37%인 1,060 km가 후베이성을 지남에 따라 후베이성은 교통 인프라 구축에 있어서 이점을 지니고 있다. 경제무역 협력, 산업 투자, 기초 인프라 건설, 에너지·자원 개발, 교통운수 체계, 인문 교류 협력 등 여러 분야에 걸쳐 일대일로 정책을 추진해 나가고 있다.

③ 후난성(湖南省)

후난성의 이름은 둥팅호(洞庭湖) 남쪽이라는 데에서 유래하는데, 창장의 남쪽에 위치하며 일찍이 수로 교통이 발달한 곳이다. 현재는 징광(京廣) 고속철도로 실크로드 주요 도시와 연결되고, 후쿤(湖昆) 고속철도를 통해 아세안 국가들과 통할 수 있으며 수로로 동해안에 직접 닿을 수 있고, 주강 3각주와 베이부만에 접근하기가 용이하다. 후난성은 신문출판, 전파 매체에서 국제적인 경쟁력을 가지고 있어 인문 교류 측면에서 유리한 조건을 갖추고 있다.

(5) 징진지(京津冀) 지역

① 징진지 발전 전략

중국 정부는 수도권 광역 발전 프로젝트인 '징진지 일체화(京津冀一体化)'를 추진하고 있다. 징진지는 베이징, 톈진, 허베이를 일컫는 말로 지리적으로 인접한 수도권의 산업·교통·환경 문제 등을 통합적으로 해결한다는 구상이다. 구체적으로 베이징을 정치·문화·국제 교류의 중심지 및 과학기술 창조혁신 도시로 육성하고,

텐진을 국제 항구 도시·북방 경제 중심·생태 도시로, 허베이성을 북방 선진 제조업 기지·물류기지·전략 자원 비축 중심구 등으로 특화하여 개발하고 있다. 아울러 베이징의 비(非)수도 기능이 이전되는 슝안신구도 개발하고 있다.

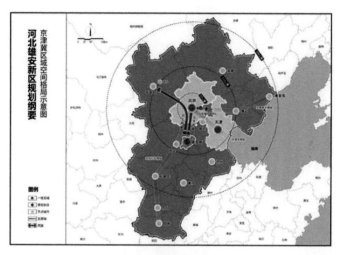

〈징진지, 슝안지구 개발〉   출처: 인민일보

슝안지구 개발 프로젝트

베이징과 120km, 텐진과 100km 거리에 있는 슝안신구(雄安新區)가 수도권 통합 발전을 위해 실시하고 있는 징진지 프로젝트의 핵심으로 떠오르고 있다. 슝안신구의 전체 면적은 1,770km²로 서울(605㎢)의 3배 수준이다. '시진핑 도시'라고 불리며 국가급 경제특구이기 때문에 중앙정부의 전폭적인 제도적 지원이 따를 것으로 기대되고, 국유기업들이 대거 지원 사격에 나선 상황이다.

중국철도건설회사, 중국교통건설회사, 중국건축공정총사 등 국유 건설사, 시노펙, 중국 야금과학공업그룹, 중화전력(中電)그룹 등 에너지기업 및 차이나 유니콤과 같은 통신사들도 슝안신구에 대한 투자 의향을 밝혔다. 슝안신구는 베이징의 비수도 기능의 이전, 허베이성의 산업구 조조정, 징진지 일체화 조성을 목적으로 한다. 참고로 베이징시가 지정한 수도 기능은 정치 중심, 국제 교류 중심, 과학기술혁신 중심, 문화 중심이다. 슝안신구의 설립으로 징진지의 경제 성장을 이끌고 베이징의 인구 과밀화 및 스모그까지 완화를 기대하고 있다.

② 텐진(天津)시

텐진은 베이징-상하이를 연결하고 허베이성 친황다오(秦皇島)의 산하이관(山海關)구로 통하는 철로가 관통하여 교통 네트워크 방면에서 사통 발달한 지역이다. 만저우리(滿洲里), 얼롄하오터(二連浩特), 아라산커우(阿拉山口) 세 곳으로 통하는 운송 통로를 보유하고 있다. 텐진항은 북방 최대의 항구로 세계 180여 개국과 400여 개 항만과 연결되는 해운 허브이며 베이징 대외 무역액의 90% 이상을 처리하고 있다.

「텐진시의 실크로드 경제벨트 및 21세기 해상 실크로드 건설 실시방안」에서 기초 인프라 후롄후통(互聯互通) 추진, 경제무역 협력 고급 플랫폼 구축, 산업 및 기술 협력 추진, 금융 개방 수준 제고, 전면적인 해상 협력 전개, 인문 교류 협력 긴밀화 등 6개 부문에 걸친 중점 업무를 제시하였다. 또한, 일대일로의 교차 지점, 중국-몽골-러시아 경제회랑 동부 기점, 신유라시아대륙교 경제회랑의 중요 지점으로서 전략을 설정하였다.

③ 허베이성(河北省)

지리적으로 허베이성은 발해만 지역에 자리 잡고 있어 '일대(一帶)'와 '일로(一路)'의 접점에 위치하고 있다. 중·몽·러 경제회랑은 텐진, 다롄에서 시작하여 몽골, 러시아를 거쳐 발틱해에 이른다.

교통 인프라 건설을 가속화하고 연선 지역과의 자원·에너지 협력을 강화하며 기업들이 '해외 투자, 외자 유치'를 활용하도록 하여 징진지(京津冀) 경제 발전에 중요한 지렛대 역할을 하려고 한다. 태양광, 철강, 유리, 시멘트 등 과잉 산업과 기업을 동남아, 서남아 등지로 생산기지 이전을 장려하고 있다.

(6) 동북부 지역

① 랴오닝성(遼寧省)

랴오닝성, 지린성, 헤이룽장성 등 동북 3성 및 네이멍구 북동부는 몽골, 러시아 등 북부 개방의 주요 통로로서 극동 지역과의 창구 역할이 부여되었다. 랴오닝성은 동북 지역 중 유일하게 바다와 인접하여 육·해상 양방향으로 인프라 구축이 가능하다. 유라시아 대륙철도를 거쳐 바다로 나가는 요지이자 중국-몽골-러시아 경제회랑 개발의 중요한 고리로서 육상 및 해상 양방향 실크로드 건설이 용이하다. 다롄(大連), 잉커우(營口), 진저우(錦州), 단둥(丹東)을 주요 거점으로 랴오닝의 서부와 네이멍구자치구의 동부를 잇는 물류 건설에 박차를 가하고 있다.

다롄 진푸(金普) 신구를 동북아 개방의 신전략 지점으로 육성해 나가고 진저우(錦州)는 바다 항구, 공항 항구 건설을 추진하며, 잉커우(營口) 경제기술개발구는 항구 경제를 무역형, 금융형 경제로 발전시킨다는 계획에 따라 금융 자산 교역 중심 조성에 주안점을 두고 있다. 후루다오(葫蘆島)를 징진지 발전 전략과 연계하여 발전시키고 정박 시설을 확장하고 있으며 관광업 발전을 추진하고 있다.

② 지린성(吉林省)

지린성은 구미(歐美)와 연접한 북빙양 항로를 적극적으로 열고 한국, 일본과의 국제 해운 노선을 안정적으로 운영하며 창춘-만주어리-유럽 국제화물철도를 현실화하는 데 역점을 두고 있다. 지린성의 일대일로 전략은 '창지투(長吉圖) 개발'에 초점이 맞추어져 있다. 2015년 4월 「지린성 동부 녹색전환 발전구역 총 계획」을 통해 북한-중국-러시아-몽골 등 4개국 간의 경제 협력을 강화하고 유럽 시장 진출을 위해 동해에서 출발하는 새로운 북극해 항로 개척을 추진하겠다고 발표했다. '차항출해'(借港出海: 항구를 빌려 바다로 진출) 실현'을 강조하며 두만강 지역을 중심으로 적극적인 개발 의지를 보였다.

다롄-센양-창춘-하얼빈 고속철도 노선, 센양-단둥 고속철도 노선 및 창춘-지린-훈춘 고속철도 노선이 개통되는 등 동북 3성 구석구석에 고속철도망이 깔리면서 물류 체계가 개선되고 인적 교류가 활발해지고 있다. 선양-단둥과 다롄-단둥을 잇는 고속철이 완공된 데 이어 창춘-훈춘을 연결하는 고속철이 개통되었다. 북·중 압록강 국경인 단둥과 두만강 국경인 훈춘이 중국횡단철도(TCR)와 고속철도로 이어진 것이다. 선양-단둥 구간은 3시간 30분 걸리던 여행 시간이 1시간 10분으로 단축되었다. 창춘-훈춘 노선은 옌볜 조선족자치주의 주요 도시를 거쳐 간다. 이로써 지린성 중심도시인 창춘과 북·중·러가 만나는 훈춘을 '3시간 생활권'으로 만들었다.

③ 헤이룽장성((黑龍江省)

헤이룽장성은 육·해 실크로드를 동서 방향으로 구축해 황해와

보하이(渤海)만, 헤이허(黑河), 시베리아 횡단철도까지 연결하여 2025년까지 유럽-러시아-몽골-중국-한국-일본을 잇는 육해 실크로드 경제벨트를 발전시키겠다는 계획이다. 헤이룽장성 실크로드 사업의 1단계 사업은 2015년 말까지 러시아, 몽골과 함께 3개국 통과 경제 통로를 구축한다는 것이다. 2단계로는 2016~2020년 항만, 철도, 도로 등 육·해 실크로드 인프라를 구축하여 유라시아에서 가장 빠르고 편리한 경제 통로로 정비한다는 계획이다. 마지막 3단계는 2021~2025년 사이 만들어진 경제 통로를 종합 운수 시스템으로 발전시키고 에너지 자원 수송 및 생태환경 보호 기반시설로 용도를 확대한다는 것이다.

④ 네이멍구(內蒙古) 자치구

네이멍구 북동부는 중국, 몽골, 러시아 3국 변방 삼각지대에 위치한 유라시아 대통로의 허브 지역으로 중·몽·러 경제회랑 건설 등 북방 실크로드의 핵심 지역으로 부상하고 있다. 경제적, 지리적으로는 헤이룽장성과 밀접하게 연계되어 있어 흔히 동북 4성으로 지칭되고 있다. 만저우리시는 대유럽 물동량의 상당 부분을 담당하고 있으며 중·몽·러 경제벨트의 중점 산업단지이다. 2015년 3월 만저우리 종합보세구가 국무원의 정식 승인을 받았으며 현대 물류, 보세 창구, 국제 무역 및 보세 가공을 4대 중점사업으로 발전시켜 나갈 예정이다. 후룬베이얼시는 러시아, 몽골과 동시에 국경을 접하며 8개의 1급 통상구를 보유하고 있어 중국 동부에서 유라시아로 통하는 중요한 통로 역할을 하고 있다.

(7) 동남부 지역

① 푸젠성(福建省)

「푸젠성 21세기 해상 실크로드 핵심 건설 방안」에서 푸젠성 연안에서 남하하여 남중국해, 말라카 해협을 거쳐 인도양에 이르고 유럽 서부 지역까지 이르는 경제회랑과 푸젠성 연해에서 남하하여 남중국해를 거쳐 인도네시아를 지나 남태평양 지역에 이르는 경제회랑을 만들어 가고 동시에 동북아 간 전통적인 협력 기초하에 연해 항구를 북상하여 한국, 일본을 경유하고 러시아 동부와 북미 북쪽지역에 이르는 경제회랑을 만들어 나간다는 방향이 제시되었다.

푸젠성 정부는 9개 지급시 중 푸저우(福州), 샤먼(厦门), 취안저우(泉州) 등 6개 연해 도시를 '해상 협력 전략도시'로 선정하고 취안저우를 '해상 실크로드 시범도시'로 지정하였다. 고대 해상 실크로드의 출발점인 취안저우(泉州)시는 화교, 민영 경제 및 이슬람 문화 등 강점을 활용한 정책 추진이 강조되고 있다. 취안저우시는 '해상 실크로드 10대 행동 계획'을 수립하여 취안저우항의 항만 인프라 보완과 국제 해운 노선 개척에 박차를 가하고 대형 임해 물류단지를 건설하며 신공항을 건설해 나간다.

② 광동성(廣東省)

광동성은 21세기 해상 실크로드 건설, 광동-홍콩-마카오 협력, 경제무역 협력 등 세 가지 측면을 특별히 강조하고, 광동에 '일대일로' 건설공작영도소조 건설을 추진하고, 광동 실크로드 기금을 조성하기로 하였다. 또한, '일대일로'의 '전략적 허브', '경제 무역의 중심' 및 '주요 엔진' 구축 방침하에 다양한 목표를 설정하였다. 홍콩·마카오 지역, 해상 실크로드 연선 국가와의 무역을 촉진시키고 인프라 연결, 대외 무역 협력 수준 제고, 산업 투자 가속화, 해양 분야 협력 추진, 에너지 협력 발전, 금융업 협력 확대, 관광 협력 수준 제고, 외교 교류 시스템 강화 등이 주요 업무다. 강주아오대교(港珠澳大桥)가 건설되어 광둥성-홍콩-마카오가 30분 만에 이동 가능하게 됨에 따라 이 세 지역의 무역, 물류, 산업 등 다방면의 교류 협력은 더욱 강화될 전망된다.

③ 대만구(大湾區) 메가 경제권

리커창 총리가 2017년 3월 12차 전인대 전체회의에서 광둥, 홍콩, 마카오 대만구 광역도시권 발전 계획 연구, 제정을 천명하면서 대주강삼각주 개념이 확대 발전된 대만구(粤港澳大湾區, Greater Bay Area) 개념이 대두되었으며, 이는 동년 4월 국가발개위에서 '국가급 신규 개발사업'으로 확정되었다. 천혜의 항구와 금융 인프라, 인재풀을 구비한 홍콩, 제조업 인프라 기반이 탄탄하게 닦인 주강삼각주 도시들, 혁신 창업의 기지로 떠오른 선전, 관광·엔터테인먼트업 경쟁력을 갖춘 마카오와의 시너지 효과를 발휘할 것으로 기대하고 있다.

대만구 계획은 홍콩·마카오의 지속 가능한 발전과 국가 차원에서 추진하는 일대일로(一帶一路, 육·해상 실크로드) 전략 차원에서 앞으로 적극적으로 추진될 것으로 예상된다. 2018년 1월 시진핑 주석이 당 중앙정치국 회의에서 지역 간 협조적 발전을 적극 추진해야 한다고 하면서 여기에는 대만구 발전 등이 포함된다고 언급함으로써 일대일로하에 광동, 홍콩, 마카오를 통합하는 메가 경제권 구축에 박차를 가할 것으로 본다.

3. 지역 간 협력을 강화하기 위한 정책

(1) 자유무역시험구와 연계

자유무역시험구를 통해 금융, 서비스업, 물류, 해운, 통관 분야를 망라해 대외 개방을 위한 시험을 전개하고 있으며 성공한 사례는 중국 전역으로 보급되고 있다. 중국의 과거의 개혁개방 정책이 대대적인 외국인 투자 유치를 통한 발전 전략이었다면 시진핑 체제가 구사하고 있는 개혁개방 전략은 과감한 혁신 정책을 통해 중국 자체의 경쟁력을 끌어올리겠다는 것이다.

외상 투자에 있어서 네거티브 리스트 제도가 도입되고 기업 설립 제도가 심사 허가제에서 등록제로 변경되고 있는 등 기업 관리 제도에 일대 변화가 진행되고 있다. 네거티브 리스트를 채택하는 지역이 늘어나고 있다. 네거티브 리스트는 해외 기업이나 자본의 중국 시장 진입 문턱을 낮추고 행정 절차를 간소화해 투자를 활성화하는데 목표가 있다. 자유무역시험구는 무역, 투자, 금융, 서비스, 정부 관리, 사법 제도 등 여러 분야를 광범위하게 포괄하고 있어서 한마디로 신경제 정책의 백화점이라고 할 수 있다.

자유무역시험구에서 시험된 제도들이 속속 중국 전역으로 확대되고 정책 변화에 큰 영향을 주고 있다. 2014년 12월 상하이 자유무역시험구의 공간 범위 확장과 함께 제2의 자유무역시험구로서 톈진시, 푸젠성, 광둥성을 지정하였으며 2015년 4월 정식으로 시행하였다. 2017년 4월 1일에는 랴오닝성, 저장성, 허난성, 후베이성, 충칭시, 쓰촨성, 산시(陝西)성 등 7개 지역에 자유무역시험구가 추가로 설치되었다.

(2) 국가급 신구 지정을 통한 연계 전략

각 지역에 국가급 신구 지정을 하여 지역 연동 개발을 추진하고 있다. 국가급 신구는 전략적 지역을 신구로 지정하여 국가의 전략적 차원에서 개발하고 건설하며 국무원에서 토지, 금융, 세금 등 다양한 분야에서 우대 정책 및 개혁 혁신 조치를 실행하는 제도를 의미한다. 국가급 신구가 설립되면 개발이 국가급으로 격상되고 국무원의 통일적인 규획과 심사 허가를 받는다. 우대 정책과 권한도 국무원으로부터 직접 비준을 받고 보다 개방적이고 우대적인 특수 정책을 실시할 수 있다.

2017년 4월 현재 현재 전국적으로 19개 신구가 설치되어 있다. 1992년 10월 상하이 푸동(浦東) 신구가 설립된 이래 1994년 3월 톈진 빈하이(濱海) 신구, 2010년 6월 충칭 량쟝(兩江) 신구, 2011년 6월 저쟝 저우산(舟山) 신구, 2012년 8월 깐수 란저우(蘭州) 신구, 2012년 9월 광둥 난샤(南沙) 신구, 2014년 1월 산시 시셴(西咸) 신구, 꾸이저우 꾸이안(貴安) 신구, 2014년 6월 칭다오 시하이안(西海岸) 신구, 따리엔 진진(金晉) 신구, 2014년 10월 쓰촨 틴엔푸(天府) 신구, 2015년 4월 후난 난샹쟝(南湘江) 신구, 2015년 9월 푸젠 푸저우(福州) 신구, 윈난 티엔중 신구, 2015년 12월 헤이롱쟝 하얼빈 신구, 2016년 2월 지린 창춘 신구, 2016년 6월 쟝시 간쟝 신구, 2017년 4월 허베이 슝안 신구가 설립되었다.

푸동 신구는 상하이가 경제, 금융, 물류의 중심 도시로 발전하는 데 견인차 역할을 해 왔으며 저우산 신구는 해양 개발 경제단지로 기능하고 있다. 란저우(蘭州) 신구는 서북 지역 최초 신구이고, 시셴(西咸) 신구는 산시 시안시와 셴양시의 중간 지역에 설립하여 산시성의 발전을 이끌어 갈 목적으로 설립되었다. 동북부에는 최근 들어 하얼빈 신구와 창춘 신구가 추가로 설립되었다. 마치 바둑의 포석처럼 각 지역의 핵심 지역에 위치한 국가급 신구는 각 지역의 특색에 맞춘 산업 조정을 통해 주변 지역 경제를 발전시키고 일대일로 전략에 참여하여 대내외를 연결하는 중추적 역할을 담당하고 있다.

(3) 통관 일체화를 통한 물류 제도 혁신

2016년 6월부터 상하이 세관을 중심으로 시범 운영되던 세관 통합 제도가 2017년 7월을 기점으로 전국에 확대 실시됐다. 이를 위해 '리스크 통제센터'와 '징세 관리센터'가 별도로 설립되었다. 어떤 도시에서 통관 절차를 받든지 간에 통합된 양식 규격과 표준을 통해 모든 통관 절차가 시행되고 '선통관 후심사' 제도가 실시된다. 전국 세관 통합 제도가 전면적으로 실시됨으로써 기업은 세관업무 처리 시 각각의 세관과 직면하는 것이 아니라 전 중국 세관 시스템과 연결되어 '국 1관(전 중국 하나의 세관)'이 구축되었다. 지역적 측면에서 기존의 세관 신고 구역 제한이 없어져 기업은 희망 지역

세관에 신고할 수 있다.

통관 일체화 개혁 후 수입 통관을 마친 후 사후심사 강화 체제로 변경되었다. 징세 관리센터는 물품 통관 후 리스크 심사 대상을 선별하여 무작위로 수입 신고 서류 심사, 관세 평가 등 업무를 진행한다. 세관은 검사 시 수출입 신고서, 계약서, 회계장부, 수출입 업무와 직접 관련된 기타 자료들의 열람을 기업에 요청할 수 있다.

통관 일체화 절차를 통해 노리는 것은 효율화다. 세관 절차가 간편해지고 효율성이 높아지며 행정 절차의 표준화를 가속화될 것이다. 이 정책을 통해 일선 성(省) 세관들의 권한이 대폭 줄어들면서 암암리에 이뤄지던 관시(關係) 문화를 통한 '세관 편법'이 줄어들 것으로 예상되고 있다. 그런데 세관별로 다른 규정과 절차, 비용 등으로 발생했던 어려움이 해소되었지만 통관 절차가 기업의 자진 신고 및 자진 납세로 변경돼 이를 제대로 이행하지 않으면 행정처분과 기업의 신용등급이 하락될 수 있고, 세관의 하이리스크 명단에 추가돼 대중국 수출이 어려워질 수 있다.

3

일대일로 전략
추진 평가

● 제1절 ───────── **일대일로 전략 추진 성과**

1. 일대일로 협력 문건 체결 및 교역 확대

시진핑 주석, 리커창 총리 해외 순방이나 외국 고위 인사의 중국 방문 기회 등을 적극 활용하여 일대일로 국제 협력을 공식화하는 양해각서(MOU)를 속속 체결하고 있다. 한국과는 2015년 리커창 총리의 한·중·일 정상회의 참석 시 한·중 양자 회담 계기에 유라시아 이니셔티브와 일대일로 협력에 관한 양해각서(MOU)에 서명하였다.

시진핑 주석은 2016년 6월 22일 우즈베키스탄 타슈켄트에서 최고회의(의회) 연설을 통해 일대일로는 초기 단계의 계획과 포석이 이미 완료됐다고 평가하였다. 17개국과 46개 협력 단지를 건설함으로써 중국 기업의 누적 투자가 140억 달러를 넘어섰고 현지에서 6만 개의 일자리를 창출했다고 강조했다. 일대일로 참여국과의 교역 규모가 1조 달러를 넘어 중국의 대외무역 총액의 25%를 차지한다고 덧붙였다. 아울러 중국 기업이 일대일로 참여국 49개국에 150

억 달러를, 그리고 일대일로 참여국들이 중국에 82억 달러를 투자했다는 점도 소개했다. 2018년 4월 10일 보아오 포럼 연설에서는 80여 국가 및 국제 조직과 협력에 관한 문건을 체결하였다고 언급하였다.

2. 일대일로 연구 및 행사 개최

학계에서도 움직임이 활발하다. 베이징의 주요 연구 기관들이 일대일로 전략을 연구하여 국가발전계획위원회 등에 보고서를 제출하고 있다. 육상 일대일로의 중심지인 시안에는 서북대학, 시안교통대학, 서북정법대학 등에 일대일로 연구소가 설립되었으며, 해상 실크로드 중심지인 푸젠성 샤먼대학에도 일대일로 연구소가 설립되어 해상 실크로드 전략을 집중적으로 연구하고 있다. 시안교통대학은 '실크로드 대학연맹' 모임을 주관하고 있다.

2017년 5월 14~15일에 베이징에서 제1회 일대일로 정상 포럼이 개최되었다. 아시아, 아프리카, 중앙아시아, 동유럽 등 29개국 정상을 포함하여 140개국의 관료 · 학자 · 기업가 · 금융기관 · 매체에서 총 1,500여 명이 참가하였다. 일대일로에 대한 성과 평가를 하고 미래 발전 전략 기획을 토론하였다. 포럼 기간 중에 중국은 68개 국가 및 국제기구와 협정을 맺고 270개 항목의 성과를 거두었다고 발표하였다. 그리고 일대일로 정상 포럼에서는 2018년 상하이 중국 국제수입박람회 개최도 결정하였다. 제2회 일대일로 정상 포럼은 2019년에 개최될 예정이다.

3. 일대일로 전략 '당장' 삽입

　제19차 당 대회에서 일대일로 전략이 당장(黨章·당헌)에 삽입되었다. 이것은 일대일로 전략이 중국의 장기 정책으로 강력히 추진될 것임을 뜻한다. 앞으로의 정책 결정 과정에 일대일로가 가장 우선적으로 자리 잡게 되고 국유 기업이나 민간 기업의 투자 결정에 정부의 일대일로의 정치적·전략적인 목표가 반영될 가능성이 크다. 이는 아주 먼 미래까지 중국의 해외 투자 전략과 활동에 바탕이 될 것이다. 기업가들이 정부 차입 지원이나 외교적 지원, 혹은 정치적 이해를 얻기 위해 일대일로 정책을 염두에 두지 않을 수 없게 되었으며 이는 기업들에게 상당한 인센티브로 작용할 것으로 전망된다.

　외교부 경솽(耿爽) 대변인은 2017년 10월 26일 정례 브리핑에서 "시진핑 총서기가 2013년 가을 일대일로 이니셔티브를 제시한 이래, 일대일로 건설은 순조롭게 진전되고 있으며, 그 성과가 풍부할 뿐만 아니라, 국제사회의 광범위한 인정과 지지도 받고 있으며 점차 더 많은 국가가 일대일로 협력에 참여하고 있다. 일대일로 건설 추진을 당장에 포함시킴으로써 우리가 새로운 시대에 일대일로를 공동 건설하면서 신형 국제 관계 구축을 추진하고 인류 운명 공동체 공동 건설을 추진하는 데 있어 반드시 한층 더 방향을 명확히 하고 강력한 동력을 불어넣게 될 것이다."라고 언급하였다.

1. 잉여 상품 수출 및 과잉 산업 이전 수단

신실크로드 기금과 아시아인프라투자은행(AIIB)의 뒷받침을 받는 일대일로 프로젝트가 가속화됨에 따라 고속철도, 도로, 원전, 항만 등 아시아 지역 인프라 건설 투자가 크게 증가하고 있다. 기초인프라(SOC)뿐만 아니라 석유 및 가스 개발, 통신설비, IT 서비스 등 다양한 산업 진출 기회를 제공하고 있다. 중국은 일대일로를 통한 교통, 전력, 통신 등 인프라 투자는 관련국의 경제 발전과 경기 활성화에 중요한 기여를 할 것이라고 말하고 있다.

그런데 여기에는 나름대로 계산이 작용하고 있다. 과잉 산업 문제를 해결하기 위해 일대일로를 활용하고 있다. 과잉 산업 문제를 해소할 방법 중 첫 번째 방법은 인프라 건설에 참여하여 자국의 잉여 물자를 해소하는 방법이다. 일대일로 프로젝트는 철도, 도로, 항만 등 대규모 인프라 건설을 유발하기 때문에 철강, 시멘트, 판유리, 알루미늄 등 중국 내 공급 과잉 상황을 해소할 수 있는 수단이 될 수 있다. 두 번째는 과잉 생산된 제품을 대외 무역을 통해 연선 국에 직접 판매하는 방법이다. 저렴한 중국 제품들이 중국-유럽 화물열차 등 물류 시스템의 개선으로 빠르게 수출되고 있다.

세 번째는 과잉 산업(overcapacity)을 이전하는 것이다. 중국은 기술력과 브랜드 파워를 확보하기 위해서 선진 기업 인수와 첨단 산업의 유치를 적극적으로 추진하는 한편, 철강, 시멘트 등 과잉 산업을 동남아, 중앙아 및 아프리카 등으로의 해외 이전을 추진하고 있다. 연선 국에 공장을 건설하고 생산라인을 이전한 후, 관련된 부대설비와 연계 산업을 동시에 이전함으로써 생산 능력, 자본, 기술, 표준 등이 어우러진 종합적인 공업단지를 건설하여 자국의 투자와 교역 기지로 활용하고 있다. 이로써 중국이 일대일로로를 통해 과잉 생산된 상품을 전가하고 중국 상품의 수출 시장으로 만들려고 한다는 의구심이 커질 수 있다.

2. 중국에 대한 의존 현상 심각화

사회간접자본(SOC) 미비와 투자 재원 부족에 어려움을 겪고 있는 개발도상국들은 중국의 파격적인 제안에 쌍수를 들고 환영하고 있다. 이들 국가 엘리트들은 중국으로부터 유입되는 자금과 이들을 통한 대형 개발 프로젝트가 정권의 리더십을 강화하고 지속적인 경제성장을 이끌어나가는 데 중요한 요소라고 보고 있다. 그런데 세상에 공짜는 없는 법이다. 중국은 자국 기업과 인력 중심의 패키지형 진출을 추진함으로써 실크로드 프로젝트 기회를 이용하여 실리를 챙기고 영향력을 확대하고 있다.

압도적인 자본력으로 인프라 건설 시장을 장악하고 에너지를 개발하여 수입하며 특히, 인프라 투자비용 회수와 수익성 확보를 위해 자원과 부동산 개발 투자를 병행하고 있다. 일대일로 프로젝트는 자금과 기술력이 달린 국가들에게 단비와 같지만, 이러한 프로젝트가 중국의 인력으로 추진되어 현지 고용 효과가 적고 중국이 개발 대가를 철저히 챙기고 환경 문제 등 여러 가지 문제를 야기하고 있다는 비판이 제기되고 있다. 환경 문제 논란 속에서 건설되고 있는 미얀마 댐 전력의 대부분은 중국으로 송전할 계획이다.

중국의 연선 국가에 대한 투자와 지원은 시장 통합과 지역 경제 협력 촉진을 명분으로 내세우지만, 실제로는 인프라 투자가 절실한 이들 국가에 투자와 차관이라는 '당근'을 통해 영향력을 확대하려는 숨은 의도가 깔려 있으며, 대규모 인프라 투자와 차관 제공이라는 달콤한 유혹으로 인해 해당국들이 곧 '빚의 함정'에 빠질 수 있다는 우려가 제기되고 있다. 언론에서는 '채무장부 외교'라고 하는데, 개발도상국에 거액의 인프라 건설 자금을 빌려준 뒤 이를 지렛대로 해당 나라에 대한 경제뿐만 아니라 외교·군사적 영향력을 키우는 방식이다.

하버드대 페어뱅크 중국연구센터 패트릭 멘디스 연구원과 조이 왕 군사 분석가는 홍콩 사우스차이나모닝포스트(SCMP)에 공동 기고한 글을 통해 일대일로 프로젝트에 참여하는 대가로 대규모 투자와 차관 등을 제공받은 주변 국가들이 되레 '빚의 함정'에 빠질 수 있다고 주장하면서 스리랑카를 대표적인 사례로 꼽았다. 하버드대학의 샘 파커와 가브리엘 체피츠는 공동 집필한 보고서를 통해 파키스탄과 지부티, 스리랑카, 바누아투, 파푸아뉴기니, 통가, 라오스, 캄보디아 등 16개 개발도상국들이 중국의 부채 외교(debtbook diplomacy) 대상이 되고 있다고 밝혔다. 보고서는 중국 정부가 국영기업들을 통해 개도국들에 인프라 건설 자본을 빌려준 뒤 이를 대가로 군사적, 정치적 대가를 받아내는 방식을 취하고 있다고 분석했다. 일대일로 사업이 개도국들에게 약이 아니라 독이 될 수 있다는 경고음을 울린 것이다.

스리랑카 함반토타 항구 개발 사업

마힌다 라자팍사 대통령은 2009년 당시 타밀 반군과의 내전을 승리한 뒤 자신의 고향인 함반토타에 항구 개발을 밀어붙였다. 당시 경제적 타당성이 없다는 평가가 지배적이었기 때문에 인도, 일본 그리고 심지어 아시아개발은행(ADB), 국제통화기금(IMF)도 스리랑카에 차관을 빌려주지 않았다. 중국은 수출입은행을 통해 3억 700만 달러의 차관을 빌려줬다. 스리랑카 입장에서 연 3% 안팎 금리는 매력적이었다. 대신 중국 국영 항만 기업을 건설사로 선정해야 한다는 조건이 붙었다. 건설 현장에는 중국인 노동자 수천 명이 왔고 돈은 중국이 벌었다. 개발엔 돈이 더 필요했다. 2012년 중국은 7억 5,000만 달러를 빌려준다고 했다. 대신 6.3% 고정금리를 붙이겠다고 나왔다. 이자 부담은 단숨에 배로 뛰었다. 어떻게든 항만 개발 성과를 내야 했던 라자팍사 정부는 이를 받아들였다. 2015년 스리랑카 대선에서 야당은 중국과의 야합이라며 집중 공격했고 라자팍사는 선거에서 졌다. 반중(反中) 정서를 업고 대통령이 된 시리세나 대통령 정부는 친서방 노선을 취하면서 대규모 지원과 투자를 기대했으나 저조하자 중국의 지원과 투자가 필요하다는 현실 인식하에 2016년부터는 대중국 관계 개선 방향으로 돌아섰으며 일대일로 참여 의사를 표명하고 중국 측과 재협상을 하였다. 스리랑카가 빚을 깎아 달라고 요구하자 중국은 항구의 지분을 요구했다. 부채 상환 능력이 없게 된 스리랑카는 지분 80%를 중국 측에 양도하려 하였다. 이에 국부 유출과 주권 훼손이라며 반대 여론이 강해지자 스리랑카와 중국은 재협상을 통해 합작 법인을 설립해 중국 지분 비율을 70%로 낮추고 장기적으로는

50%까지 끌어내리기로 합의했다. 중국 자오상쥐(招商局) 국제유한공사는 2017년 12월 12일 합작 법인 지분 인수금 11억 2,000만 달러 가운데 1차분(2억 9,200만 달러)을 스리랑카에 지급하고 99년간 항구 운영권을 인수했다.

중국은 차관이나 대출로 인프라 건설 등을 도와준 후 상환이 제대로 이뤄지지 않으면 천연자원이나 인프라 운영권 등을 거두어들이는 전략을 쓰고 있는데, 스리랑카 항구 운영권을 확보해 버린 것이다. 시리세나 대통령은 대중국 의존 정책의 위험성을 지적하며 중국 영향권에서 벗어나려고 안간힘을 썼지만 헛수고만 한 셈이다. 중국 측과 함반토타 항구의 운영권 임대 계약을 체결해 국민들의 지지를 크게 잃은 시리세나 정부 여당은 2018년 2월 기초단체 의원을 선출하는 지방선거에서 8.94%를 얻는 데 그쳐 대패하였다.

미중 패권 경쟁의 시각으로 보면 일대일로는 미국이 주도하는 세계 질서에 도전, 대항해 세력권을 확장하기 위한 중국의 전략적 승부수다. 스리랑카 정부는 함반토타항을 상업적 목적의 항구로서 군사적 사용을 제한하고 있다고 밝히고 있으나, 야당에서는 중국의 군사적 목적에 활용될 수 있다는 우려를 제기하고 있으며 미국, 인도, 일본 등도 지속적으로 우려를 표명하고 있다. 스리랑카 정부는 함반토타를 '스리랑카의 상하이'로 만들겠다는 목표를 가지고 있었지만, 항구는 중국에 운영권이 넘어갔다. 뉴욕타임스는 "스리랑카는 중국이 놓은 빚의 덫에 걸려들었다."라고 보도했다.

3. 지역 갈등 및 강대국 간 경쟁

해상 실크로드는 중·일 간 디아오다오((釣魚島, 일본명 센카쿠 열도) 영토 분쟁이 전개되고 있는 동중국해와 아세안 국가들과 분쟁으로 바람 잘 날 없는 남중국해를 지나간다. 그런데 일본, 베트남, 필리핀 등 주변국과의 영토 분쟁은 해결 기미가 보이지 않는다. 중국이 남사군도 무인도에 등대를 설치하고 인공섬을 조성하여 영유권을 강화하려 하고 있다. 중국은 등대 건설로 남중국해를 지나는 선박에 항로 안내와 안전 정보, 긴급 구조 등을 제공할 수 있게 되어 항해 여건이 크게 개선될 것이라고 밝히고 있으나 베트남, 필리핀 등 주변국들은 반발하고 미국은 항해 자유를 들어 이의를 제기하고 있다.

중국이 구상하는 해상 실크로드 전략은 남중국해뿐만 아니라 인도양에서도 주요국의 우려에 직면하고 있다. 스리랑카의 함반토타, 파키스탄의 과다르항, 미얀마 차우크퓨항 등이 중국의 자금과 기술로 개발되고 있다. 미국, 일본, 인도 등 주요 국가들은 중국이 이 항구들을 개발하여 목걸이 형태로 연결하는 이른바 '진주목걸이 전략'을 추진하여 대양 해군으로 도약하겠다는 야심을 구체화시키고 있다고 경계심을 거두지 않고 있다. 안전 수송로 확보 목적 이외에 인도양과 태평양상의 중국 해군기지가 될 수 있다고 우려를 표시하고 있으며, 특히 인도는 심각하게 보고 있다. 인도양의 해상 교통로를 장악하려는 중국의 '진주목걸이' 전략은 일본의 '다이아몬드' 구상 및 미국의 '인도-태평양(Indo-Pacific)' 구상과 맞부딪치는 형국이다.

신북방 정책

1. 박정희 정부의 북방 정책

(1) 7 · 4 남북 공동성명

1969년 닉슨 대통령은 이른바 '닉슨 독트린'이라 불리는 선언을 통해 아시아 지역에서 핵무기 사용을 제외한 전쟁 또는 내란이 발생할 경우 방위의 일차적인 책임은 당사국이 져야 한다는 새로운 아시아 정책을 천명하였다. 이것은 사실상 아시아에서 대중국 봉쇄망 해제를 의미했다. 1970년대 초 전후로 데탕트가 조성되었으며, 이러한 분위기 속에서 남북 대화가 모색되기 시작했다. 1971년 대한적십자사는 북한에 대해 남북 이산가족 찾기 회담을 제의하고 북한적십자사도 동의하여 남북 대화의 전기가 마련되었으며, 정치 회담의 성사로 이어져 비밀 접촉 끝에 1972년 7월 4일 서울과 평양에서 동시에 '7 · 4 남북 공동성명'을 발표했다.

남북 쌍방은 '조국 통일 3원칙'에 합의하였다. 첫째, 통일은 외세에 의존하거나 외세의 간섭을 받음이 없이 자주적으로 해결하여야 한다. 둘째, 통일은 서로 상대방을 반대하는 무력행사에 의거하지 않고 평화적 방법으로 실현해야 한다. 셋째, 사상과 이념, 제도의 차이를 초월하여 우선 하나의 민족으로서 민족적 대단결을 도모하여야 한다. 이외에도 세부적으로 상호 비방 중단, 군사 충돌 방지, 남북 교류 실시, 남북적십자회담 개최, 서울과 평양 상설 직통전화 설치, 남북조절위원회 구성에도 합의하였다.

그런데 그해 10월 남한에서는 유신 헌법이, 12월 북한에서는 사회주의 헌법이 제정되어 남북한 모두 독재 체제가 강화된다. 이후 남북한의 유엔 가입의 입장 차를 두고 협상이 결렬, 대화가 중단되기에 이른다. 남북의 권력자들이 자신의 권력을 강화하는 수단으로 악용하였다는 점에서 7.4 남북 공동성명은 분명한 한계를 지닌다. 그러나 국가원수의 대리인들이 서로 공식 문서에 서명함으로써 남북이 서로를 국가로 인정하였고 한국 전쟁 이후 사상 첫 남북 합의를 이끌어 냈으며 자주, 평화, 민족적 대단결이라는 원칙은 이후 남북 관계를 만들어가는 대원칙이 되었다는 점에서 의미를 가진다고 할 수 있다.

(2) 6 · 23 선언

키신저 특사외교를 시작으로 미 · 중 관계 개선이 이루어지면서 국제 정치의 다원화 현상이 뚜렷해지는 가운데 한국 정부는 신장된 국력을 바탕으로 세계 각국과 점진적으로 접촉 확대를 시도하면서 외교적 지위 향상을 도모하였다. 박정희 대통령은 1973년 6월 23일 남북한 유엔 동시 가입과 공산주의 국가에의 문호 개방 등이 담겨 있는 '평화통일 외교 정책에 관한 특별 선언(6·23 선언)'을 천명하였다. 평화통일이 한민족의 우선 과제임을 천명하고 남북한 상호 내정 불간섭과 상호 불가침, 통일에 장애가 되지 않는다는 전제하에 유엔 등 국제기구에 북한과 동시에 참여할 수 있다는 용의를 표명하는 한편 모든 국가에 문호를 개방하며 이념과 체제를 달리하는 국가들도 대한민국에 문호를 개방할 것을 촉구하였다.

'6·23 선언'은 한국의 통일 외교 정책의 대전환이라는 측면에서 적지 않은 의미가 있었다. 첫째, 한반도가 분단되어 있다는 사실에 입각해서 북한의 정치 실체를 인정한다는 것을 국제사회에 공식화한 것으로 볼 수 있다. 물론 선언에서는 북한과 관련된 사항은 통일 시까지의 과도적 잠정 조치로서 이것이 북한을 국가로 인정하는 것이 아님을 분명히 해둔다고 전제했다. 둘째, 남북한의 유엔 동시가입을 최초로 천명했다는 점에서 의미가 크다. 유엔은 한국을 한반도에서의 유일 합법 정부로 인정하였고 북한을 침략자로 규정하였기 때문에 남북한 대결에서 유엔은 언제나 한국의 든든한 후원자였다. 반면 북한은 유엔의 권위와 기능을 부인해 왔고 유엔에 대한 북한의 접근은 차단되어 왔다. '6·23 선언'은 한국이 이 프리미엄을 스스로 버리고 유엔과의 관계를 재정립하겠다는 것이었다.

셋째, 국제사회의 힘을 빌려 한반도에 안정적인 평화 공존 체제를 구축하겠다는 정책 의지를 담고 있다. 북한을 유엔에 가입시켜 국제사회의 규범을 준수하도록 함으로써 한반도의 평화와 안전을 확보하고 이를 바탕으로 점진적인 신뢰 구축을 해나가고자 한 것이다. 넷째, 그동안 금기시해 오던 공산권과의 관계 개선을 추진해 나갈 수 있는 문을 열어 놓았다. 그때까지 한국은 동독과 외교 관계를 맺는 국가와는 외교 관계를 맺지 않는다는 서독 정부의 외교 원칙인 '할시타인 원칙'을 따르고 있었으나 '6·23 선언'을 통해 이 원칙을 공식적으로 폐기하고 '남북한 대결' 외교에서 '남북한 교차 승인을 통한 유엔 동시 가입' 외교로 방향을 선회했다. '6·23 선언'은 1970년대 초 데탕트를 배경으로 기존의 적대적인 통일 정책과 폐쇄적 외교 노선을 탈피한다는 나름대로의 긍정성을 가지고 있다.

2. 노태우 정부의 북방 외교

(1) 북방 외교 선언

한국이 본격적으로 공산권 국가들과의 접촉과 교류를 확대하게 된 계기는 무엇보다도 국제적 데탕트였다. 1985년 집권한 고르바초프가 '신사고'를 통해 사회주의를 혁신하고자 글라스노스트, 페레이스트로카로 알려진 개혁·개방 정책을 실시하면서 동서 화해 분위기가 본격적으로 전개되었다. 노태우 정부는 이러한 국제 정세의 변화를 배경으로 소련, 중국, 동유럽 국가들과 관계 정상화를 추진하였다. 이 정책이 바로 서독의 동방 외교(Ostpolitik)에 비유된 북방 외교(Nordpolitik)이다. 한편으로는 북한의 우호·동맹 국가들과 관계개선을 통해 북한을 외교적으로 압박함으로써 개혁·개방의 문으로 나오게 하고 다른 한편으로는 남북 관계의 개선을 추진하려는 것이었다.

노태우 대통령이 1988년 2월 25일 취임사에서 "우리와 교류가 없던 저 대륙 국가에도 국제 협력의 통로를 넓게 하여 북방 외교를 활발히 전개할 것입니다. 이념과 체제가 다른 이들 국가들과의 관계 개선은 동아시아의 안정과 평화, 공동의 번영에 기여하게 될 것입니다. 북방에의 이 외교적 통로는 또한 통일로 가는 길을 열어 줄 것입니다."라고 선언하면서 북방 외교가 본격적으로 추진됐다. 이어서 노태우 대통령은 1988년 7월 7일에 '민족 자존과 통일 번영을 위한 특별 선언(7·7 선언)'을 발표하였다.

이 선언에서 소련과 중국 등 공산국가들과도 수교를 할 뜻을 비쳤으며 특히 남과 북은 함께 번영해야 할 민족 공동체임을 천명하였다. 이 선언은 그해 10월 18일 유엔총회에서 '한반도 화해와 통일을 여는 길'이란 연설을 통해 구체화되었다. '7·7 선언'은 노태우 정부의 통일·외교 정책의 기본 방향을 제시한 것으로 북한을 경쟁상대로 인식하는 대신에 적극적인 대북 협력 의지를 표명했으며, 각종 대북 제의에서 수반되었던 전제조건을 달지 않았다는 점에서 나름대로 획기적인 조치로 평가되기도 했다. 실제로 '7·7 선언'은 북한의 대화 방침과 맞물려 이후 남북 고위급 회담 및 남북 국회회담 등 남북 대화의 촉매제가 되고 사회주의권과의 경제 교류와 수교 등 북방 외교를 추진하는 시발점이 되었다.

(2) 북방 외교의 전개

1989년 초부터 헝가리를 시작으로 한국은 동구권 국가들과의 외교 관계를 급속도로 진행하였다. 1990년 9월에는 북한 정권 수립의 산파이며 동맹국인 소련과 수교하는 데 성공하였다. 경제의 회복이라는 큰 과제를 안고 있었던 고르바초프 정부는 한편으로는 소련이 필요한 경제적 도움을 한국으로부터 구하고 다른 한편으로는 소련에 부담이 되는 북한과의 경제 협력 방식을 상업적 원칙에 따라 전환을 추진하고 있었다. 소련은 한국과의 관계 개선이 무엇보다도 경제 개혁에 도움이 되고 한반도에서 영향력 확보에 필요하다고 보았다. 한국은 소련과의 관계 개선을 통해 소련이 행사할 수 있는 수단과 압력으로 북한의 전쟁 기도를 억누를 수 있는 장치를 확보하고자 했고, 아울러 남북한 통일 문제에 있어서 주도권을 확보하려고 했다.

1991년에는 남북한의 동시 유엔 가입이 이루어지고 1992년에는 한·중 수교로 이어졌다. 중국은 소위 북한과는 공식적 관계를, 남한과는 비공식적 비정부 간 관계를 유지한다는 방침이었으나 1989년 몰타회담(미국과 소련의 정상 냉전 종식 선언), 1990년 한·소 수교 및 걸프 전쟁, 베이징 아시안게임을 거치면서 한반도 정책이 변화하기 시작했다. 1978년 말 제11기 3중 전회에서 개혁개방 방침이 천명되고 덩샤오핑이 1992년 초 '남순강화'를 통해 개혁개방을 독려하면서 사회주의에 대한 발상의 대전환을 주문했다. 그 결과 1992년 10월 제14차 당 대회에서 사회주의 시장경제를 도입하여 개혁개방 정책을 한 단계 격상시켰다.

당시 중국이 정책을 전환한 배경에는 외자 유치를 통한 지속 가능한 개혁개방 정책을 추진하려는 실용적 의도가 있었고 주변 국가들과의 관계 개선을 통해 천안문 사건 이후 형성된 서구의 대중국 포위망을 돌파하려는 전략적 목표가 작용하고 있었다. 한·중 수교 정책도 이러한 새로운 전략 구상 속에서 추진된 것이라고 할 수 있다. 1983년 중국 민항기 사건, 1985년 중국 어뢰정 사건, 1988년 서울 올림픽 등을 계기로 다양한 접촉 결과가 축적된 것도 중요하게 작용했다. 그리고 중국은 소련(소련 해체 이후 러시아)에게 한반도에서 주도권을 빼앗길 것을 우려하고 있었으며, 당시 달러 외교, 탄성 외교로 외교적 고립을 탈피하려는 대만의 외교 공세 저지 필요성도 고려하여 한국과의 수교를 결정하였다.

한편, 남북한은 1990년 9월 4일부터 5차례에 걸쳐 남북 고위급 회담을 개최하고 1991년 12월 13일 역사적인 '남북 사이의 화해와 불가침 및 교류·협력에 관한 합의서(남북기본합의서)'에 서명했다. 이 합의서는 통일에 대비하는 획기적인 이정표가 마련되었다는 평가를 받았다. 특히 남한을 배제하고 미국과 평화 협정을 주장하던 북한이 '남북기본합의서' 제5조에서 정전 상태의 평화 상태 전환 문제에 있어서 남북 당사자 해결에 합의하고 평화 상태가 이룩될 때까지 현 군사정전협정을 준수하기로 합의한 것은 의미 있는 남북 관계 진전으로 평가되었다.

1992년 2월 19일 제6차 남북 고위급 회담에서는 정치, 군사 및 교류, 협력의 분과 위원회 구성·운영에 관한 합의서와 '한반도 비핵화 공동선언'을 발표했다. 그런데 북한은 한국이 일시 중단을 선언했던 '팀스피리트' 한미 합동군사훈련을 1993년부터 재개하겠다고 발표하자 이를 핑계로 1992년 12월 하순 서울에서 개최하기로 합의되었던 제9차 남북 고위급 회담의 개최를 취소한다고 발표했다.

(3) 북방 외교 평가

프랑스의 상업위성 SPOT 2호가 영변 핵시설을 공개함으로써 북한이 비밀리에 추진해 오던 핵개발 프로그램이 드러나게 되었고 북한은 국제기구에 의한 핵사찰을 거부하고 국제원자력기구에서 탈퇴함으로써 결국 남북기본합의서와 국제비핵화선언이 사실상 사문화되는 결과를 가져왔다. 북방 외교는 동구권 국가들과의 수교라는 성과만을 남기게 되고 남북한 관계 결실을 거두지 못했다. 그러나 북방 외교의 의미는 결코 과소평가할 수 없다.

첫째, 한국 외교의 자주성을 열어 주었다. 한반도는 강대국의 이해관계가 첨예하게 얽혀 있어 한반도 국가가 자율성을 갖기가 대단히 힘들다. 냉전이 시작된 이후에는 미소 대립의 최전선이었으며 미국과 소련, 중국 등 강대국 정치의 와중에서 독자적인 국익과 전략에 기반한 외교 정책을 수행하는 데 어려움이 있었다. 하지만 동서간 대결적 상황이 약화되어 가면서 나타난 데탕트라는 국제 정세의 변화는 한국이 자주적 외교를 모색할 수 있는 공간을 제공해 주었고 이를 활용하여 적극적인 사고의 전환을 모색하기 시작했다. 북방 외교는 북한을 대화, 개방으로 이끌어 평화 공존과 궁극적으로는 통일로 나아가게 하려는 한국 정부의 주도적 노력의 일환으로 평가할 수 있다.

둘째, 잊혔던 대륙 지향성 회복을 통해 한국 외교의 지평을 넓혔다. 본래 한민족은 대륙에서 말 달리며 힘차게 살았던 민족이다. 북방 외교는 잃어버린 유라시아 대륙의 DNA를 복원하여 해양 세력에 의존하던 한국이 유라시아 대륙 국가를 향해 추진한 정책이며 한국 외교 관계의 지평이 확장되는 의미 있는 변화를 가져다주었다. 미·일에 집중된 외교 관계에서 북방 국가들과 관계를 개선하여 경제적 실리를 확보하려는 노력이라고 평가할 수 있다.

셋째, 북방 외교는 냉전시대 한반도의 동맹 구조를 지배했던 기본 틀을 변화시키고 대소련, 대중국 관계의 정상화와 남북 관계의 전환이라는 성과로 나타났다. 한·소 수교는 북한의 대외 정책과 대남 정책의 기본 원칙이라고 할 수 있는 '하나의 조선'을 근본적으로 와해시키는 계기를 제공하였으며 결국 북한이 줄곧 반대해 온 남북한의 유엔 동시 가입이라는 성과를 가능하게 하였다. 나아가 북방 외교는 한반도 냉전 체제 해체 가능성을 열어 놓았다.

3. 김영삼 정부의 북방 정책

세계화 구호를 내건 김영삼 정부는 미국과 통하고 남한을 봉쇄한다는 북한의 소위 '통미봉남' 정책과 상호 대립하며 '적대적 상호의존'이라는 독특한 남북 관계 현상을 낳았다. 1993년 북한이 영변 핵시설에 대한 국제원자력기구(IAEA, International Atomic Energy Agency)의 특별 사찰을 거부하고 핵확산금지조약(NPT, Nuclear Non-Proliferation Treaty) 탈퇴를 선언하며 핵 위기를 조성하였다. 유엔 안보리에 의한 대북 제재 결의가 임박하고 클린턴 행정부가 군사적 해결 방안을 모색하고 있는 상황에서 지미 카터 전 미국 대통령의 북한 방문을 통해 새로운 국면으로 전환되었는데, 남북정상회담 개최가 극적으로 합의되었다. 그러나 김일성의 갑작스런 사망으로 인하여 정상회담은 성사되지 못하였고 이후 발생한 조문 파동 등으로 남북 관계는 경색 국면이 이어졌다. 한편, 1994년 10월 미국과 북한 간에 제네바 합의(Agreed Framework)가 이루어져 한반도 긴장 상황은 안정화 국면으로 전환되었다.

김영삼 정부 시기에는 소련이 해체된 뒤 후속 국가인 러시아가 혼란을 겪으면서 양국 관계도 진전되지 못했고 협력과 갈등, 접근과 정체의 이중주로 표현되는 부침을 극명하게 보여주었다. 오랜 기간의 관계 단절이 극복되면서 상대국에 대한 기대와 환상으로 양국 관계가 과열되었으나 이러한 과열 현상은 오래가지 못했다. 한국은 러시아가 대북 관계에 있어서 소용되는 바가 크지 않다고 판단하고 소련 붕괴 이후 러시아의 경제적 어려움과 혼란에 실망하게 되었다. 러시아로서는 한국이 러시아 경제 회복을 위한 충분한 능력을 가진 파트너가 아니고 한반도 정세에서 러시아의 건설적 역할을 무시하고 있다고 섭섭함을 갖게 되었다. 결국, 한국의 대소 경협 차관 공여 문제 처리로 갈등을 빚게 되면서 북방 정책의 열기는 급속히 냉각되었다.

김영삼 대통령은 1994년 6월 러시아 방문을 통해 양국 관계를 '건설적이고 상호 보완적인 동반자' 관계로 발전시켰다. 또한, 러시아가 1996년에는 북한과 체결한 소위 '군사동맹조약'을 더 이상 연장하지 않도록 하는 외교·안보적 성과를 거두었다. 그러나 1996년 4월 한·미 양국 대통령이 제안한 미·중·남·북의 '한반도 4자회담'에서 러시아가 배제되자 큰 후유증을 낳았으며 공교롭게도 그해 10월 발생한 주블라디보스톡 한국총영사관 최덕근 영사 피살 사건 등으로 양국 간 외교 관계는 크게 냉각되었다.

4. 김대중 정부의 북방 정책

김대중 정부는 화해 협력 및 포용 정책(햇볕 정책)으로 대북 정책을 전환하였다. 이 정책은 탈냉전 2기 상황에서 추진되었는데, 당시 클린턴 행정부의 패권 전략은 구공산권 국가에 대한 시장의 확대와 민주주의 확산, 미국 주도의 다자주의 확립·확산을 주축으로 하는 개입과 확대 전략이었으며, 이러한 미국의 세계 전략 속에서 김대중 정부의 포용 정책이 무리 없이 추진되었다.

한국 정부는 북한의 급속한 붕괴를 바라지 않고 북한의 개혁개방을 장려한다는 입장이었고, 러시아는 북한의 체제 안정과 북한에 대한 인도적 지원이라는 원칙을 갖고 있어 한·러 양국 간 협조가 가능해졌다. 그러나 1998년 7월엔 양국 주재 정보 분야 외교관 맞추방 사건으로 갈등이 심각하게 노정되었다. 김대중 대통령은 1999년 5월 러시아를 국빈 방문하여 옐친 대통령과 21세기를 향한 건설적이고 상호 보완적인 동반자 관계를 강화한다는 공동 성명을 발표하여 그간의 불편했던 양국 관계를 회복하고 상호 이익을 증진하는 실질적인 협력 관계를 구축해 나가기로 하였다.

김대중 정부는 남북철도 연결을 기반으로 한반도 종단철도(TKR)와 연결하여 만주 종단철도(TMR), 중국 횡단철도(TCR), 시베리아 횡단철도(TSR)를 통해 유럽까지 연계하는 유라시아 철도망을 '철의 실크로드'라 명명하여 제시하고 유라시아 국가들의 관심과 협조를 요청하였으며, 2001년부터는 철의 실크로드 구상을 포함하는 '동북아 물류 중심지화'를 본격적인 정책 기조로 제시하였다.

2000년 제1기 푸틴 정부의 탄생은 한·러 양국 간 외교·안보 협력을 확대·강화시키는 요인으로 작용하였다. 2000년 10월 이한동 총리가 러시아를 방문하여 카시야노프 총리와의 회담을 통해 나호트카 공단 1차 조성 사업에 착수하고 이르쿠츠크 가스전 개발을 위한 타당성 조사를 실시하며 경원선과 시베리아 횡단철도의 연결 및 남·북·러 3각 경제 협력 사업을 실무 차원에서 계속 협의하기로 하였다. 2001년 2월 푸틴 대통령이 한국을 방문하여 가진 정상회담을 통해 남·북·러 3국간 실질적인 경제 협력 방안을 강구해 나가기로 하였다. 유라시아를 연결하는 철의 실크로드 사업을 추진하기 위하여 교통협력위원회를 설치하기로 하고 이르쿠츠크 가스전 개발과 나호트카 한·러 산업공단 건설사업을 추진하기 위하여 한·러 경제과학기술공동협력위원회 내에 한·러 극동 시베리아분과위원회를 설치하기로 했다.

그런데 2001년 2월 푸틴 방한 시 공동성명에서 '탄도탄 요격 미사일(ABM) 조약'에 관한 한국의 러시아 측 입장 지지는 당시 일방주의적 외교 행보를 보인 부시 미 대통령 정부의 강력한 반발에 부닥쳐 관련 외교 당국자들의 경질 등을 거쳐 '탄도탄 요격 미사일 조약(ABM)'에 대한 입장이 번복되는 사태를 빚으면서 한·러 간 신뢰를 약화시켰다.

5. 노무현 정부의 북방 정책

2003년 출범한 참여정부는 '평화번영정책'을 추진하였다. 이 정책은 한반도의 평화를 정착시키고 남북 공존 번영을 추구함으로써 평화 통일 기반 조성과 동북아 경제 중심 국가로의 발전 토대를 마런하려는 전략으로서 노무현 정부의 핵심 비전이던 '동북아 시대 구상'을 실현하기 위한 정책이었다. 평화 번영 정책은 남북 모두의 이익을 창출·확대할 수 있도록 경제 협력을 활성화시켜 나감으로써 중장기적으로 남북 경제공동체를 건설하고자 했다. 또한, 한반도뿐만 아니라 동북아시아의 평화와 번영을 위한 균형자 역할을 해 나갈 '동북아 균형자론'을 내세웠다.

제2기 푸틴 정부 출범 후인 2004년 9월 노무현 대통령은 러시아를 방문하여 '상호 신뢰하는 포괄적 동반자'로 발전시켜 나가기로 합의하였다. 동시베리아 극동 지역 유전 공동 개발에 관한 협력약정(MOU)을 체결하고 사할린 및 캄차카 지역 유망광구를 공동 개발하기로 하는 한편, 동시베리아 송유관 건설 사업 참여도 긍정적으로 검토키로 했다. 아울러 러시아 극동 및 시베리아 지역의 유전·가스전 개발과 석유·가스 운송 및 한반도 종단철도(TKR)와 시베리아 횡단철도(TSR) 연결 사업 협력을 강화키로 합의하였다.

2005년 11월 노무현 대통령과 푸틴 대통령은 부산에서 정상회담을 갖고 경제통상 분야에서 포괄적인 협력 방안을 제시하는 내용의 '한·러 경제·통상 협력을 위한 행동계획(Action Plan)'을 채택했다. 시베리아 횡단철도(TSR)-한반도 종단철도(TKR) 연결 사업은 경제적 타당성을 전제해야 하는 만큼 남·북·러 3자 철도 전문가 회의를 통해 이행 문제를 협의하기로 했다. 한편, 노무현 대통령은 2004년 9월 카자흐스탄 방문에 이어 2005년 5월에 우즈베키스탄을 국빈 방문했다. 정상회담에서 자원 협력 약정이 체결돼 에너지·자원 분야 협력 확대를 위한 제도적 기반이 구축됐다.

6. 이명박 정부의 북방 정책

이명박 정부는 출범과 함께 에너지·자원 외교, 철도·에너지·녹색 3대 신실크로드 프로젝트 실현 등을 강조했으며 비슷한 시기 출범한 러시아의 메드베데프 정부 역시 경제 위기 극복을 위한 경제 현대화 정책을 적극 추진함으로써 한·러 외교·안보 협력을 촉진하는 요인으로 작용하였다.

이명박 정부가 추진한 '3대 신실크로드'는 구체적으로 철의 실크로드인 시베리아횡단철도(TSR)와 한반도종단철도(TKR) 연결, 에너지 실크로드 가스관·송유관 연결 그리고 녹색 실크로드인 농수산임업 협력이다. 이명박 대통령은 2008년 러시아 방문시에 드미트리 메드베데프 대통령과 남·북·러 가스관 사업 추진에 합의했다. 김대중 정부에 이어 노무현 정부에서도 추진된 남·북·러 가스관 연결 사업은 자원 외교를 기치로 내세운 이명박 정부 때 러시아와 구체적인 합의가 이뤄졌으나 남북한 관계가 경색되면서 성사되지 못했다.

한편, 이명박 정부는 아시아 국가들과의 외교적 유대를 끌어올려 국익을 최대한 증진하겠다는 신아시아 외교 구상을 내놓았다. 신아시아 외교 추진 방향은 금융 위기, 기후 변화 등 범세계 이슈 해결 주도, 아시아 각국과의 맞춤형 경제 협력 추진, 아시아 지역에 대한 역할과 기여 증대, 주요 이슈별 아시아 국가 간 협의체 구성 등이다. 대상은 동남아를 비롯하여 호주, 뉴질랜드, 그리고 인도 등 서남아 나아가 중앙아 지역 국가들까지 아우르는 것이었다.

7. 박근혜 정부의 유라시아 이니셔티브

(1) 유라시아 이니셔티브 제의

박근혜 대통령은 2013년 10월 서울에서 열린 유라시아 국제 컨퍼런스 기조연설에서 유라시아 이니셔티브(Eurasia Initiative)를 공식적으로 제창했다. 유라시아 이니셔티브의 핵심은 유라시아 역내 교통·물류·에너지 등을 연계하는 것이며 이를 위해 한반도와 러시아 등을 거쳐 유럽으로 연결되는 '실크로드 익스프레스' 사업을 제시했다. 실크로드 익스프레스 사업은 한반도 종단철도(TKR, Trans-Korea Railway)를 시베리아 횡단철도(TSR) 및 중국 횡단철도(TCR, Trans China Railway)와 연결해 유럽과 아시아를 포괄하는 운송로를 구축하는 계획이다. 2013년 11월 푸틴 대통령과 정상회담에서 양국 정상은 한반도 종단철도와 시베리아 종단철도 연결에 대한 인식을 공유하였고 나진-하산 프로젝트 참여에 관한 양해각서를 체결하였다.

(2) 유라시아 이니셔티브 개념

유라시아 이니셔티브는 유라시아 지역의 지속 가능한 번영과 평화를 이룩하고자 한 협력 구상으로서 유라시아의 미래를 위해 역내 국가들과 함께 '하나의 대륙', '창조의 대륙', '평화의 대륙'을 만들어 유라시아 대륙의 단절과 고립, 긴장과 분쟁을 극복하고 소통과 개방을 통해 평화롭게 교류하고 공동 번영하는 새로운 유라시아를 건설하고자 한다는 것이다.

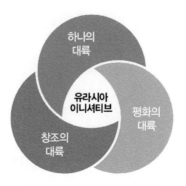

〈3대륙〉 출처: 외교부 홈페이지

 '하나의 대륙'은 교통, 통신, 물류, 그리고 에너지 네트워크를 강화하여 유라시아 대륙의 연결성을 확보하는 것이다. 교류를 활성화하기 위해서 먼저 길을 뚫어야 한다는 의미이다. 이를 통해 유라시아 국가 간의 상호 교류 및 발전을 도모하고 동시에 유라시아 대륙 경제권을 중심으로 주변 지역과의 협력을 활성화함으로써 중장기적으로 유라시아를 전 세계 무역과 산업의 허브로 발전시켜 나가자는 제안이다.

 '창조의 대륙'은 유라시아 대륙 국가들에 잠재되어 있는 21세기 기술 혁신 능력과 신성장 동력 창출 가능성에 주목한 것이다. 중국, 한국 등을 포함하는 동아시아 국가들뿐만 아니라 새로운 경제성장 동력으로 떠오르고 있는 동남아, 서남아, 그리고 중앙아 국가들의 창조적 잠재력을 통합을 통한 시너지 효과 창출로 극대화하자는 제안이다.

 '평화의 대륙'은 유라시아 대륙의 통합을 통한 잠재력 극대화를 하기 위해 안보 환경의 안정화와 협력적 국제 관계 형성이 바탕이 되어야 한다는 것을 의미한다. 특히 동아시아와 한반도 안보 환경이 평화롭게 정착되는 것이 필수적 조건이라고 보고 이를 위해 '한반도 신뢰 프로세스'와 '동북아 평화 협력 구상'을 추진하였다. 한국은 동아시아의 역동적인 생산 네트워크의 한 축을 담당하고 있으면서도 남북 분단과 북한의 고립 정책 고수로 인해 '고립된 섬'에 머물러 있는데, 이러한 현실을 극복하고 남북한 간 신뢰 구축을 바탕으로 경제 협력을 도모하고 유라시아 경제권에 남북한이 동반해 진출한다는 비전이다.

참고로 '한반도 신뢰 프로세스'는 튼튼한 안보를 바탕으로 남북 간 신뢰를 형성하여 남북 관계를 발전시키고 한반도에 평화를 정착시키며 나아가 통일 기반을 구축하려는 정책이며, '동북아 평화협력 구상'은 동북아 국가들이 비전통 연성안보 의제부터 대화와 협력의 관행을 쌓아 신뢰를 축적하고 점차 협력의 범위를 넓혀가는 동북아 다자 대화 프로세스이다.

(3) 유라시아 이니셔티브 주요 프로젝트

먼저, 실크로드 익스프레스(SRX)로서 이것은 부산에서 출발해 TKR로 한반도를 종단하고 TSR(시베리아 횡단철도), TCR(중국 횡단철도)를 두 축으로 유라시아 대륙을 관통해 유럽까지 연결되는 노선이다. 중국 횡단철도, 시베리아 종단철도, 몽골 횡단철도를 상호 연결하고 유럽까지 연결한다는 구상을 담고 있다. 남북한 내 단절된 철도 및 고속도로 구간을 연결하여 외부의 철도와 접목시킨다는 내용도 포함되어 있었다. 한국은 이러한 구상들을 실현하기 위해 유라시아 친선 특급 사업을 추진하였다.

둘째, 2007년부터 개최해 온 한-중앙아 협력 포럼의 제도화 및 중앙아 5개국 간 포괄적 협력 확대를 위해 '한-중앙아시아 협력 사무국' 설립을 추진하였다. 2014년 4월에 열린 제8차 '한-중앙아 협력 포럼'에서 한-중앙아 5개국 간 협력 사무국에 대한 협의 시작에 관한 문서를 채택한 후 정상회담 등을 통해 사무국 설립에 대한 의사를 확인하였다. 2015년 6월 사무국 설립을 위한 추진위원회를 발족했으며 10월 한국에서 제9차 '한-중앙아 협력 포럼' 및 중앙아 무역 투자 로드쇼가 개최되었다. 11월 투르크메니스탄에서 제5차 한-중앙아 카라반 행사가 개최되고 2016년 11월 제10차 한-중앙아 협력 포럼에서 한-중앙아시아 협력 포럼 사무국 출범 선포식을 가졌으며 2017년 7월 10일 한-중앙아 협력포럼 사무국 개소식을 열었다. 사무국은 '한-중앙아 협력 포럼'의 상설 사무국으로서 역할을 수행하게 된다.

셋째, 남·북·러 3각 협력의 시범사업으로 나진-하산 물류 사업을 추진했다. 2013년 11월 한·러 정상회담에서 양국 기업 간 나진-하산 물류사업을 장려하기로 하였으며 포스코, 코레일, 현대상선이 참여하는 양해각서(MOU)도 체결됐다. 2014년 이후 두 차례 나진-하산 구간 및 나진항을 방문해 현지 실사를 실시했고 석탄 운송 시범사업을 총 3회 성공적으로 수행하였다. 나진-하산 프로젝트는 러시아산 유연탄을 러시아 하산과 북한 나진항을 잇는 54km 구간 철도로 운송한 뒤 나진항에서 화물선에 옮겨 실어 반출하는 사업이다.

그런데 2016년 초 북한의 4차 핵실험과 장거리 미사일 발사 도발에 따라 한국 정부는 러시아 측에 나진-하산 프로젝트 중단을 통보하였다. 러시아 측은 나진·하산 프로젝트를 염두에 두고 안보리 결의 2270호에 북한산이 아닌 제3국산(러시아산) 석탄의 북한 나진 항을 통한 수출을 예외로 인정받았으나 북한의 도발에 따라 불가피하게 취할 수밖에 없는 한국 정부의 대북한 해운 제재 조치에 따라 나진-하산 프로젝트는 중단되었다.

넷째, 북극해 활용 네트워크 확보로서 북극 항로 상업 운항 추진, 극지 운항 인력 양성, 북극 이사회 활동 강화, 노르딕 등 북극해 연안국과의 네트워크 구축 등 국내외 지원과 협력을 확대하였다. 북극 외교장관회의가 2015년 8월 30일에서 31일간 앵커리지에서 개최되었으며 외교장관이 참석하여 노르웨이에 설치된 다산과학기지(스발바르군도 소재) 및 극지연구 협력센터(트롬소 소재) 운용, 아라온호를 통한 북극해 연구 활동, 노르딕 국가들과의 북극 정책협의회 개최 및 2013년 북극 이사회 옵서버 가입 이후 다양한 활동에 대해 상세히 설명하면서 지속적인 기여 의지를 강조하였다.

(4) 유라시아 이니셔티브의 한계

유라시아 이니셔티브는 유라시아 국가 간 경제 협력을 통해 경제 활성화 및 일자리 창출의 기반을 만든다는 구상이며, 유럽과 아시아가 포함된 유라시아 국가와의 긴밀한 협력을 통해 북한의 개방을 유도함으로써 한반도 긴장을 완화하고 통일을 위한 기반을 구축하기 위해 제기한 것이나 여러 가지 문제점이 노정되었다.

첫째, 유라시아 협력 대상 국가 범위가 너무 넓고 특히 한국의 역량을 초과하여 거대 담론에 그치고 현실성이 떨어진다는 지적을 받았다. 중국, 러시아 및 여타 유라시아 국가들과 제대로 된 협력 사업을 추진하는 데 어려움이 생길 수밖에 없는 구조였다. 둘째, 유라시아 이니셔티브라는 거창한 비전은 나왔지만 실질적인 실천이 미약했다. 일대일로 전략 같은 경우는 국가 전체를 아우르는 체계적인 조직을 만들어 추진하고 있으나 유라시아 이니셔티브를 전담할 기구도 없이 진행되었다.

셋째, 국민적인 관심을 불러일으키고 참여시키는 데 노력도 부족했고 결과적으로 실패했다. 이러한 거대 전략은 범국민적인 관심하에 중앙정부와 지방정부가 긴밀히 협조하고 기업, 학계 등 여러 분야에서 다각적으로 참여해야만 성공할 수 있는데 이 점에서도 대단히 미흡했다. 그리고 '유라시아 이니셔티브' 라는 영어 용어를 사용함으로써 국민들을 심리적으로 괴리시켰다.

넷째, 북한 문제를 극복하지 못했다. 박근혜 정부는 "튼튼한 안보를 바탕으로 단절과 갈등의 분단 70년을 마감하고 신뢰와 변화로 북한을 끌어내서 실질적이고 구체적인 통일 기반을 구축하고 통일의 길을 열어갈 것이다."라고 하고 형식에 구애받지 않는 대화를 제안하며 5.24 해제 조치와 금강산 관광 재개까지도 논의할 수 있다는 유연한 입장을 보였지만, 북한은 이를 외면하고 연이어 핵실험을 감행하였다. 이로써 유라시아 이니셔티브 사업으로 의욕적으로 시작한 나진-하산 프로젝트도 좌초되고 말았다.

마지막으로 유라시아 이니셔티브는 앞으로 나아가기보다는 오히려 기존에 있는 것도 지키지 못하여 퇴보하는 결과로 나타났다. 유라시아 물류 네트워크 구축을 중시했으나 지지부진하고 더군다나 한진해운 파산 및 해체로 인해 물류 기업, 물류 거점, 물류 네트워크와 화물 공급 사슬 체계가 크게 손상됨으로써 오히려 가지고 있는 것도 지키지 못했다. 그리고 물류가 진출하고 제조가 따라가고 금융이 뒤받쳐 주고 이를 뭉쳐서 경제적, 정치적 힘으로 묶어 내는 총체적인 전략이 없었다. 박근혜 정부 초기에 동북아개발은행 설립의 필요성이 제기되었으나 동북아개발은행 설립은 아시아인프라투자은행(AIIB) 설립으로 그 의미가 퇴색되었고 제대로 추진되지도 못하고 끝났다.

1. 신북방 정책 선언

문재인 대통령은 2017년 9월 7일 러시아 블라디보스토크에서 열린 제3차 동방경제포럼 기조연설을 통해 러시아 극동 지역과 중국 동북 3성, 중앙아시아 국가, 몽골 등 유라시아 지역 국가들과의 경제 협력 활성화를 토대로 한 '신북방 정책' 구상을 제시했다. 신북방 정책은 극동 지역 개발을 목표로 하는 푸틴 대통령의 신동방 정책과 맞닿아 있다고 말하고 신북방 정책과 신동방 정책이 만나는 지점이 바로 극동이며 한국이 추진하는 신북방 정책도 러시아와의 협력을 전제로 한 것이며, 이를 위해 러시아의 극동개발에 적극적으로 참여하겠다고 말했다.

또한, 극동 지역은 지리적으로 시베리아 횡단철도의 시작점이자 종착점이며 유라시아 지역과 동북아, 아·태 지역을 연결하는 통로라고 언급하면서 석유·천연가스·철광석 등 천연자원이 풍부하고 공항, 철도, 항만 등 인프라 개발 수요도 매우 크다고 말했다. 그리고 문재인 대통령은 신북방 정책의 큰 골격으로 "러시아와 한국 사이에 9개의 다리를 놓아 동시다발적 협력을 이루어나갈 것을 제안한다"면서 가스·철도·항만·전력·북극 항로·조선·일자리·농업·수산 등 한·러 경협이 가능한 분야를 총망라한 '9-브릿지(Bridge)' 전략을 소개했다. 시베리아 횡단철도와 국내 철도망 연결, 동북아 슈퍼그리드 구축, 북극 항로 개척 등 청사진도 제시했다.

나아가 동북아 국가들이 협력해 극동 개발을 성공시키는 것이 북핵 문제를 해결하는 또 하나의 근원적인 해법이라고 생각한다며 동북아 국가들이 경제 협력에 성공하는 모습을 보면 북한도 여기에 참여하는 것이 이익임을 깨닫게 될 것이고, 핵 없이도 평화롭게 번영할 수 있는 길임을 알게 될 것이라고 말했다.

문재인 대통령은 동방경제포럼 계기에 개최된 푸틴 대통령과 회담 시에 신북방 정책 구상을 소개하고 "푸틴 대통령의 신동방 정책과 제가 추진하는 신북방 정책은 꿈을 같이 꾸고 있는 것이 아닌가 느껴진다."라고 언급했다. 또한, 한국은 러시아의 극동 개발에서 최적의 파트너라고 생각한다며 러시아와 한국이 잘 협력한다면 극동 지역은 역내 번영과 평화를 이끌 수 있는 전초기지가 될 것으로 확신한다고 밝혔다.

2. 신북방 정책의 의미

신북방 정책은 유라시아 국가들과 교통·물류 및 에너지 인프라 연계 등을 통해 한국 경제의 신성장 동력을 창출하고 기존 동북아 중심의 경제·외교 정책을 뛰어넘어 북방 지역을 '번영의 축'으로 삼는 정책이다. 유라시아 대륙 국가들과 교통 물류 및 에너지 인프라 연계를 통해 새로운 성장 공간을 확보하고 공동의 번영을 도모하는 동시에 신남방 정책과 더불어 대륙·해양 복합 국가로 도약하여 새로운 일자리를 창출하고 지속 성장을 견지하며 차세대 성장 동력을 확보하려는 것이다.

또한, 신북방 정책은 한반도를 포함한 유라시아 대륙의 평화 안정을 도모하기 위한 정책이다. 동북아 지역 내 지정학적 긴장과 경쟁구도 속에서 장기적으로 한국의 생존 및 번영에 우호적인 평화·협력적 환경 조성 추진을 정책 목표로 하고 있다. 그리고 새롭게 부상하는 유라시아 대륙에 대한 관심과 이해에 기초하여 정치, 경제, 안보, 문화 등 다방면에서 전면적인 협력 강화를 통해 한국의 활동 공간을 확장하는 국가 전략이라고 할 수 있다. 동북아시아 지역의 지정학적인 긴장과 경쟁 구도를 타파하고 동북아 지역의 장기적인 평화 협력 환경 조성을 위해 신북방 정책을 제시했다는 것에 의미를 부여할 수 있다.

3. 신북방 정책 추진 배경

먼저, 풍부한 자원과 인구 등으로 발전 잠재력이 크고 상호 보완적인 구조를 가지고 있는 유라시아 지역의 개발 움직임이 본격화되고 있다. 러시아는 신동방 정책을 추진하고 '유라시아 경제연합 (EAEU)'을 출범시켜 아태 지역과의 협력을 강화하며 중국은 일대일로 정책을 추진하고 있다. 몽골은 '초원의 길' 프로젝트를 통해 '몽·중·러 경제회랑 프로그램'을, 카자흐스탄은 '경제발전전략 2050'의 일환으로 대규모 인프라 구축 사업인 '누를리 졸(광명대도, Road to Brightness)'을 추진하고 있다. 유라시아 역내 국가들은 첨단 환경기술과 과학기술을 바탕으로 새로운 역동성을 창출하고 있으며 북극해가 새로운 해상 통로로 부상하면서 개발 잠재력이 주목받고 있다. 극동 시베리아는 중장기적으로 에너지의 안정적 공급지인 동시에 유럽으로 연결되는 교통 물류 허브로서 발전할 여지도 많다.

둘째, 한국으로서는 자동차, 조선, 섬유 등 주력 산업이 성숙기에 도달하고 차이나 리스크 증대 등으로 새로운 시장 개척이 절실하다. 풍부한 자원을 가지고 있어 성장 잠재력이 큰 유라시아와의 연계를 강화해 미래 성장 동력을 창출할 필요가 있다. 특히 자원 에너지가 풍부한 러시아 극동 지역과 산업이 발달한 우리나라는 상호 보완적 경제 구조로서 협력 유인이 크다. 최근 러시아의 급속한 기업 환경 개선 추세는 시장 확대를 위한 기회 요인이 되고 있다. 이 지역은 중견 국가인 우리나라에 대해 우호적이며 여기에는 고대로부터 이어진 역사 · 문화적 유대도 작용하고 있다.

셋째, 한반도의 분단으로 유라시아 교류 · 협력에 끊어진 연결 고리로 남아 있는 한국이 유라시아 대륙과 한반도를 연결하고 남북 문제라는 정치적 문제를 물류와 경제 활성화를 통해 해결하여 동북아 번영과 한반도의 항구적인 평화도 앞당길 수 있는 계기를 만들어 나가야 한다. 러시아의 극동 지역과 중국의 동북 지역은 대규모 지역개발이 본격적으로 추진되면서 가까운 미래에 동북아의 개발 중심지로 부상할 것이다. 국경을 초월해 구축되고 있는 복합 교통 · 물류 네트워크를 한반도로 연결하면 북방 지역을 한반도의 새로운 성장 공간으로 활용해 나갈 수 있다. 이 지역 개발은 북한 나진항을 비롯한 북·러, 북·중 접경 지대 개발을 포함해 다양한 협력 요소를 포함하고 있어 동북아 미래에 중요한 영향을 미칠 것이다. 유라시아의 동쪽 관문인 한국이 선제적으로 지정학적 위치를 활용하여 동북아 협력을 가속화하는 촉진자 역할을 수행할 수 있다.

1. 신북방 정책 추진 시스템

문재인 정부는 그간의 북방 정책이 북한 문제 등 국제 정세에 따라 정책 기조가 변화하여 지속적 정책 추진에 한계가 있다고 판단하고 양자나 다자 형식의 다양하고 일관된 교류 협력으로 신뢰를 구축해 나간다는 원칙을 가지고 있다. 경제 협력은 일부 지역 국가 중심 및 에너지 · 인프라 등 특정 분야에 한정하되 지역별 특성, 우리의 강점 등을 고려하여 다양한 분야의 협력을 추진해 나갈 방침이다.

남 · 북 · 러 협력 사업은 남북 관계가 경색될 때마다 자주 중단되었다는 점을 감안하여 한-러 실질 협력에 집중하고 남북한 상황을 고려하면서 남 · 북 · 러 삼각 협력에 대비해 나간다는 복안이다. 그리고 역대 정부에서는 큰 틀에서의 북방 정책 컨트롤타워 없이 각 소관 부처별로 사업이 추진되다 보니 종합적이고 일관적인 추진이 이루어지지 못했다. 그래서 중장기적인 정책이 나오지 않을 뿐만 아니라 전체적으로 정책을 이끌어가거나 조율하지 않아 효과가 나지 않았다. 이러한 문제점을 극복하기 위해 신북방 정책의 컨트롤타워 역할을 하도록 대통령 직속 기관으로 북방경제협력위원회를 두었다. 이 위원회는 대외적으로 관계 부처의 협의 채널을 최대한 활용하고 상대국 고위급 채널을 상시 가동하는 한편, 대내적으로는 정책 기본 방향을 설정하고 정책 집행 현황과 성과를 점검하는 역할도 맡고 있다.

북방경제협력위원회는 4개 부처(기재부·외교부·통일부·산업부) 장관 및 청와대 경제보좌관 등 5명의 정부위원과 각 분야의 전문가로 최대 25명의 민간위원(위원장 포함)으로 구성된다. 유관 부처·공공기관 등에서도 관련 안건을 논의할 때 자유롭게 참석할 수 있으며 위원회의 운영을 위해 대통령이 위원장을 위촉하고 청와대 경제보좌관이 간사 역할을 담당한다. 위원회 업무의 전문적 수행을 위한 분야별 전문위원회와 특정 현안 논의를 위한 특별위원회 및 전문가로 구성된 자문단을 별도 설치할 수 있도록 하여 심도 있는 논의를 할 수 있다. 위원회의 원활한 운영 지원 및 업무 수행을 위해 북방경제협력위원회 지원단을 구성하여 운영한다.

2. 신북방 정책 1차 로드맵 발표

북방경제협력위원회는 2017년 12월 7일 현판식을 갖고 이어서 제1차 회의를 개최하여 북방경제협력 추진 방향과 9-bridge 분야별 추진 방안 등을 제시하였다.

(1) 북방 경제 협력 추진 방향

① 북방경제협력위원회를 중심으로 유기적인 추진 체계를 구축한다. 위원회는 북방 경제 협력 관련 정책의 컨트롤타워 역할을 수행하고 유라시아 협력 국가와 고위급 상시 채널을 가동한다. 2018년 상반기 러시아 극동개발부와 MOU를 체결하고, 몽골·우즈벡·카자흐스탄 등과 고위급 채널을 구축한다.

② 러시아 극동 개발 협력을 위해 9-Bridge 전략을 추진한다. 9개 분야별 T/F를 구성·운영하고 러시아 극동개발부와 공동으로 구체적인 협력 과제를 발굴하여 2018년 9월 동방경제포럼에서 진행 상황을 중간 발표한다.

③ 유라시아 경제권을 동부·중부·서부의 3대 권역으로 구분하고 지역별 차별화된 전략을 추진한다. 동부권(러시아 극동 및 중국)은 9-Bridge 전략과 AIIB 등을 활용한 중·몽·러 경제 회랑 연계 사업을 발굴하고, 중국 일대일로 전략과 연계하는 방안을 마련한다. 중부권(중앙아, 몽골)은 석유화학·도로 등 우리 기업의 관심 사업을 지원하고 제조업·ICT 분야로 협력을 확대하며, ODA를 활용한 교육, 보건의료, 공공 행정 지원 등을 강화한다. 서부권(러시아 서부, 우크라이나, 벨라루스)은 ICT, 항공·우주 등 역내의 높은 기초기술과 우리의 응용 기술을 결합하여 첨단산업 중심의 고부가가치 기술 협력을 강화하는 등 신성장 모델을 창출한다. 한·러 과학기술협력센터(모스크바)를 협력 거점으로 조성하여 공동 스타트업 생태계 조성 및 벤처 설립을 지원한다.

④ 유라시아 국가와 경제 협력 확대를 위한 제도적 기반을 구축한다. 유라시아경제연합(EAEU)과 FTA 협상 개시를 조속히 추진하여 교역시장 다변화의 계기를 마련하고, 20억 불 규모의 한-러 극동 금융 협력 이니셔티브를 추진하는 한편, ADB, AIIB 등 역내외 협의체 기금을 활용하여 협력 사업을 지원한다. 2017년 9월 러시아 극동 지역 개발 협력 사업 발굴 및 공동 금융 지원을 위해 한국 수출입은행과 러시아 극동개발기금 간에 MOU를 체결했다.

⑤ 정치·경제뿐만 아니라 보건·의료, 문화·관광, 지자체 간 교류 등 정부·민간 차원의 다양한 교류 협력을 추진한다. 정부 간 협의체를 통한 의료 인력 연수, 의료시설 운영 지원을 확대하고, 기술연수 프로그램, 대학생 상호 교류, '청년포럼 개최' 검토 등 인적 교류를 활성화한다. 정부 간 협의체를 보완하고 지방 중소기업의 러시아 진출을 지원할 수 있도록 '한-러 지방협력포럼' 창설을 추진한다.

⑥ 한국투자기업지원센터 개소(2017년 11월, 블라디보스토크), '한국 투자자의 날' 정기 개최 등 우리 기업의 유라시아 진출 애로사항이 해소될 수 있도록 적극 지원한다. 이를 위해 2017년 9월 KOTRA와 러시아 극동투자수출지원청 간에 MOU를 체결했다.

(2) 9-bridge 분야별 추진 방안

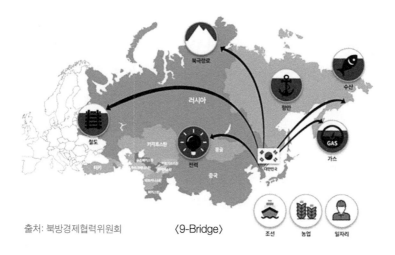

〈9-Bridge〉

① 전력 - 동북아 슈퍼그리드

　문재인 대통령은 2017년 9월 동북아 경제 번영과 평화 협력 기반 마련을 위해 '동북아 슈퍼그리드' 구축을 제안하였다. 극동 시베리아, 몽골 고비사막의 풍부한 청정 에너지(풍력·천연가스)를 한-중-일, 남-북-러가 공동사용하기 위한 전력망 연계 프로젝트이다. 산업통상자원부는 민간기업 수준에서 논의가 진행되던 동북아 슈퍼그리드의 조속한 추진을 위해 정부·기업·학계 등이 참여하는 동북아 슈퍼그리드 T/F를 구축하였다.

　앞으로 정부 간 협의 채널을 조속히 마련하고 공동 해양조사 등을 거쳐 2022년까지 일부 구간 착공을 추진하고, 한-러 공동 연구도 추진할 계획이다. 중장기적으로는 한-중-일 전력망 연결을 완성하고 남북 관계 진전 상황을 보아가며 경로 확정, 비즈니스 모델 마련 등 남-북-러 연계 방안을 논의해 나갈 예정이다.

② 천연가스

한국은 세계 2위 LNG 수입국으로 세계 2위 천연가스 생산국인 러시아로부터 2009년 이래 매년 150여만 톤의 LNG를 도입하고 있다. 최근 러시아는 신규 LNG 프로젝트 수요처로 한국을 주목하고 있으며 한국은 에너지 공급 안정성 확보에 필수적인 도입선 다변화를 위해 러시아와의 가스협력 확대에 관심이 높다.

특히, 2017년 9월 러시아 블라디보스토크에서 열린 제3차 동방경제포럼은 잠재력이 큰 양국 간 가스 협력이 본격화되는 계기가 된 것으로 평가된다. 동년 9월에 민관 가스 TF가 출범하였고 10월에는 가스공사와 러시아 기업과 협의가 이루어졌으며 11월에는 산업부와 극동개발부 장관 간에 협의가 진행되었다. 정부는 경제성을 기본으로 공급 안정성·외교안보 측면을 고려해 러시아와 전략적 가스 협력 확대를 추진할 계획이다. 제13차 장기 천연가스 수급계획을 마련하여 장기 계약 물량을 확정하고 러시아와 민·관 협의를 지속해 나가는 한편, 중장기적으로는 가스 도입 다변화를 통해 안정적인 가스 공급을 실현해 나갈 예정이다.

③ 조선

2013년 말 러시아의 야말 프로젝트 이후 한국 대형 조선사가 총 29척의 에너지 수송 선박을 수주하는 등 한국과 러시아 간 조선 분야 협력이 진행되어 왔다. 최근 들어 자체 선박 건조를 목표로 하는 즈베즈다 조선소 현대화에 한국 대형 조선사들이 기술 협력 파트너로 참여하고 있다.

산업부는 즈베즈다 조선소 현대화를 계기로 선박 건조 시 부품·

기자재 공급을 추진하고 러시아 어선 신조·개조 사업에 우리 중소 조선사들이 참여하는 등 협력이 다각화될 수 있도록 지원할 계획이며, 기자재 물류센터 신규 구축, 대학·연구기관 간 인력 교류 등의 추진도 러시아 측과 협의해 나갈 예정이다. 기존의 발주·수주 중심 협력에서 기술 협력을 강화하고 중소 조선·기자재·인력 등 협력 분야를 다각화하여 조선 협력 동반자 관계로 발전해 나갈 방침이다.

④ 수산

러시아는 우리나라 명태 공급 국가이나 최근 러시아가 극동 지역 개발을 위해 조업 쿼터 배정과 연계 정책을 추진함에 따라 새로운 협력 방안을 모색하고 있다. 2017년 현재 한러 합작 선사는 14개사 27척이며 조업 쿼터는 명태, 꽁치, 대구, 오징어 등 4만 2,250톤이다.

한국통산, 부산항만공사, 코리안씨푸드, 유니코로지스틱 등 한국 기업들은 러시아 블라디보스토크에 약 1,100억 원 규모의 '수산물류가공 복합단지' 투자를 위해 러시아 측과 세부 추진 방안을 협의하고 있다. 이 사업은 지난 11월 해양수산부와 러시아 극동개발부 간 양해각서(MOU) 체결을 통해 양국 정부가 지원하고 있어 속도를 낼 수 있을 것으로 보인다. 참고로 수산물류가공 복합단지수산·물류기업 공동으로 추진하는 냉동창고, 부두, 가공공장, 유통이 통합된 수산 물류 콤플렉스형 사업이다.

해양수산부는 양식업, 사료 공장, 수산 기자재 등 고부가가치 산업의 극동 지역 진출을 위해 러시아 측과 공동 연구 등 협력을 강화할 계획이다. 러시아의 풍부한 수산 자원과 한국의 자본과 기술이 결합한 고부가가치 산업 진출은 국내 수산산업의 신성장 동력 확보에 기여할 것으로 예상된다.

⑤ 북극 항로

북극 항로는 수에즈운하를 통과하는 기존 아시아 - 유럽 항로를 약 7,000km를 단축할 수 있는 최단 항로이지만 현재 물동량 부족과 짧은 운항 기간 때문에 국제적인 이용은 저조한 실정이다. 그러나 최근 북극해 해빙과 북극 자원 개발에 따라 상업적 활용 가치가 증가하고 있어 우리나라 국내 해운물류 기업의 지속적인 운송 참여 필요성이 대두되고 있다. 그간 우리나라는 2013년부터 그간 5차례 북극 항로 운송에 참여하였으나 모두 일회성 운송에 그치고 있어 지속적인 참여를 위해서는 안정적인 물동량 확보가 강하게 요구되고 있다.

해양수산부는 지속적인 북극 항로 운항 참여를 위해 물동량 확보 방안을 검토하고 북극해 연안국과 협력을 강화한다. 북극 자원개발·해운·조선 산업 간 연계 방안을 적극 검토하여 안정적인 화물 확보는 물론 연관 산업 간 시너지를 도모하고, 북극해 정기 컨테이너선 항로 연구를 위해 국적 선사와 러시아 극동개발부와 실무 작업반(Working Group)을 운영할 계획이다. 북극 항로 국제 세미나를 계속 지원하고 한·러 해운협의회 등을 개최하여 북극해 연안국과 협력도 강화한다.

⑥ 항만

대러시아 물동량은 지속적으로 증가하는 반면, 열악한 항만 시설로 물류비 부담이 가중되고 있어 극동 지역 항만의 현대화 필요성이 제기되고 있었다. 러시아의 항만 개발 협력 요청에 따라 한·러 양국은 지난 2014년 항만 개발 및 현대화 협력에 관한 양해각서(MOU)를 체결하였으며, 이를 토대로 우리나라는 러시아 극동 지역 '항만 기본 계획'을 수립하여 러시아 측에 제안하였으나 러시아 경기침체 등으로 인해 항만 분야 한-러 협력은 진전을 보지 못했다.

해양수산부는 극동 지역 5대 항만 현대화 사업과 자루비노 항만 개발사업을 추진하기 위해 러시아와 협력을 강화할 계획이다. 5대 항만은 보스토치니, 블라디보스토크, 나호트카, 바니노, 포시에트 항만으로서 전체 극동항만 물동량의 대부분을 처리하며, 석탄, 유류 등이 주요 화물이고 컨테이너는 블라디보스토크항에서 최대 처리한다. 이를 위해 한-러 정부, 민간 기업, 학계 등이 참여하는 '한-러 항만 개발·현대화 협력 실무위원회' 구성·운영, 공동 연구 추진, 항만 개발 타당성 조사 지원 등을 통해 우리 기업의 극동 지역 항만 진출을 적극 지원할 계획이다. 러시아 극동 지역 항만을 유라시아 진출 전초 기지화하여 우리 항만을 유라시아와 동북아시아를 연결하는 물류 거점으로 육성해 나간다.

⑦ 철도

시베리아철도에 대한 우리 기업의 이용 수요는 지속 증가하고 있으나, 현재 큰 요금 등락 폭, 복잡한 통관 절차 및 화차 부족 문제 등으로 이용 활성화에 한계가 있는 상황이다. 국토교통부는 화차 및 컨테이너 부족, 통관 절차 개선, 급격한 운임 상승 등 우리 기업의 다양한 애로사항을 파악하여 러시아 정부와 개선 방안을 협의할 계획이며, 향후 한반도-유라시아 철도 연결 가능성 등을 감안하여, 국제철도협력기구(OSJD: Organisation for Cooperation between Railways) 회원국 가입도 추진한다.

TSR 활성화를 위해 단기적으로 블라디보스토크항, 보스토니치항 등 극동항만을 활용하여 시베리아 물동량을 지속 확대하고, 중·장기적으로는 한반도 철도와 TSR을 연결하여 부산에서 파리·런던까지 이어지는 대륙 물류망을 구축할 계획이다. OSJD는 북한의 반대 등으로 현실적으로 회원국 가입이 어려운 점을 감안하여, 가입 요건에 관한 정관 개정과 지속적인 주변국 설득 등을 통해 2021년까지 가입을 완료할 계획이다.

⑧ 산업단지

러시아 정부는 선도개발구역 지정 등을 통해 연해주 지역의 개발을 추진하고 있는데, 이 지역은 유라시아 횡단 교통·물류망 접근이 용이하여 한국 기업 진출에 유리한 여건을 갖추고 있다. 국토부는 연해주 지역에 대륙 생산 거점을 확보하기 위한 한국 기업 전용 산업단지 조성을 추진하여 한국 기업의 러시아 시장 진출을 위한 교두보를 마련할 계획이다. 한국 기업 전용 산업단지 조성을 위해 2018년에 LH 등과 함께 체계적인 사업 추진에 필요한 타당성 검토 용역(기업 진출 수요조사, 입지 등 포함) 및 현지 조사를 착수할 예정이다.

현지 조사와 관련한 협조 사항에 대해서는 러시아 측과 긴밀히 협의할 계획이며, 이를 토대로 타당성이 검증된 경우 2020년 이후에 적정 대상지 선정 및 사업계획(안)을 수립하여 한국 전용 산업단지 조성을 착수할 계획이다.

⑨ 농업

러시아 극동 지역은 농업 생산 여건은 불리하나 한·중·일 소비 시장과 인접하고 철도를 통한 유라시아 시장 진출의 기회도 가지고 있는 지역이다. 이러한 극동 지역에 그간 다수의 농기업들의 해외 진출 노력과 정부의 민간 투자 및 기술 교류 확대 지원으로 현재는 7개의 한국 농기업이 진출하여 5만 톤 이상의 곡물을 안정적으로 생산하고 있는 해외 농업개발 대표 지역으로 자리 잡아가고 있다.

농식품부는 그간의 진출 성과와 한-러 농업 개발 공동연구 등 협력기반을 바탕으로 극동 지역에 한·러 농기업의 진출을 확대하고, 농업생산성 등 경쟁력을 높여 중·일 및 유라시아 시장으로 농산물을 공급하는 생산 기지를 구축할 계획이다. 먼저, 극동 지역의 농업 생산 기반 확충을 위해 '한-러 농기업 비즈니스 Dialogue'를 개최하여 기업 간 교류를 활성화하고, 농자재 및 식품가공 등 기반산업의 진출을 촉진한다. 농업 경쟁력 확보를 위해 우수 품종 공동 개발 및 재배기술 보급과 축산 및 스마트팜 등 기술 집약 농업으로 진출을 다양화하고, '해외 농업 진출 Desk'를 설치하여 농기업의 시장 개척을 측면 지원, 우리 농기업들이 유라시아 시장에 진출할 수 있도록 적극 협력할 계획이다.

(3) 지역별 차별화된 전략 추진

① 동부권역: 러시아 극동, 중국 동북 3성 지역

이 지역은 동북아에 대한 정치·외교적 영향력이 막대하며 신동방 정책, 일대일로 정책의 중·몽·러 경제회랑 구축에 따른 개발 수요가 증가하고 남·북·러 협력을 통해 남북 관계 개선 유도가 가능하다. 먼저, 한·러 간 협력을 통해 극동 개발 협력 사업을 추진한다. 9-Bridge 전략에 따른 9개 분야의 사업을 추진하며 한·러 공동으로 ICT, 교통, 친환경, 호텔 리조트, 보건의료, 교육 분야 등 신규 사업 발굴도 병행한다.

둘째, 일대일로 연계 사업 및 동북 3성 지역에 대해 다자간 협력 사업을 추진해 나간다. AIIB(아시아인프라투자은행) 및 GTI(광역 두만강 개발계획) 등을 활용하여 중·몽·러 경제회랑과 연계한 사업을 발굴·개발하고 훈춘 물류단지 등 사업도 재추진을 검토해 나간다. 그리고 중국 횡단철도(TCR), 몽골 횡단철도(TMGR) 이용을 활성화하고 향후 남북 철도 연결을 도모한다.

셋째, 한러 신뢰 관계를 바탕으로 남·북·러 협력 사업을 단계적으로 추진해 나간다. 남북 관계 상황 등을 고려하여 나진-하산 물류 사업 재추진을 준비해 나간다. 가스·철도·전력 분야 남·북·러 연결 사업 추진 방안 마련을 위해 준비해 나간다.

② 중부권역: 중앙아시아, 몽골

이 지역 국가들과는 역사·문화적 유대감을 통해 정치외교적 신뢰 관계를 구축해 왔고, 높은 경제성장 잠재력과 상호 보완적 산업구조를 가지고 있으며, 상호 지속적이고 호혜적인 관계 발전이 가능하다. 성장 잠재력이 큰 자원 개발, 인프라 분야 협력을 지속적으로 강화하고, 석유화학, 도로·공항 열병발전소 등 우리 기업 관심 사업을 지원해 나가며, 개발금융 지원을 강화하고 정부 간 상시 협의채널을 구축한다.

우리가 강점을 갖는 제조업, 농업 및 정보통신 분야 협력을 확대하며, 카자흐스탄 '2050 발전 전략', 우즈베키스탄 '2021 국가 발전 전략', 투르크메니스탄 '2024 사회 발전 전략' 등 역내 경제 현대화 및 산업 다각화 정책 추진도 고려해 나간다. 정부 간 협의체 등을 활용하여 민간 지원과 정부 협력을 강화한다. '한 - 중앙아 협력 포럼'을 대중앙아 협력 기반으로 활용해 나가며, ODA를 활용하여 교육, 보건의료 및 공공 행정 분야를 지원한다.

③ 서부권역: 러시아 서부, 우크라이나, 벨라루스 등

러시아와 협력하여 제조업 및 첨단산업 육성 등 산업 선진화 정책을 추진하고, 우크라이나의 ICT, 항공 · 우주 산업 분야의 높은 기술력과 벨라루스의 서비스업, 제조업 중심의 산업 구조를 활용해 나간다. 대학, 연구소 및 공공기관 등 연구기관을 활용한 기술 협력 및 공공 투자를 추진한다. 한 · 러 과학기술 협력 센터(모스크바)를 협력거점으로 조성하여 연구 지원뿐만 아미라 공동 스타트업 생태계 조성 등을 지원한다. 상트페테르부르크 경제 포럼, 이노프롬 국제 박람회 등을 적극 활용한다.

(4) 경협 확대를 위한 제도, 금융 인프라 구축

러시아, 중국, 몽골 및 중앙아 등 주요국과 협의 채널을 구축하여 정부, 공공기관, 다자간 협의체 등 경협 관련 기관과 다각적으로 채널을 마련한다. 한-EAEU FTA 추진 등 경제 협력에 대한 영속적인 제도적 틀을 마련하고 관세 인하 및 비관세 장벽 제거 등으로 투자 확대 기반을 조성한다. 각종 금융 지원을 강화해 나간다. 2017년 9월 20억 불 규모의 한·러 극동 금융 협력 이니셔티브를 체결하였는데, 이것을 활용하여 양국 간 공동 사업을 발굴하고 지원한다. EDCF, 글로벌 금융 펀드 등 개발 금융 지원을 강화하며, ADB, AIIB 등 역내의 협의체 기금을 활용한 복합 지원을 통해 양자·다자간 협력 사업을 발굴하고 지원해 나간다.

(5) 문화·인적 등 다양한 분야로 교류·협력 확대

정부, 민간 차원의 다양한 교류와 협력을 추진한다. 정상회의, 고위급 회담, 역내 다자 협의체 등을 적극 활용해 나간다. 관광·문화 홍보 등을 위한 협력과 마케팅을 강화한다. 현지 관광 박람회에 적극 참여하고 GTI 관광분과 활성화 등을 추진한다. 의료 인력 연수, 의료시설 관리·운영, 의료 관광 등 지원을 지속적으로 확대해 나간다. 지자체 간 교류 활성화를 추진한다. '한러 지방협의회 포럼'을 창설하고 정부 협의체를 보완하는 기능으로 활용하며 지자체 중소기업 진출을 지원한다. 인적 교류 활성화를 위해 기술·경험 연수 프로그램을 확대하고, 대학 간 상호 학생 교류 활성화를 지원하며 청년 교류 확대를 위한 '청년포럼' 개최를 검토해 나간다.

(6) 기업 애로 사항 해소 지원

위원회, 관계 부처, 기업 간 긴밀한 협력 체제를 구축하고, 상대국 정부와의 고위급 협의 채널을 상시 가동하여 우리 기업의 애로 사항을 신속히 해결해 나간다. 투자지원센터(2017년 11월 설립)를 활성화하고 '한국 투자자의 날'을 매년 개최하여 현장 밀착 지원을 강화한다. 전문 인력을 양성하기 위해 정부, 공공기관, 교육기관 등이 공동 참여하는 유라시아 전문가 양성 과정을 개설하며, 현지 진출 기업 지원을 위한 '취업 지원 프로그램'을 운영한다. 산재된 관련 정보를 통합 제공하는 정보 플랫폼을 구축한다.

4. 신북방 정책 추진에 있어서 북한 요소

(1) 역대 북방 정책에서 북한 요소의 영향

한국 정부의 북방 정책은 북방 외교, 세계화 정책, 햇볕 정책, 동북아 평화 번영 정책, 자원 외교 정책, 유라시아 이니셔티브 등으로 이어지면서 진보, 보수 정권을 가릴 것 없이 북방 정책에 공을 들여왔다. 실패와 반복을 거듭했음에도 불구하고 역대 정부에서 북방 정책을 펼친 것은 북한의 중요성, 즉 북방 정책의 중심에는 북한이 자리하고 있기 때문이다. 그래서 북한의 존재는 북방 지역을 대상으로 하는 한국의 북방 정책에서 특별한 고려의 대상이 되지 않을 수 없었다.

그런데 북한에서 비롯되는 안보 위기와 국제 정세 분위기에 따라 북방 정책 기조가 변하는 등 지속적인 정책 추진에는 한계가 있었다. 북한 요소로 인해 협력 사업이 자주 중단되었다. 북한발 리스크가 발생할 때마다 바로 북방 정책이 위협을 받게 되었다. 특히, 남북 관계가 경색되어 한 · 러 양국 정상 간 합의되었던 남 · 북 · 러 3각 협력 사업이 번번이 좌초되고 말았다. 이명박 정부의 남 · 북 ·

러 가스관 연결 사업은 북한의 참여가 확정되지 못하다 보니 흐지부지됐다. 박근혜 정부의 나진-하산 프로젝트도 북한의 핵실험 영향으로 중단됐다.

(2) 신북방 정책과 북한 요소

남북 간의 연결과 경제 협력은 신북방 정책의 핵심이라고 할 수 있다. 러시아 극동, 중국 동북부 진출은 중장기적으로는 북한을 경유하여 한반도 경제 영토를 확장하는 일이고, 유라시아 대륙 진출의 새 지평을 열어가는 국가 전략이며, 글로벌 네트워크 시대에 반드시 필요한 것이다. 미래가 불확실한 한반도 현실에 새로운 물꼬를 트는 제3 지평의 출구가 될 수 있으며 나아가 한반도 통일 경제의 배후지 확보를 모색할 수 있다.

그러나 문재인 정부는 북한 문제 때문에 북방 정책이 진척이 없었다는 인식과 북핵 문제 때문에 북한이 참여할 수 있는 여건이 아니라는 현실적인 제약을 고려하면서 신북방 정책을 추진한다는 방침이다. 단계적으로 협력 가능한 사업부터 시작하겠다는 것이고 남북 긴장 완화 등 관련 여건이 개선될 때 추진될 수 있도록 서두르지 않겠다는 것이다.

북방 협력 사업의 전면 재검토를 통해 사업 우선순위를 확립하고 추진 연속성을 위해 로드맵을 수립하며 북핵 문제가 발목을 잡지 않도록 양자 또는 다자간 추진 가능한 사업은 북핵과 무관하게 추진토록 해 나가겠다는 것이다. 잠정적으로 중국과 러시아를 경유하는 우회로를 사용하고 이후에 북한의 참여를 이끌어내겠다는 것으로서 예를 들어 남·북·러 협력 사업보다는 한·러 간 실질적 협력 사업을 우선 추진하겠다는 것이다. 북한 문제를 해결하는 기회가 와서 여건이 좋아지면 남한에서 북한을 관통하여 북·중, 북·러로 연결되는 삼각 협력 벨트를 구축해 나간다는 것이다.

(3) 신북방 정책 추진을 위한 기회 도래

북한이 연이어 핵실험과 장거리 미사일 발사 실험을 실시하고 미국이 강경 대응 불사 입장을 보이고 국제사회의 대북 제재가 강화되고 있는 상황에서도 한국 정부는 대화 필요성을 계속 제기하였다. 문재인 대통령은 2017년 7월 주요 20개국(G20) 정상회의 참석을 위해 독일을 방문했을 때 북핵 문제 해결과 한반도 평화 체제 구축의 포괄적 추진을 골자로 한 이른바 '신 베를린 선언'을 발표했다. 이 선언에서 한반도 냉전 구조 해체와 항구적인 평화 정착을 이끌기 위한 정책 방향으로서 6·15 공동선언과 10·4 정상선언 이행, 북한 체제 안전을 보장하는 비핵화 추구, 항구적인 한반도 평화 체제, 한반도 신경제 지도 구상, 비정치적 교류 협력 사업 추진 등을 제시했다. 그리고 이산가족 상봉, 평창동계올림픽 북한 선수단 참가, 군사분계선에서의 적대 행위 상호 중단 등을 제안했다.

하지만 북한은 무응답으로 응했고 도발을 이어갔는데, 신 베를린 선언이 이루어진 같은 달 대륙간장거리탄도미사일(ICBM)급 화성-14형을 추가 발사하고, 9월에는 6차 핵실험을 강행하였으며, 11월에는 대륙간장거리탄도미사일(ICBM)급 화성-15형 미사일 실험을 하면서 핵무력 완성을 선언하였다. 그런데 북한이 갑작스런 변화를 보였다. 김정은 국무위원장이 2018년 1월 1일 육성 신년사에서 전격적으로 평창동계올림픽 참가와 대표단 파견 등을 시사하며 남북관계 개선을 신년 주요 과제로 제시했다. 북한이 평창동계올림픽 계기에 특사를 파견하자 한국 정부도 특사 파견으로 화답하였으며, 특사 외교를 통해 전격적으로 남북 정상회담에 이어 북미 정상회담까지 합의하였다.

2018년 4월 27일 문재인 대통령과 김정은 국무위원장은 판문점 남측 지역 평화의 집에서 남북 정상회담을 개최하고 역사적인 '한반도의 평화와 번영, 통일을 위한 판문점 선언'을 공동 발표했다. 한반도의 완전한 비핵화에 합의하고, 연내 정전 협정을 평화 협정으로 전환하며 항구적 평화 체제 구축을 위한 남·북·미 3자 또는 남·북·미·중 4자 회담 개최를 적극 추진키로 했다.

이어서 트럼프 미국 대통령과 김정은 국무위원장은 6월 12일 싱가포르에서 역사적인 북미정상회담을 개최하였다. 트럼프 대통령은 김 위원장에게 안전 보장을 제공한다고 약속했고, 김 위원장은 한반도의 완전한 비핵화를 위한 흔들리지 않고 굳건한 노력을 재확인했다. 양국 정상은 양국의 새로운 관계 수립, 한반도의 지속적이고 안정적인 평화 구축, 한반도의 완전한 비핵화, 전쟁 포로 및 실종자 유해의 즉각 송환 등 네 가지에 합의했다.

1. 극동 지역의 특징

신북방 정책의 핵심 대상은 북한이지만 안보적 상황을 고려하여 중간 단계의 우회로를 여러 개 만들 필요가 있다. 우회로를 만드는 과정에서 중시해야 할 핵심 지역이 바로 러시아 극동 지역이다. 유라시아를 향하는 신북방 정책이 이 지역과 협력 시너지를 내는 방안을 모색하는 것이 성공 가능성을 높일 수 있다.

〈러시아 극동〉

러시아 극동 지역은 러시아연방의 극동연방관구(Far Eastern Federal District)를 지칭한다. 시베리아 동부 지역의 중심부를 폭넓게 차지하는 사하공화국을 필두로 연해주, 사할린, 하바롭스크, 아무르, 캄차카 등 북극해와 베링해협 그리고 북태평양 연안을 따라 남쪽으로 한반도까지 이어지는 주 및 공화국 9개를 아우른다. 이 지역의 총면적은 621만 5,000km²이며 러시아 국토의 36%를 차지하고 남한 면적의 70배에 달한다.

반면, 극동 지역 인구는 620여만 명으로 러시아 전체 인구의 4.2%에 불과하다. 가장 많았던 1991년 800만에서 180만 감소하였다. 극동 지역은 상대적으로 높지 않은 임금에다 혹독한 기후, 그에 반해 전기료 등 공과금과 물가는 러시아에서 가장 높은 편에 속한다. 이로 인해 제조업 기반이 약하고 양질의 일자리가 없다 보니 젊은 층이 다른 지역으로 빠져나가 인구가 감소하는 악순환에 빠져 있었다. 특히, 극동 지역은 소련 붕괴이후에 중앙 통제 시스템이 무너지면서 농업 분야에서 콜호즈라는 집단생산 단위가 해체된 후 새로운 경영 시스템이 구축되지 못한 채 방치되어 있다. 또한, 개발 우선순위도 서부 지역에 밀려 인프라 낙후로 인한 높은 물가와 생활 및 취업 조건 악화로 인구 유출이 심각했다.

한편, 극동 지역은 자원의 보고로서 석탄, 철광석 및 유색금속, 귀금속 등 광물 자원이 풍부하게 매장되어 있으며, 특히 석탄과 금, 아연, 다이아몬드의 매장량은 세계적으로도 손꼽힌다. 석유나 천연가스와 같은 에너지 자원의 부존량도 상당하다. 이 밖에도 극동 지역은 해산물과 임산 자원도 풍부하다. 수산물은 러시아 전체의 65%가 생산되는 등 성장 잠재력이 크다. 또한, 극동 지역은 동북아 및 아태 경제 권역과 유라시아대륙 사이를 연결하는 통로가 된다는 점에서 국제적인 운송·물류의 중심지로서 발전 가능성을 주목받고 있다. 최근 들어서는 북극해의 해빙이 진행되면서 동북아 지역과 유럽, 미주를 연결하는 최단거리 항로인 북극 항로의 주요 지점으로서 관심대상이 되고 있기도 하다.

2. 극동 지역 개발 동기

중국인들의 유입이 가속화되면서 극동 지역의 중국화 우려가 대두되었고 유럽 편중과 높은 자원 의존도를 가지고 있어 경제 구조의 문제점이 심각했다. 푸틴 대통령은 2006년 12월 20일 열린 국가안전보장회의에서 극동은 러시아 다른 지방의 경제·정보·교통망과 매우 빈약하게 연결돼 있으며 자원 수송로 역할 등 경쟁력을 갖춘 천혜의 이점들을 매우 부실하게 이용하고 있다고 지적하였다. 아태 지역에서 러시아의 정치경제적 입지는 물론 국가 안보도 심각히 위협받고 있으며 이는 결코 과장이 아니라고 말했다. 전략 개발에 있어 통합적이고 포괄적인 시각이 없기 때문에 빚어졌다고 그 원인을 진단했다.

특히 극동에서 러시아 인구가 줄고 대신 중국인 이민자가 늘어나는 현실을 지적하면서 극동 지역의 저개발 상황과 인구 감소 현상이 단순히 지역 차원의 문제가 아닌 러시아 전체의 국가 안보를 위협하는 수준에 도달했다고 지적하고, 특단의 조치로서 경제사회개발을 담당할 국가위원회를 연방과 지방정부 합동으로 설치하도록 지시하였다. 이를 계기로 러시아는 본격적으로 극동 개발에 관심을 갖기 시작하였다. 2014년 러시아의 크림반도 합병으로 시작된 서방의 대러시아 제재 및 전 세계적인 유가 하락에서 기인한 러시아 경제 위기는 러시아 정부가 보다 본격적으로 극동으로 눈을 돌리게 했다.

러시아는 극동 개발을 통해 국토 균형 발전과 이를 통한 세계 경제의 새로운 축인 아태 지역 경제권에 편입하겠다는 방침이 확고해졌다. 중국의 부상과 함께 세계 경제의 중심이 아시아로 빠르게 이동하고 있는 점을 감안하여 아태 지역 국가들과의 협력을 도모하고 이를 토대로 시베리아 및 극동 지역의 발전을 촉진시켜 아·태 지역 내에서 위상 제고와 영향력 확대를 꾀하고 있다. 아울러 극동 지역의 산업 현대화, 신성장 동력 창출 등 경쟁력 제고를 도모하고 궁극적으로는 유럽과 아태 지역에 걸친 유라시아 경제 협력의 지평 확대를 통해 '대서양-태평양' 연계 단일 경제권 건설을 목표로 하고 있다. 2016년 9월 푸틴 대통령은 제2차 동방경제포럼 기조연설에서 EU-중앙아-아태지역을 잇는 '대(大)유라시아' 비전을 천명하였다.

러시아의 극동 개발 정책은 유럽에 치우친 러시아의 대외 관계를 아태 지역으로 다변화하려는 전략에서 비롯된 것이기도 하지만 동시에 러시아 극동 지역 경제개발전략의 핵심이 되는 천연자원 개발과 수출이 동북아를 중심으로 하는 아태 지역 국가들로부터의 수요 없이 이루어지기는 어렵다는 현실을 반영한 것이다. 따라서 극동 지역을 대상으로 추진하고 있는 자원 개발과 교통·운송 산업분야의 대규모 인프라 구축 계획은 대부분 아태 지역 국가들의 인프라 상황과 물류 수요를 고려하여 수립되고 있다.

3. 극동 지역 개발 정책

(1) 극동·바이칼 지역 발전 전략

러시아는 2000년대 후반부터 극동 및 바이칼(Baikal) 지역에 대한 정부 차원의 개발 계획을 마련하기 시작했다. 2009년 12월 28일 연방정부령에 의해 발표된 '2025년까지 극동·바이칼지역 사회·경제 발전전략'은 극동 및 바이칼 지역 전반에 대한 발전 전략으로, 해당 지역에서 추진되는 지역 프로그램의 기반이 되는 최상위 계획이다. 동 전략의 하위 프로그램으로 2013년 3월 '극동·바이칼지역 사회·경제발전 국가 프로그램'이 발표되고 2014년 4월 개정안이 발표되었다.

'2025년까지 극동·바이칼 지역 사회·경제 발전 전략' 수행의 목표는 지역 내의 경제 발전, 거주 환경 개선, 러시아 평균 수준의 사회·경제 발전 달성을 통한 극동·바이칼 지역 정주 인구의 안정화이다. 이 같은 목표 달성을 위해 경제 혁신을 통한 제조업 육성, 수송망 확대 및 발전소 건립 등의 인프라 정비, 투자 환경 및 거주 환경 개선 등 다양한 정책들을 추진하고 있다.

(2) 극동 개발 정책 천명

푸틴 대통령은 2012년 대통령 3기 임기 시작과 함께 '극동개발부'라는 특정 지역 개발부서를 설치하고 2013년 8월에는 극동 지역 대통령 전권 대표직을 장관급에서 부총리급으로 격상하면서 본격적으로 극동 중시 전략을 추진하기 시작했다. 이것은 아시아로의 세력권 확장을 도모했던 19세기 러시아의 대외 정책인 동방 정책과 구별하여 '신동방 정책(New Eastern Policy)'으로 부른다. 푸틴 대통령은 2012년 9월 러시아 최초의 APEC 정상회의를 블라디보스토크에서 개최하여 극동 개발 정책 추진 의지를 대내외적으로 천명하였다. 시베리아 횡단철도(TSR) 건설(1891~1916)이 20세기 동방 정책의 신호탄이었다면 블라디보스토크 APEC 개최는 21세기 동방 정책의 신호탄이라는 평가이다.

러시아 정부의 극동 지역 개발은 중앙정부가 적극적으로 극동 지역 개발에 참여한다는 측면에서 과거와는 차별성을 갖고 있다. 부총리급인 극동개발부의 산하 기관들의 설립을 통해 아태 지역 국가들과의 경제 협력 강화를 추진하고 있는데 극동투자유치청, 극동개발펀드, 극동인력개발청, 극동개발공사가 대표적인 기관들이다. 극동투자유치청은 투자자들을 직접 면담하거나 투자 희망 기업들에 대한 컨설팅 창구 역할을 하고 있다. 극동인력개발청은 투자 유치 과정에서 인력 수급 문제나 인구 이주 정책 수립 및 집행 등 업무를 수행한다. 극동개발공사는 선도 개발 지역과 자유항으로 지정된 경제특구를 운영하는 회사이다. 극동개발펀드는 극동 지역의 외국인 투자 유치 및 대규모 프로젝트 수행을 위해 대외경제은행이 출자하여 설립하였다.

(3) 동방경제포럼 개최

러시아는 극동 개발에 대한 국내외 관심 증진 및 외국과의 경협·투자 협력 확대 도모 차원에서 동방경제포럼(EEF: Eastern

Economic Forum)을 창설하였다. 2015년부터 외국 정부 인사와 주요 기업인들을 블라디보스토크로 초청해 각종 극동 개발 프로젝트들을 설명하고 사업 참여와 투자 유치를 위해 매년 동방경제포럼을 개최하고 있다. 이것은 중국·일본·남북한 등 극동 개발에 직접적 이해관계를 갖고 있는 국가들을 참여시키려는 다자간 플랫폼이다. 이 포럼을 통해 장기적 협력 프로젝트를 발굴하고 투자 환경 개선을 유도하며 극동의 자원을 활용하는 제조업을 유치하고자 한다.

푸틴 대통령은 2015년 동방포럼 개막식 연설을 통해 아·태 지역은 세계 경제의 견인차가 되고 있으며 아·태 지역 국가들과의 관계 강화는 러시아에 전략적인 의의가 있다고 선언했다. 또한, 세계적 차원의 자원 기지로서 러시아는 아·태 지역 국가들의 경제를 더 빠른 속도로 성장하는데 기여할 수 있으며 러시아의 자원과 아시아의 기술이 조화를 이루어야 한다고 강조했다. 러시아가 블라디보스토크에서 동방경제포럼 행사를 성대하게 개최하는 것은 무엇보다도 극동 개발에 필요한 외국 자본 유치를 위해서다. 2013년에 발표한 '2025년까지 바이칼 지역 사회·경제 발전 국가 프로그램'을 추진하는 데는 필요한 전체 투자액은 10조 7,000억 루블이며, 이 가운데 60% 이상을 민간 및 외국 자본으로 충당할 계획이다.

한편, 푸틴 대통령은 블라디보스토크를 정치 수도 모스크바, 예술 수도 상트페테르부르크에 버금가는 러시아의 경제 수도이자 실리콘밸리로 만들겠다는 구상을 가지고 있다. 그리고 아태 지역 전역과 연결되는 교통·운송 노선의 개발뿐만 아니라 동북아 및 아·태 지역으로부터 인력을 유치하기 위해 국제적인 대학 및 연구기관, 컨벤션센터 및 호텔을 신축하고 관광 사업 발전을 추진하고 있다. 마린스키극장 연해주무대, 에르미타쥐박물관 연해주관, 트레티야코프미술관 연해주관을 설립하는 한편, 루스키섬에 동아시아 최대의 수족관을 건립하였다.

(4) 선도개발구역 및 블라디보스토크 자유항 개발

러시아 정부는 극동 지역의 풍부한 자원을 개발하고 낙후된 인프라와 투자 환경을 개선하기 위해서는 아·태 지역 국가들과의 협력이 매우 중요하다고 보고 파격적인 세제 감면 및 관세와 행정상 혜택 제공 등을 내용으로 하는 선도개발구역 및 블라디보스토크 자유항 제도를 시행하고 있다. 이 제도는 극동 지역에 제조업 투자 유치를 확대하려는 러시아 정부의 의지가 집약된 정책으로 주목할 만하다.

선도개발구역은 극동 지역에 제조, 첨단기술, 농축수산 가공, 물류 등 분야별로 특화된 산업단지를 조성하는 것을 목적으로 한다. 2014년 12월 관련 연방법이 제정(2015년 3월 발효)된 이후 2017년 12월 현재 극동 지역에 총 18개 선도개발구역이 지정되었다. 중앙 정부의 예산 지원은 제한적이므로 지역 산업 활성화를 통해 향후 지속 가능한 극동 지역 경제를 실현하겠다는 것이다. 러시아 정부는 인프라를 구축해 주고 각종 규제를 없애는 한편 세제상의 혜택을 제공하여 외국 기업의 투자를 이끌어내려고 하고 있다. 인프라 지원과 각종 세제 혜택 및 행정적 인센티브를 부여함으로써 해외 투자기업을 적극적으로 유치할 뿐만 아니라 가공 산업을 집중 육성하여 생산된 제품은 러시아 내수는 물론 수출까지 추진해 명실상부한 극동 지역의 성장 동력으로 육성하겠다는 것이다.

러시아 독자적인 극동 개발 촉진이 어렵다는 것을 절감하고 기업을 경영하기 좋은 환경을 만드는 것이 가장 실질적인 대안이라고 보고 전략 방향을 전환한 것이다. 이를 위해서 파트너와 소통 가능한 제도적 시스템 마련만이 그 어떤 실행안보다 투자자 입장에서 가장 신뢰할 수 있는 정책이라는 인식하에 선도개발구역에 입주하는 기업에는 대폭의 행정 규제 완화, 각종 세제 혜택, 인프라 지원 등 기업 경영하기 좋은 사업 환경을 만들어 주려고 한다.

선도개발구역의 행정 간소화 절차는 세제 혜택만으로는 투자 유입 확대에 한계가 있다는 점에서 기업 활동에 특혜를 주기위한 조처로 마련한 것이다. 기업에 대한 연방정부의 각종 감독 또는 행정지도 절차를 간소화하여 기업 활동에 저해가 되지 않는 범위에서 조사기간을 최소화하였다. 그 밖에도 외국인에 대한 의료 서비스 제공을 위해 외국인 의사의 진료와 국제학교 설립이 선도개발구역 내에서 가능하도록 하여 제반 생활 여건에서 외국인의 편의를 위한 법률적 기반을 마련했다.

선도개발구역 입주 시 혜택

① 세제 혜택

현행 20%인 연방법인세는 입주 후 최초 이익 발생 시점부터 5년간 면제되며 18%인 지방법인세는 최초 이익 발생 시부터 5년간 5% 이내, 이후 5년간 10% 이하 세율이 적용된다. 다만, 선도개발구역에 법인으로 등록되고 역외에 지사 및 대표부를 두어서는 아니 되며 입주자 총소득 중 선도개발구역 활동 소득이 90% 이상 차지할 필요가 있다. 비영리기관, 은행, 보험회사, 민간연금기금, 증권업자, 청산기관, 지역 투자프로젝트 기업, 경제특구 입주기업, 여타 조세 특혜 기업 등은 제외된다.

재산세는 지방정부마다 과세율 상이(현재 지방정부 과세율은 2.2% 이내)하다. 연해주는 입주 후 최초 5년간은 0%, 이후 5년간은 0.5% 과세하고, 하바롭스크 주는 입주 후 최초 5년간 0.5%, 이후 5년간 1.1% 과세한다. 사회보장세는 입주 후 10년간 사회보장세 기업 부담률을 현행 30%에서 7.6로 인하(연금기금 6%, 사회보장기금 1.5%, 의무의료보험기금 0.1%)한다.

② 행정 편리

선도개발구역 입주 기업체에 대해 인프라를 우선적으로 설치해 준다. 도로, 가스, 상하수도, 전력 등 인프라(철도 제외)를 국가(연방정부 50, 지방정부 50)에서 설치하며, 재원 조달은 관리회사 설립 자본에 대한 납부금 지불 방식, 투자자 대출 이자 상환분 보조금 지원, 프로젝트 파이낸싱 방식 등을 활용한다. 입주 기업체의 부동산 임차 시 할인 임대율을 적용하여 부동산 임대료 특혜를 부여한다.

고용 혜택으로는 외국인 근로자는 외국인 유치·활용 허가가 필요하지 않으며 러시아 입국 초청 쿼터를 적용하지 않는다. 러시아 근로자는 극지 및 이와 동등한 지역 근로자에 대한 정부 보증·보상을 극지 및 이와 동등한 지역 소재 입주 기업체 근로자에게도 적용한다. 극동연방관구 내 극지 및 이와 동등한 지역은 사하공화국, 마가단주, 캄차카주, 추코트카 전역과 연해주, 하바롭스크주, 아무르주, 사할린주 일부이다.

입주 기업체에 대한 정기 감사 기간을 근무일 연간 15일 이내로 제한하는 등 연방, 지방정부 통제를 완화해 준다. 감사 시간은 소기업은 연간 40시간, 마이크로 기업(상시 근로자 15인 이내)은 10시간 이내이다. 부정기 감사(통제, 감독기관의 시정 명령 발급 후 2~6개월 사이 실시)는 근무일 기준 5일 내이다.

③ 통관

선도개발구역은 관세동맹(Customs Union)의 관세법령에 따라 설립된 관세자유 지역 통관 절차를 적용한다. 통관 절차 및 상품의 반입 조건은 관세동맹 영역 내 자유경제지역 및 무관세 통관 절차에 의한 협정(2010년 6월)을 따른다.

블라디보스토크 자유항 개발은 블라디보스토크항을 비롯하여 연해주 남부의 자루비노항부터 나호트카항에 이르는 항만 지역을 대상으로 한다. 극동 러시아 경제를 아·태 지역 경제권역으로 통합하는 데 있어 역내 국가들과 교역 확대 및 지역 산업 발전을 촉진하고 연해주의 지리적, 경제적 장점인 물류 인프라를 최대한 활용하여 환동해권의 물류 중심지로 확고히 자리 잡겠다는 포석이다.

자유항은 통관 간소화를 통해 연해주 중심으로 아·태 지역의 물동량 유치를 확대하고 선도개발구역 생산 제품 수출 인프라를 뒷받침해 주고 있다. 자유항에 입주하는 기업의 특혜로 관세 면제, 각종 세금, 임대료 등을 감면해 주고 있는데 자유무역 지대에서 부여하는 인센티브와 유사하다. 자유항은 별도의 특구 조성은 아니고 지정하는 도시 전체에 적용하는 개념이며 세제상 특혜도 기본적으로 선도개발구역과 거의 유사하나 비자 및 국경 통제 완화 등의 새로운 특혜를 제공한다는 점에서 선도개발구역과 차이가 있다.

자유항은 최대한 제조업 하기 유리한 환경을 만들고 역내 국가들의 우량 기업들을 적극적으로 유치하여 향후 중계무역의 중심지로서 싱가포르, 홍콩과 유사한 모델을 적용시켜 연해주를 환골탈태시키겠다는 복안이다. 블라디보스토크 자유항은 선도개발구역과 별개의 정책이 아니라 상호 보완성을 가지며 연계되는 정책이다. 선도개발구역과 연계하여 지역 제조 기반을 활성화해서 수출 산업단지를 조성하고 이를 통해 연해주의 강점을 극대화해서 교역량을 대폭 확대하겠다는 전략이다.

블라디보스토크 자유항 제도의 혜택

① 세금 및 기업 부담금

법인세, 사회보장세 등은 선도개발구역법과 비슷(부가세 환급 기간 10일 이내로 단축)하다.

② 통관 및 비자 간소화

국경통과소 24시간 업무수행, 사전 통보 제도, 단일 창구 제도(single window) 도입, 전자통관, 통관 관련 기관 간 중복 업무 배제 등 통관업무를 개선하였다. 연방 출입국 절차에 관한 연방법을 개정, 자유항 지역 무비자 입국 가능(8일간의 비자를 국경에서 발급)하다. 2017년 초에 자유항 지역으로의 외국인 최대 8일 무비자 입국 법안이 러시아 하원을 통과했고 푸틴 대통령은 2017년 3월 7일 동 법안에 서명했다.

③ 행정 편의

입주 기업체에 대한 정기감사 기간을 근무일 기준 연간 15일 이내로 제한하는 등 연방 · 지방정부 통제를 완화했다. 소기업은 연간 40시간, 마이크로기업(상시 근로자 15인 이내)은 10시간 이내이다. 부정기 감사(통제, 감독기관의 시정명령 발급 후 2~6개월 사이 실시)는 근무일 기준 5일 이내이다. 자유항 구역 내 투자 프로젝트 전 과정을 지원하며, 소송 발생 시 입주 기업의 이익을 보호하는 옴부즈맨 역할을 수행한다.

선도개발구역과 블라디보스토크 자유항법이 발효되면서 러시아의 극동 전략이 일자리 창출을 위한 제조업 기반 구축으로 옮겨가고 중국 기업을 본격적으로 유치하려는 방향으로 가고 있다. 이에 따라 선도개발구역 및 자유항 지역에 대한 중국 기업의 제조업 투자가 증가하면서 극동 지역 경제 협력에서 새로운 분야로 확장되고 이 지역에 투자한 기업 중 러시아 기업을 제외하고 중국 기업의 비중이 가장 높은 것으로 알려져 있다. 농업, 제조업, 어업, 인프라 개발 등의 다양한 분야에서의 경제 협력이 추진되고 있다. 이러한 협력에는 중러 양국 간의 공동 펀드 마련을 통한 재원 확보도 긍정적인 영향을 주고 있다.

한편, 러시아 정부는 2016년 극동 연방 관구에 상주 인구를 끌어들이고 현지 주민들의 이탈을 막기 위해 극동 헥타르 법을 통과시켰다. 낙후된 극동 지역 개발을 위해 극동 지역으로 이주하거나 현지에 거주하는 러시아 국민을 대상으로 토지 1헥타르(약 3,000평)를 무상으로 제공한다는 내용이다. 이에 따라 러시아 극동에 살고자 원하는 러시아 국민은 한 차례에 걸쳐 최대 1헥타르의 땅을 받을 수 있게 되었다. 헥타르 법이 해당되는 지역은 야쿠티야, 캄차카반도, 연해주, 하바로프스크주, 아무르, 마가단, 사할린주 등이며 유대인 자치구역과 추코트카도 해당된다. 우선은 5년간 땅을 이용할 수 있는 권리를 준다. 이 기간이 지나면 공짜로 땅을 임대해 주거나 소유권을 넘겨준다. 다만 땅이 5년 동안 어떤 목적을 위해 개간되어야 한다는 조건이다. 만약 받은 땅을 이용하지 않고 내버려 두면 국가가 다시 땅을 가져간다.

4. 극동 지역 개발에 있어서 국제 협력

(1) 송유관, 가스관 및 전력망 사업

러시아는 2008년 '에너지 전략 2030'을 발표하였다. 에너지 생산과 수출 증가, 에너지 생산 지역 다변화, 아·태 지역으로 수출

시장 다변화, 극동 지역의 외국 투자 유치 등을 목표로 정하였으며 그 핵심은 동시베리아와 캄차카반도, 사할린의 석유·가스 등 에너지를 개발하여 가스·석유관과 액화천연가스 터미널 등을 통해 에너지 소비가 많은 한국, 중국, 일본 등 아태 국가들에 공급하겠다는 것이다.

현재 극동 시베리아에는 세계 최장인 4,700km의 동시베리아-태평양 원유 수송 라인(ESPO: Eastern Siberia-Pacific Ocean Oil Pipeline)이 운영되고 있다. ESPO 1단계 송유관은 시베리아 이르쿠츠크주의 타이세트(Taishet)에서 아무르주의 스코보로디노(Skovorodino)를 잇는 2,694km 송유관이며, ESPO 2단계 송유관은 아무르주 스코보로디노에서 태평양 연안 나호트카 인근의 코즈미노항까지 2,045km의 송유관이다.

러시아와 중국을 잇는 제1 송유관이 지선을 통해 2011년 1월부터 가동되기 시작했다. 스코보로디노에서 출발하는 제2 송유관은 중국 영토 내에서는 헤이룽장(黑龍江)성의 모허(漠河)에서 시작되며 네이멍구(內蒙古)자치구를 관통해 헤이룽장성 남쪽 다칭(大慶)까지 연결된다. 총 942km에 달하는 제2 송유관은 2018년 1월 1일부터 가동을 시작했다.

러시아는 동시베리아와 사할린을 포함한 극동 지역의 가스전에서 생산되는 천연가스를 하나의 파이프라인으로 모아 극동 지역으로 보내는 일명 통합 가스 공급망(Unified Gas Supply System)을 갖추어 가고 있다. 동부 시베리아의 천연가스를 중국으로 공급하는 총 연장 4,000km의 '시베리아의 힘' 가스관 건설 사업이 진행되고 있는데 이 가스관은 2019년 12월부터 가동을 개시한다.

한편, 북극해에는 전 세계 미발견 원유의 약 13%, 천연가스의 약 30%가량이 매장되어 있는 것으로 추정되고 있다. 유라시아 대륙 중간에서 북극해를 바라보는 야말반도는 북극권 매장지 중에서도 노른자위 땅으로 불리며 매장돼 있는 천연가스 양은 1,650만 톤으로 추정된다. 야말 LNG 프로젝트는 총 270억 달러의 공사비를 들여 북극해에서 천연가스를 생산하는 대규모 자원 개발 사업이다. 야말에서 생산되는 천연가스는 LNG 쇄빙선이 운반한다.

러시아가 역점을 두고 있는 또 하나의 사업이 남북한, 일본 그리고 중국과 몽골을 포함한 연합 전력망 구축 프로젝트인 동북아 슈퍼그리드다. 전력 수출을 통한 경제 활성화와 극동 경제 발전을 위해 전력망 연계 사업에 큰 관심을 보이고 있으며, 몽골도 자국의 재생 에너지 자원을 개발할 수 있기

〈야말반도〉

때문에 찬성하고 있다. 일본은 동일본 대지진 이후 전력 부족 해소와 청정 에너지 확보를 위해 가장 먼저 슈퍼그리드 구상안을 내놨다. 중국은 전략적 차원에서 이 구상에 뛰어들고 있다. 한국은 동북아 슈퍼그리드의 필요성에 공감하면서도 북한 리스크 등을 이유로 소극적이었지만 문재인 정부에 들어서 적극적인 입장으로 전환하였다.

푸틴 대통령은 2016년 남·북·러 전력 연계, 일본과의 에너지 브리지 사업을 포괄한 아시아 '에너지 슈퍼 링(Energy Super Ring)'

전략을 재차 제시했다. 이 프로젝트가 2005년 처음으로 제기되었을 때는 초고압 직류송전(HVDC, High Voltage Direct Current)이라는 신기술이 충분히 검증되지 못했고 나아가 러시아의 발전 능력도 뒷받침되지 못했다. 그러나 부레야 수력발전소를 신설하면서 공급 능력을 확보하게 되고 HVDC 기술이 급속도로 상용화되어 전력망 구축 프로젝트의 실효성이 높아졌다는 평가다.

(2) 도로 · 철도 · 항만 복합 운송망 개발

러시아는 동북 3성과 극동 연해주 간 국제 수송 회랑인 프리모리예 1, 2 철도 · 도로망 개통 사업을 본격적으로 추진하고 있다. 참고로 프리모리예는 '바다에 접한(연해)'는 뜻으로 한국과 일본에서는 한자로 의역해 연해주(沿海州)라고 하고, 중국에서는 빈하이변강구(濱海邊疆區)라 한다. 프리모리예 1, 2는 블라디보스토크 자유항법에 의한 극동항만 개발과 선도개발구역의 발전에 필수불가결한 교통 인프라 구축이다.

러시아는 프리모리예 프로젝트를 통해 경제성장 기여, 극동 지역 물류 경쟁력 제고, 국제 협력 강화, 러시아의 아 · 태 지역 경제 통합, 극동 · 바이칼 지역 경제 사회 발전 등의 효과를 거두기를 기대하고 있다. 물론 이러한 효과를 위해서는 러시아 측에서도 도로 · 철도 · 항만 구축뿐 아니라 국경 통관소 현대화, 리스크 및 비용을 절감할 수 있는 운송 절차의 효율성 제고 등의 과제를 해결해야 한다.

프리모리예 1은 헤이룽장성에 연계되며 하얼빈→수이펀허→러시아 포그라니치니→우수리스크→블라디보스토크 · 나호트카 ·

보스토치니이다. 프리모리예 2는 지린성에 연계되며 훈춘-크라스키노, 포시예트, 자루비노항 노선으로 되어 있다. 훈춘-마할리노 철도가 2013년 12월에 재개통되어 중국 동북 지역과 극동 러시아의 인적 및 물적 교류에 중요한 역할을 하고 있다. 중국 지린성에서 러시아 극동 지역으로 향하는 유일한 철도 교통망이자 자루비노항과 포시예트항으로 이동할 수 있는 중요한 교통망이다.

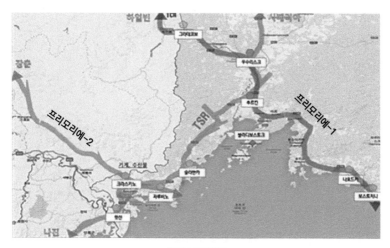

〈극동 교통망〉

러시아는 2016년 상반기에 프리모리예 2구간에 해당하는 연해주 남부 하산 지역에 위치한 나르빈스키 터널 공사를 시작했다. 자루비노항 개보수 사업은 러시아 숨마(Summa) 그룹과 지린성 정부가 추진하고 있는 사업으로 2014년 5월 푸틴 대통령과 시진핑 주석의 정상회담을 계기로 시작했고, 그해 10월 제18차 러·중 총리 정례 회담에서 숨마그룹과 지린성은 훈춘에 물류센터를 조성하는 협정을 체결하였다. 2014년 11월 10일 베이징 APEC 정상회의에서 숨마

그룹과 차이나머천트그룹(CMG)은 자루비노항 현대화를 위한 협력 의향서에 조인했다.

2016년 말에 러시아 정부는 프리모리예-1호와 프리모리예-2호 국제교통회랑 개발 구상을 비준하고 항구, 도로, 철도 등 국경 기초시설 현대화 및 중·러 화물 수속 절차 간소화를 조치하기로 하였다. 2017년 7월 6일 푸틴 대통령과 시진핑 주석의 임석하에 극동개발부 알렉산드르 갈루쉬카 장관과 국가발전개혁위원회 허리펑(何立峰) 주임이 '프리모리예-1호와 프리모리예-2호 국제교통회랑 발전 추진에 관한 양해 각서'에 서명했다.

(3) 북극 항로 개발

북극 항로는 온난화로 인한 해빙으로 아시아와 유럽을 연결하는 최단 해상 루트로 주목받고 있다. 부산에서 수에즈운하를 통해 로테르담항까지의 거리는 2만 100km이고 24일이 걸리나 북극 항로를 통한 부산항과 로테르담항 간의 거리는 1만 2,7000km이고 14일이 걸린다. 북극 항로는 수에즈운하를 통해 아시아와 대서양을 연결하는 기존 극동-유럽 항로에 비해 거리상으로는 약 7,000km 그리고 운항 일수로는 약 10일 단축이 가능하다. 현재로서는 연중 정상 운행이 불가능하여 하계 약 4개월간의 운항만 가능하나, 온난화가 현재와 같은 상태로 지속되면 2020년에는 약 6개월, 2030년에는 연중 운항이 가능할 것으로 전망되고 있다.

〈북극항로〉　　출처: 국제신문

러시아 정부는 북극 항로의 물류 운송 경쟁력을 포함하여 극동 지역과 연계한 북극해 개발에 주목하고 정부 차원의 프로젝트 수행을 통해 북극해 개발을 가속화하고 있다. 러시아 정부의 북극해 개발 프로그램은 북극해와 관련한 항만, 철도, 배후 도시 개발 등 기반시설 건설이 주요 과제이며 궁극적으로 북극 지역 천연자원의 탐사·개발·생산 및 운송을 연계하는 종합 프로젝트이다.

북극해 지역에서 5개 연안국(러시아, 미국, 캐나다, 노르웨이, 덴마크)의 자원 탐사·개발 경쟁이 치열한 가운데 극동 지역은 러시아의 북극해 개발에서 전략적 베이스캠프 역할을 할 것이다. 러시아 정부는 '러시아 연방 북극지역 발전 전략 2025'를 통해 자원 개발과 북극 항로 물류를 중심으로 북극권 개발을 추진하고 있다.

● 제5절 ─────── 중국 동북 3성 개발 정책

1. 동북 3성 특징

한반도의 북쪽에 있는 동북 3성도 신북방 정책의 중요한 대상 지역이다. 신북방 정책의 직접 대상 지역이라고 할 수 있는 북한과 길고 넓은 국경을 접하고 있고 신북방 정책이 북방으로 뻗어가는 길목에 있기 때문이다. 동북 3성은 석유화학, 장비 제조 등 전통적인 중화학공업 시설이 집중되어 있어 1970년대까지는 중국 최대의 중공업 지역으로 발전하기도 한 곳이다. 그러나 개혁 · 개방 이후 동남부 연해지역을 중심으로 경제 발전이 진행되면서 상대적으로 낙후한 공업지역으로 전락하였으며 이 때문에 '노후 공업지역'의 대명사로 불리게 되었다.

2. 동북 진흥 정책

중국 정부는 여타 지역에 비해 상대적으로 침체되어 소위 '동북 현상'이 심각하게 나타난 동북 3성 발전을 위해 동북 진흥 정책을 실시해 오고 있다. 2003년 10월에 「중공중앙·국무원의 동북 지역 등 노후 공업기지 진흥 전략 실시에 관한 의견」을 정식으로 발표하였고 같은 해 12월에는 국무원 총리를 수장으로 하는 '국무원 동북 진흥 영도소조'를 구성하였다. 2004년 4월에는 국무원이 정식으로 동북진흥 판공실을 설치하고 전면적인 동북 진흥 전략에 시동을 걸었다.

이후 동북 진흥 정책이 실질적인 진전을 보지 못하자 국무원 판공청은 2005년 6월 「동북 노후 공업기지 대외개방 확대 실시에 관한 의견」을 제시했다. 동북 지방 국유기업의 과감한 대외 개방을 통한 외국 자본의 참여 유도가 주요 내용이다. 2007년에는 동북 개발정책을 체계적으로 재수립한 「동북 지역 진흥 계획」이 발표되고, 2009년 「동북지구 노후 공업지구 진흥 전략 진일보 실시에 관한 약간의 의견」이 국무원을 통과했다. 2014년 8월 국무원은 「동북 진흥을 위한 약간의 중대 조치에 관한 의견」을 발표하여 시장 활성화, 국유기업 개혁, 인프라 건설 확대, 전방위적인 대외 협력 범위 확대 등을 도모하였다.

2015년 4월 10일 리커창 총리는 창춘시에서 개최된 동북 3성 경제공작좌담회에 참석하여 동북 지역의 경제성장 하락에 크게 우려를 표명하고 강력한 개혁을 주문했다. 시진핑 주석이 2015년 7월 16일부터 18일까지 지린성 연변 자치주 지역 및 창춘을 방문한 데이어 2016년 1월 27일엔 랴오닝성 선양을 방문했다. 동북 노후 공업기지를 새롭게 진흥시키기 위해 13차 5개년 계획과 결합시켜 원자재 중심의 단일 제품 산업 구조의 개혁을 위한 구조 조정 추진이 과제로 제시됐다. 2016년 4월 26일 「중공중앙·국무원 동북 지방 노후 공업기지 전면 진흥에 관한 의견」이 채택되었으며, 여기에는 인프라 건설 강화, 한·중 국제 합작 시범구 건설, 중·몽·러 경제 회랑 건설, 독일과의 첨단장비 산업단지 조성 등이 포함돼 있다.

이어서 국무원은 향후 3년간 이 지역에 약 1조 6,000억 위안을 투자한다는 후속 조치를 발표했다. 2016년 8월 「동북 지역 노후 공업기지 진흥 추진 3개년 실시방안」을 발표하였고, 2016년 11월에는 「동북 지역 경제 안정화를 위한 새로운 동북 진흥 전략 추진 심화에 관한 중요 의견」과 「동북 진흥 13차 5개년 규획」이 발표되었다.

3. 동북 3성 특화 발전 계획

동북 지역은 경제 발전을 위한 기본적인 생산 요소들을 갖추고 있으나 경제성장의 추진력을 잃고 있는데, 이러한 문제점의 근본적인 원인은 내륙에 치우친 지리적 입지이다. 랴오닝성은 동북 3성 중에서 유일하게 바다에 접하여 항구가 있으나 바다가 없는 지린성과 헤이룽장성은 높은 물류비용으로 인해 다른 지역과의 경제적 교류가 활발하지 못하고 대외 무역에 대한 의존도가 낮은 폐쇄된 지역경제를 유지하고 있다. 이를 극복하기 위해 제시된 것이 성별 특화 발전 계획이다.

2009년 「동북 진흥 전략 진일보 실시에 관한 약간의 의견」 채택 이후에 지린성과 랴오닝성의 성별 특화 발전 계획을 국가급 계획으로 승인하고 2013년에는 헤이룽장성의 특화 발전 계획을 국가급 개발 계획으로 승인하였다. '랴오닝 연해 경제벨트 개발계획'은 다롄 지역을 중심으로 요동반도와 발해만의 해안선을 따라 5개의 대단위 산업지역(다롄, 잉커우, 진저우, 후루다오 및 단둥)을 건설하고 이들을 유기적으로 연결하는 것을 핵심 내용으로 한다. 남북한과 일본, 러시아, 몽골 등 주변국들과의 해상 교류를 중시하고 있으며 장기적으로 동북아지역의 중심 관문으로 발전시키는 것을 목표로 하고 있다.

지린성은 내륙 지역 경제개발 추진과 북한 나선항 개발에 참여함으로써 동해를 통한 국제 무역로 확보를 추진하고 있다. '창지투 선도구 개발 전략'은 창춘을 선도 지역으로 삼고 지린(吉林)을 연계하는 도시 산업 클러스터를 구축하며 투먼(圖們)을 개방 창구로 하여 경제 규모를 확대하고 국제 협력과 개방 수준을 향상시킨다는 목표 하에 주변국과 연계하여 새로운 국제 운송로를 구축함으로써 동북아 물류 허브로 육성하고 있다.

〈라오닝 연해 경제벨트, 창지투 개발〉

헤이룽장성은 2006년부터 추진하던 성급 개발 계획인 '하다치(하얼빈·다칭·치치하얼) 개발 계획'을 보완하여 「헤이룽장과 네이멍구 동부지역의 변경 개발개방계획」을 수립하였다. '룽장(龍江) 실크로드 경제벨트'를 구축함으로써 러시아를 포함한 주변국과의 교류 협력 확대를 통해 투자를 유치하고 시장을 확대하는 등 새로운 성장 동력으로도 활용하고 있다.

4. 중국의 국제 협력 개발

(1) 러시아와의 개발 협력

중국은 프리모리예 1·2(Primoriye 1·2) 복합 물류 인프라를 통해 바다를 통한 대외 출구가 없는 동북 3성과 연해주 지방을 연결함으로써 물류 여건을 개선하여 지역 경제 발전을 추진하고자 한다. 프리모리예 1·2의 건설이 완공될 경우, 보스토치니와 블라디보스토크 중심의 루트가 다양한 항구로 분산되고 교역이 활발해질 것이다. 훈춘을 중심으로 반경 200km 이내에 북한의 나진, 청진, 선봉, 웅상 등 4개 항구와 러시아의 나호트카, 블라디보스토크, 슬라브양카, 자루비노, 포시예트 등 5개 항구가 위치해 있다.

훈춘 일대 지역에서 중국 정부의 대외 투자 대상 항만은 주로 북한의 나진항, 러시아의 자루비노항이다. 프리모리예 2 노선이 연결되는 자루비노 항구는 러시아의 숨마(Summa) 그룹이 중심이 되어 항구 현대화를 추진 중이다. 자루비노항 프로젝트에 포함되는 연계 개발계획으로는 훈춘-자루비노 간 철도망 및 도로 개선, 곡물 터미널 건설 등이다. 중국으로서는 프리모리예 1·2를 통해 연해주 항만을 이용한다면 기존의 1,500km에 이르는 다롄항까지의 수송로를 250km로 대폭 감소시킬 수 있어 물류비용과 시간을 크게 절감할 수 있다.

과거에는 해운을 통해 운반된 화물이 자루비노항에 도착한 후 도로를 이용하여 훈춘으로 이동했으나, 훈춘-마하린노 철도(훈마철도) 노선이 부설되고 러시아 정부가 2017년 12월 훈마철도 통관 세칙을 발표하자 철도 이용 상시화가 추진되고 있다. 훈마철도를 이용할 경우에는 도로 이용에 비해 운송 시간을 절감할 수 있어 훈춘-자루비노-부산 노선 활성화에 기여할 것으로 기대된다. 훈춘은 한·중·러 육해 노선인 훈춘-자루비노-부산의 중국 거점을 담당하고 있으며 동북아시아의 국제 복합 운송의 중요 지역이다.

훈춘은 중북러 3개국이 접경하는 전략적 요충지로 북한 나선과 러시아의 하산을 잇는 3국 경제 협력 벨트의 꼭짓점에 해당하는 곳이다. 중국의 차항출해(借港出海) 동해 진출의 교두보, 물류 및 관광산업의 거점으로 부각되고 있으며, 일대일로 북방 실크로드 개발의 핵심 지역이자 한반도와 유라시아를 잇는 전략적 요충지로 부상하고 있다. 북한 문제 해결 시에는 훈춘 지역을 남북 경제 협력의 전초기지로 활용할 수 있다. 훈춘에는 포스코현대 국제물류단지가 설립되어 운영되고 있다.

토자비

팡촨촌(防川村)은 훈춘시 중심에서 동남쪽으로 70km 떨어져 있으며 러시아, 중국, 북한 3국이 인접해 있는 지역으로 두만강을 따라 중러 국경 지역에 좁고 길게 형성되어 있다. 롱후거(龍虎閣)는 북·중·러 3국을 한 눈에 볼 수 있는 가장 좋은 곳이다. 1861년에 세워진 토자비(土字碑)는 두만강변 경계로서 중국과 러시아 양국의 동쪽 국경선의 시작점을 나타낸다.

장고봉(張高峰)은 팡촨촌에서 북쪽으로 1.5km 떨어진 중러 국경선에 위치하고 있는 바다로 나갈 수 있는 전략적 고지(高地)이다. 해발 155m에 불과한 야트막한 산이지만 정상에 오르면 두만강 하구에 위치한 하산과 포시에트만의 해군기지, 국경 철도와 두만강 너머 한반도까지 살필 수 있는 군사 요충지다. 일본은 1938년 7월31일 장고봉을 공격하여 고지 점령에 성공했지만 이후 소련이 반격에 나서 되찾았다. 일본이 세운 괴뢰정부였던 만주국이 소련과 장고봉을 가르는 능선으로 정하는 협정을 맺었다. 그 후 중국의 동해 진출은 사실상 막히게 된다.

〈토자비〉

(2) 북한과의 접경 지역 개발 협력

중국 정부가 2000년대 중반부터 동북 지역 개발에서 대외 개방과 주변국들과의 연계 강화를 강조하기 시작하면서 국제 협력은 동북 개발 정책의 핵심적인 과제의 하나로 부상했다. 2005년에 발표한 「동북 노후 공업기지의 대외 개방 확대 실시에 관한 의견」에는 대외 개방의 구체적인 방안으로 북한과의 '육로·항만·구역 일체화'가 제시된 바 있다. 중국은 나진항을 활용하기 위한 인프라 건설 사업을 시작하면서 북한과의 협력 개발을 구체화하기 시작했다.

2009년 10월 중·조 우호협력조약 60주년 계기에 원자바오 총리가 평양을 방문하여 북·중 간 협력을 본격화시킨 출발점이 되었다. 그 후 김정일 국방위원장이 2010년 5월부터 2011년 5월까지 세 차례 중국을 방문했다. '창지투 선도구 개발 전략'과 연계해 훈춘 원정리에서 나진까지의 도로 착공, 신두만강 대교 건설 및 나진선봉 특구 공동 관리 공동 운영의 원칙 및 신압록강 대교 건설과 황금평·위화도 경제특구 설치에 합의했다.

〈위화도 황금평〉

〈신압록강 대교〉

2010년에 두만강 하구에 신압록강 대교 건설이 시작되었으며 황금평·위화도 경제지대의 공동 개발·관리를 위한 협정이 체결되고 2011년 6월에는 착공식이 거행되었다. 2012년에는 나선경제 무역 지대 및 황금평 경제 지대를 공동 개발·관리하기 위한 위원회를 설립하였다. 중국은 훈춘발전소에서 나선경제특구로 전력을 공급하고 두만강 하구의 투먼 경제개발구 내에 북·중합작공단을 설립하였다.

(3) 북·중·러 3국이 접한 두만강 지역개발

북·중·러 3국이 접한 두만강 지역에서 북·러, 중·러, 북·중·러간 양자간, 3자간 협력이 시작되면서 나진-하산, 나진-훈춘간 대륙해상 수송망이 열리기 시작하여 지금은 두만강 지역을 중

〈두만강 지역 개발〉

심으로 훈춘-나진간 도로를 통한 운송, 훈춘-하산 철도를 통한 자루비노항 이용, 하산-나진간 철도를 통한 운송 등 세 갈래의 북·중·러간 국제운송회랑이 구축되었다.

2013년 8월에 훈춘과 하산(크라스키노의 마하리노역)을 잇는 중·러 국경 철도가 재개통됐고 그해 9월에는 하산과 나진항을 잇는 철도가 개통됐다. 훈춘에서 나진으로 가는 대교가 두 개 운영되고 있는데, 하나는 훈춘시 취안허(圈河) 통상구와 북한 나선시 원정리통상구를 연결하는 두만강 대교이고 다른 하나는 이 대교와 평행하게 30m 거리를 두어 건설하여 2016년 10월 개통된 신두만강 대교이다. 신두만강 대교의 중국 명칭은 '중·조 변경 취안허통상구 대교'이다.

기존 두만강 대교보다 상류에 자리하며 길이 549m, 폭 23m로 두만강이 동해와 합류하는 지점으로부터 36km 정도 떨어졌다. 훈춘-취안허 세관 구간의 고속도로가 4차선 도로이기 때문에 신두만강 대교 역시 4차선 도로로 연결된다. 창춘에서 옌벤의 옌지, 투먼, 훈춘을 연결하는 고속철도가 운행되고 신두만강 대교가 건설됨으로

써 중국은 '창지투 개방 선도구 사업'의 효과성을 제고하고 동북 3성과 연해 지역과의 네트워크 형성에 박차를 가할 수 있게 되었다.

동북 진흥 계획 일환으로 추진되고 있는 창지투 개발 계획과 러시아의 극동 시베리아 개발을 위한 신동방 정책이 만나는 두만강 지역에서의 북·중·러 협력은 북·중, 북·러, 중·러 간 견제와 협력이 공존하는 경쟁적 협력 관계로 전개되고 있다. 러시아는 2000년대 중반부터 북한과의 접경 지역 개발 협력에 적극성을 띠기 시작했다. 특히 나진항의 이용은 아시아·태평양 지역으로의 진출과 자원 수출을 위한 전진기지로써 중요한 전략적 의미를 가지고 있다. 2007년에 북한과 나진-하산 간 약 54km의 철도노선 현대화 사업에 합의했으며 2008년에는 나진항 제3부두에 대한 개발을 조건으로 49년 동안 부두 사용권을 획득했다. 나진-하산 간 철도 현대화 사업을 진행하여 2013년 9월에 완료하였고, 2014년부터 나진항을 통해 석탄 수출을 추진하였다.

〈두만강 북·러 연결 철도〉

러시아의 북한 접경 지역 개발은 먼저 중국의 북한에 대한 적극적인 접경 지역 개발 협력 정책에 대한 대응적인 성격이 강하다. 중국이 나진·선봉지대에 대한 사용권과 개발권을 획득하여 동북 지역과 나진항을 연결하는 해양 출구를 확보하자 안보적 위험을 느끼게 된 것이다.

그리고 철도, 가스관, 전력망 등 극동 시베리아 프로젝트의 한반도와의 연계를 위해서이다. 러시아는 협조 분위기를 조성하기 위해 북한에 여러 가지 경제 지원과 혜택을 제공했다. 대표적인 것은 북한에 대한 채무 탕감이다. 2011년 북·러 양국 정상회담에서 채무 탕감 문제가 구체화되었고, 이듬해 9월 모스크바에서 '채무 조정 협정'이 체결되어 110억 달러에 달하는 북한 채무의 90%를 탕감해 주었다. 나머지 10%도 북·러 간 프로젝트에 재투자하기로 하였고 그것도 20년에 걸쳐 40회 분할 상환해 북한의 보건·교육·에너지 분야에 재투자하도록 합의했다. 러시아는 북한이 실질적으로 러시아의 채무를 상환할 능력이 없으므로 채무 탕감을 통해 북한의 재정 상태를 개선하고 북·러 간의 경제 협력을 호전시킬 필요가 있었다.

4. 중국의 북극 개발 정책

중국은 2004년에 북극 황허역을 건설하였으며 쉐룽(雪龍)호 과학탐사선을 플랫폼으로 하여 2017년까지 8차에 걸쳐 북극해 과학탐사를 성공적으로 진행하였다고 밝혔다. 그리고 2017년 6월 「일대일로 건설 해상 협력 구상」을 공포하며 북극 항로를 일대일로의 3대 주요 해상 노선 중 하나로 규정했다. 그해 5월 블라디미르 푸틴 대통령이 일대일로와 북극 항로의 결합을 제안하자 두 달 뒤 7월에 개최된 정상회담에서 시진핑 주석은 '빙상 실크로드'라는 용어로 화답했다. 빙상 실크로드 구상은 중국 동부 연안을 출발해 유럽으로 이어지는 북극 항로를 육상 실크로드와 해상 실크로드에 이은 제 3의 실크로드로 규정하고 '일대일로' 구상과 연계한다는 전략이다.

2018년 1월 26일 중국 국무원 주최로 열린 내외신 기자회견에서 쿵쉬안유(孔鉉佑) 외교부 부부장이 '북극 정책 백서'를 발표했다. 이 백서에서 자국을 '근(近)북극 국가'로 규정하고 육상에서 북극권과 가장 가까운 나라 중의 하나로 표현했다. 북극의 기후, 환경 변화 등 모든 사정이 중국에 영향을 미친다고 서술했다. 중국도 중요한 이해 당사자란 메시지를 드러내고 북극 개발을 선도하겠다는 것이다. 중국은 또한 북극에 박힌 '에너지 명주(明珠)'라 불리는 야말 반도의 천연액화가스(LNG) 개발 프로젝트에 국영기업인 CNPC와 실크로드 펀드가 각각 20%와 9.9%의 지분을 보유하는 등 러시아의 북극 개발에 참여하고 있다. 전문가들은 북극해 항로가 본격화되면 중국은 나진항을 북극해 항로의 허브 항으로 삼을 가능성이 높을 것으로 전망하고 있다.

● 제6절 ──────── 신북방 정책 진전 동향

1. 기업 극동 진출 및 지원 시스템 구축

(1) 한국 기업 극동 진출

문재인 대통령이 신북방 정책을 선언한 이후 한국 기업들이 극동 지역 진출에 속도를 내고 있다. 롯데, 현대삼호중공업, 삼성중공업, 포스코대우, 현대종합상사 등 기업들이 잇달아 극동 러시아 사업을 구체화하고 있다. 포스코대우는 러시아 극동투자수출지원청과 자원 개발 · 식량 · 산림 · 수산물 등 신사업 발굴에 관한 양해각서(MOU)를 체결했다. 현대종합상사는 러시아 하비그룹과 태양광 · 디젤 하이브리드 발전소 건설을 위한 투자의향서(LOI)를 체결했다.

2015년 한국 최초로 북극 항로를 이용한 상업 운항을 개시한 바 있는 CJ대한통운은 러시아 굴지의 물류 기업 페스코(FESCO)와 협력해 유럽 대륙으로 이어지는 북방 물류 길을 개척하고 있다. 페스코는 블라디보스토크 항만의 최대 주주이면서 러시아 최대 민간 컨테이너 선사다. 화물열차만 1만 7,000여 대 보유하고 있다. CJ대한

통운은 2018년 3월 16일 페스코와 전략적 협업 및 공동 사업개발을 위한 협약(MOU)을 체결하고 북방 물류 분야에서 긴밀히 협력하기로 했다. 페스코가 확보한 시베리아 횡단철도(TSR) 등 러시아 내륙 철도 노선을 활용하고 중앙아시아에서 진행되는 대형 천연자원 관련 플랜트 시공사업 등에서 협력하기로 했다.

롯데는 2017년 12월 현대중공업과 블라디보스토크의 현대호텔(블라디보스토크 비즈니스센터) 및 농장에 대한 인수 계약을 체결했다. 블라디보스토크의 5성급 호텔인 현대호텔의 지분 100%를 인수하는 본 계약을 체결한 것이다. 이와 함께 롯데상사는 연해주 지역에서 3,000만 평 규모의 토지 경작권 및 영농 법인에 대한 인수 계약도 체결했다.

조선업계도 위기 탈출을 위한 전략으로 연해주 진출 사업을 추진하고 있다. 삼성중공업은 최근 러시아 국영 극동조선소(FESRC) 산하 즈베즈다 조선소 설립을 위한 업무 협약을 맺고 북극 셔틀 유조선 건조 등에 필요한 기술을 지원한다. 현대삼호중공업은 상트페테르부르크 국제경제포럼에서 즈베즈다-현대와 선박 건조에 필요한 설계와 구매·인력·교육 등 제반 서비스를 제공받는 내용이 담긴 기술 지원 협약을 체결했다.

(2) 극동 진출 지원 시스템 구축

신북방 정책은 주변국의 정책과 상호 연결고리가 많고 특히 극동 지역 개발을 통해 아·태 지역 내 위상을 높이고 신성장 동력을 확보하려는 러시아와는 정책 지향점이 유사하다. 북방 진출은 정부 간 경제 협력 사업의 추진을 통해서도 이루어질 수 있으나 무엇보다도 기업들의 현지 진출을 활성화하는 것이 바람직하다. 기업들이야말로 신북방 경제 협력의 주역이며 한·러 기업 간 협력이 활성화될 필요가 있다. 작은 사업들이라도 성공 사례들을 축적하는 것이 중요하며 농업 생산성 향상 연구, 수산 가공과 어업 협력, 의료 보건, 교통 인프라, 환경 개선, 북극 연구와 항로 개발 등 호혜적인 사업 발굴 방안을 모색해 나가야 한다.

기업들의 극동 진출을 활성화하기 위한 '한국·러시아 기업협의회'가 2017년 12월 7일 출범했다. 민간 경협을 주관하는 단체로서 분기별 전체회의 등에서 수렴된 의견은 북방경제협력위원회를 통해 양국 정부에 전달한다. 한·러 기업협의회 회장사는 북극 항로를 개척하고 극동 지역 항만 개발에 투자하는 등 러시아 시장으로 사업을 확장하고 있는 CJ대한통운이 맡았다. 부회장단엔 포스코대우와 현대엔지니어링, 롯데호텔, 신동에너콤, 한국통신 등 다섯 개의 대기업과 중견기업으로 구성되었다. 협의회 전반적 운영 지원은 대한상의와 코트라가 하며 대한상의는 전체 회의의 분기별 개최와 협의회 운영 지원을 하고 코트라는 수출 마케팅, 투자 진출 등 기업들의 러시아 진출 지원을 담당한다. 정부에서는 북방경제협력위가 기존에 구축된 소통 채널을 활용해 협의회에서 제기된 기업의 애로 사항 해결에 나선다.

기업들이 북방 지역 진출을 모색하는 단계에서는 관계국들의 중앙정부 및 지방정부 개발 사업의 정책을 파악하고 현지 상황을 이해하는 데 지원이 필요하고 기업들의 현지 정착과 사업운영 과정에서 발생하는 장애를 예방하고 해결하기 위한 협력 메카니즘이 구축되어야 한다. 대한무역투자진흥공사(KOTRA)와 극동투자수출청간에 한국투자기업지원센터 설립에 관한 양해각서(MOU)가 체결되었다. 이 센터는 블라디보스토크 코트라 사무소에 설치되며 동시에 극동 지역 내 투자 잠재력, 각종 세제 혜택, 비즈니스 지원 등에 관한 정보를 제공하는 핫라인 역할을 하게 된다. 기업인들은 이 핫라인을 통해 극동 지역 내 투자 환경 개선책을 제안하고 투자 프로젝트 애로사항을 전달할 수 있다.

2. 국제 및 양자 협력 시스템 구축

(1) 국제철도협력기구 가입

남북정상회담 결과의 하나의 가시적인 성과로서 북방으로 철도를 연결시키는 데 중요한 전제가 되는 국제철도협력기구(OSJD)에 한국이 가입하였다. 2018년 6월 7일 키르기스스탄에서 열린 OSJD 장관급 회의에서 만장일치로 정회원으로 가입함으로써 북한의 반대로 무산됐던 한국의 국제철도협력기구 회원 가입이 확정됐다. OSJD는 유라시아 횡단철도가 지나는 북한 중국 러시아 몽골 체코 헝가리 폴란드 등 28개국으로 구성된 기구이며, 경부선과 경의선을 잇고 여기에 나진을 거쳐 블라디보스토크에서 모스크바까지 시베리아 횡단열차(TSR)를 연결하는 유라시아 대륙철도 구상이 탄력을 받게 되었다.

(2) 한-러시아 경제과학기술공동위원회 개최

김동연 경제부총리 겸 기획재정부 장관과 유리 트루트네프 러시아 부총리 겸 극동전권대표는 2018년 6월 7일 서울에서 '제17차 한-러시아 경제과학기술공동위원회'를 갖고 러시아와 철도·가스 등 양국 간 협력을 구체화 나가기로 했다. 북한과의 경협이 가능해질 경우 남·북·러 3국의 협력 사업으로 확대한다는 방침도 밝혔다.

이날 회의에선 한국 기업의 극동 진출 확대를 위해 금융 지원을 강화하는 방안과 농업비즈니스 대화의 정례화, 러시아 현지의 수산 물류 가공 복합단지 건설사업의 진척을 도모하는 등 농수산 협력이 다루어졌다. 또 한국 기업의 극동 지역 공항 기반시설 개선 사업 참여를 확대하고 양국 철도공사 간 협력 강화 방안에도 의견을 모았다. 플랜트 및 산업기술, 북극 공동연구, 연해주 산단 조성 등의 분야가 대상이다. 의료 협력도 추진된다. 극동 지역 등에 ICT 기반 원격의료 시스템 구축, 양국 의료인 교류 활성화 등이 진행되고 우리 의료기관의 진출을 러시아 정부가 협력하기로 했다.

3. 신북방 정책 2차 로드맵 발표

남북정상회담과 북미정상회담 개최 등 한반도 주변 상황의 호전으로 인해 문재인 정부의 신북방 정책 추진에 대한 기대감이 높아지고 있다. 특히, 북한의 비핵화 진전 및 대북 제재가 완화될 경우 물류·에너지·특구 개발 등 남북한과 러시아·중국 등 주변국이 참여하는 초국경 협력 사업이 가능해져 대륙과의 연결성 강화를 통해 북방 경제 협력이 보다 활성화될 것으로 보인다. 이러한 상황에서 북방경제협력위원회는 2018년 6월 18일 제2차 회의를 개최하여 관계부처 합동으로 '신북방 정책의 전략과 중점과제'와 '한-러 혁신플랫폼 구축계획 및 운영방안'을 안건으로 상정·논의하여 발표하였다.

(1) '평화와 번영의 북방 경제 공동체' 형성 비전을 위한
   4대 목표, 14개 중점 과제

목표 1: 소다자 협력 활성화로 동북아 평화 기반 구축

북한 비핵화 진전 및 대북 재제 완화 등 여건 조성 시 북·중·러 접경 지역에서 소다자 협력 사업 활성화로 남·북 경제 협력의 안정적 여건과 동북아 평화 기반을 구축한다.

① 초국경 경제 협력

북·중·러 접경 지역 경제특구 개발을 한반도 신경제 구상과 역내 국가 개발 전략(중국의 동북3성 진흥 전략, 러시아의 신동방 정책, TSR-TKR 연결)을 연계하는 동북아 경제 협력 모델 사업을 추진한다. 신의주-단동, 나선지역과 훈춘·하산을 연결하는 경제특구 개발, 나진-하산 프로젝트 사업 등이 검토 가능할 것으로 예상한다.

② 환동해 관광 협력

비핵화 진전 시 북한 기항 크루즈 상품 개발 및 두만강 국제관광특구(훈춘-하산-나선특구) 개발 등 추진이 가능할 것으로 예상한다.

목표 2: 통합 네트워크 구축을 통한 전략적 이익 공유

북방 경제권과 물류·에너지 측면에서 연결망을 구축하여 성장 잠재력을 확대하고 호혜적 이익을 창출한다.

③ 유라시아 복합 물류망 구축

유라시아 대륙철도(TSR, TCR)와 연계성 강화를 통한 철도·해운 복합운송 활성화로 기업의 다양한 물류 수요를 충족하기 위해 노력한다. 러시아 철도와는 TSR에 대한 요금 인하, 부족한 화차 문제 해소 등을 위한 공동 협력 프로젝트를 추진하고, 중국 정부와 협의해 TCR의 우리 기업 전용 블럭 트레인 운영을 지원한다. 아울러 한반도 철도와 대륙철도 연결에 대비하여 동해 북부선(강릉-제진) 조기 착수를 추진한다.

④ 동북아 슈퍼그리드 구축

한-중-일 전력망 연계는 정부 간 협의 채널 마련을 통해 공감대 형성에 주력하며, 남-북-러 구간은 경제적·기술적 타당성 검토를 위한 한-러 전력기간관 공동 연구를 추진한다.

⑤ 한-러 천연가스 협력

우선적으로 러시아의 유망 LNG 프로젝트에 대한 양국 간 정보 공유를 추진하고, 남-북-러 가스관 연결은 경제적·기술적 타당성 등을 검토하기 위한 공동 연구를 추진한다.

⑥ 북극 항로 진출

북극 항로가 유럽~아시아를 잇는 상업적 항로로서 활성화되기에는 장기간이 소요될 전망이지만, 중앙아 · 시베리아 자원개발 기회를 적극 발굴하여 내륙수로와 연계된 물류 루트를 개발한다. LNG 쇄빙선 등 특수 선박 수주를 적극 지원하며 북극항만 개발 시 활용할 수 있는 4차 산업기술(극지로봇 등) 적용 시범사업을 추진한다.

목표 3: 산업협력 고도화를 통한 신성장 동력 창출

4차 산업혁명 대응과 산업 구조 다각화를 지원하기 위한 협력 플랫폼을 구축하고, 주민의 삶의 질 향상을 위해 환경 · 의료 · ICT 등에서 우리의 발전 경험을 공유한다.

⑦ 한-러 혁신 플랫폼 구축

러시아의 혁신 원천기술과 우리의 ICT · 응용기술을 결합하여 새로운 비즈니스를 창출하는 혁신 플랫폼을 구축해 국내 중소 · 벤처 기업을 글로벌화하고 청년 일자리 창출에 기여한다. 한 · 러 혁신센터(생산기술연구원 산하) 신설을 추진해 기술 상용화를 위한 R&D 사업 추진, 스타트업 공동 생태계 조성, 러시아 수입 대체 산업(20개)에 중소기업 시장 진출을 지원한다.

⑧ 인프라 · 환경 협력 확대

플랜트 중심에서 ICT 기술을 활용한 인프라 건설(스마트시티, 첨단공항, 공간정보, ITS 등), 환경시설(폐기물처리, 대기질 개선) 등으로 협력을 다각화하고 민간투자 사업방식을 적극 활용한다.

⑨ 4차 산업혁명 대응 산업 협력 강화

러시아와는 지능형 인프라(Data · Network · AI) 구축을 위한 협력을 강화하고 중앙아시아와는 정보화 컨설팅을 바탕으로 기업 진출을 지원한다. 조선소 현대화, 신재생 에너지 협력을 확대하는 동시에 상품교역 외에 투자 · 서비스를 포괄하는 한 · EAEU FTA 를 추진한다.

⑩ 금융 접근성 강화

낮은 국가 신용도, 투명성이 부족한 현지 결제 시스템 등을 극복할 수 있도록 극동 금융 플랫폼(20억불) 활성화, 글로벌 인프라펀드 확대, 국제금융기구 협력, 전대금융 강화 등을 추진한다.

⑪ 보건의료 및 헬스케어 산업 협력 확대

러시아를 거점으로 한국형 보건의료 시스템을 중앙아시아로 확산하며, 디지털 의료기술, 제약 · 의료기기 등 성장세가 유망한 산업에 민 · 관 협력을 통한 진출을 강화한다.

⑫ 농수산 분야 진출 활성화

극동 지역 농업 생산 기반 확대를 지원하고 중앙아시아 등에 현지 맞춤형 시설원예 진출과 월동형 양파 등 종자 보급을 활성화한다. 농업 생산 기반 확대 방안으로는 진출 기업 공동 판매 조직 구성 등 유통망 확보, 콩 가공 · 유통시설 투자 타당성 조사 등이다. 연해주(나지모바곶) 수산물가공 복합단지 조성 사업을 러 측과 협의하여 조기 추진한다.

목표 4: 인적 · 문화 교류 확대로 상호 이해 증진

코리아 프리미엄 창출을 위하여 문화 · 체육 · 관광 교류를 확대하고 지속 가능한 경제 협력이 가능하도록 지역 전문가를 양성한다.

⑬ 문화 · 체육 · 관광 협력 확대

2020년 한-러 수교 30주년을 맞아 문화 교류의 해를 지정하여 상호 교류를 대폭 확대하고, 한류 확산 추세에 맞춰 북방 지역 특성에 맞는 한류 컨텐츠 진출 전략을 수립하고 추진한다.

⑭ 대학 · 청년 · 학술단체 교류 및 인력 양성

북방 지역 유학생 유치 확대 추진, 한-러 학위 상호 인정을 위한 공동연구, 유라시아 아카데미 개설 등으로 친한 네트워크 구축과 북방 지역 전문가 양성 지원한다.

(2) 한-러 혁신 플랫폼 구축 계획 및 운영 방안

1990년대 이후 우리 대기업은 러시아의 원천기술을 활용하여 세계 시장을 선도하는 혁신적 제품 개발에 성공(통화 노이즈 제거 기술, 냉각 시스템 등) 하였으나, 중소기업은 자체 역량 부족과 기술 협력을 중개하는 전문기관의 부재 등으로 성과 창출에 제한적이다. 러시아의 원천기술을 도입하여 우리의 생산기술과 결합시키는 R&D와 사업화 지원을 통해 비즈니스 모델 발굴을 추진한다.

양국의 스타트업 간 교류와 공동 창업을 활성화하여 우리 중소 · 벤처기업의 혁신 성장에 기여할 수 있도록 지원하고, 또한 러시아의 수입 대체 산업 육성정책에 대응해 우리 중소기업이 설비·부품 시장에 진출할 수 있도록 바이어 정보 등 체계적인 서비스를 지원한다. 한-러 혁신 플랫폼은 양국이 공동으로 기관을 지정하되, 국내에는 한국 생산기술연구원 내에 한-러 혁신센터 신설을 추진한다. 모스크바에는 기존 과기협력센터를 확대·개편하여 지원하도록 할 계획이다.

4. 문재인 대통령 러시아 국빈 방문

(1) 러시아 하원 두마 연설

문재인 대통령은 2018년 6월 러시아 국빈 방문 계기에 가진 하원 두마 연설에서 유라시아가 가진 무궁무진한 가능성을 한국과 러시아의 우정으로 활짝 열 수 있다고 말하고, 푸틴 대통령의 신동방정책은 평화와 공동 번영의 꿈을 담은 유라시아 시대의 선언으로 한국 국민도 동북아 전체의 평화와 번영을 바란다고 밝혔다. 남·북·러 3국 간의 철도·에너지·전력 협력이 이뤄지면 동북아 경제 공동체의 튼튼한 토대가 될 것이라며 남북 간 공고한 평화 체제는 동북아 다자 평화안보협력체제로 발전할 수 있을 것이라고 강조했다. 또한, 러시아의 기초과학기술과 한국의 정보통신기술 협력 등 미래 성장 동력 확충, 가스·철도·전력·조선 등 9개 분야 극동 개발 협력, 한국 종합병원 진출을 통한 국민복지 증진·교류 방안 등 한·러 협력 확대 방안도 발표했다.

(2) 한 · 러 정상회담 개최

문재인 대통령은 6월 22일 푸틴 대통령과 정상회담을 갖고 시베리아 대륙횡단 철도망과 남북을 연결하는 한반도 종단철도 연결을 위한 공동 연구에 나서기로 했으며 한 · 러 서비스 · 투자 자유무역협정(FTA) 추진을 공식화했다. 그리고 '2020년까지 교역액 300억 달러, 인적교류 100만 명' 달성을 목표를 제시하였으며, 이를 위해 혁신 플랫폼 구축, 첨단과학기술 및 ICT 분야 협력 등을 통한 미래 성장 동력 확충, 9개의 다리 분야를 중심으로 한 유라시아 · 극동 개발 협력, 보건 · 의료 협력 등을 통한 국민복지 증진 및 문화 · 체육 분야 교류 기반 강화 등 양 국민 모두에게 실질적 혜택을 줄 수 있는 구체적인 협력 성과를 도출해 나가기로 했다.

양 정상은 수교 30주년이 되는 2020년을 '한-러 문화 교류의 해'로 지정했다. 다양한 기념 행사를 준비할 수 있도록 '2020 수교 30주년 기념준비위원회'도 공동 구성하기로 했다. 아울러 두 정상은 2020년 개최되는 제9회 상트페테르부르크 국제문화포럼에 한국이 주빈국으로 참여하는데도 합의했다.

문재인 대통령은 최근 한반도를 중심으로 진행되고 있는 일련의 정치 · 외교적 노력들이 한반도 비핵화와 평화 정착으로 이어질 수 있도록 러시아 정부의 건설적 역할을 요청했다. 푸틴 대통령은 남북 및 북미정상회담 등 한반도 상황 변화를 이끌어 낸 한국 정부의 주도적 노력을 높이 평가하면서 북핵 문제의 평화적 해결과 한반도 및 동북아 지역의 항구적 평화 · 안정을 정착시키기 위한 노력을 지속해 나갈 것이라고 말했다. 양국 정상은 한반도 비핵화의 실질적 진전에 따른 국제적 여건이 조성될 경우 남·북·러 3각 협력 사업 추진이 본격화할 수 있을 것으로 보고, 현 단계에서 준비 작업으로 한·러 유관 기관 간 철도, 전력망, 가스관 연결의 경제적·기술적 사항 등에 대한 공동 연구를 추진하기로 했다.

(3) 한·러 양국 간 협력 양해각서(MOU) 체결

양국 정상회담을 계기로 한·러 자유무역협정(FTA) 협상 개시를 위한 절차 추진 및 철도·가스 사업 협력 등의 내용을 담은 총 12건의 기관 간 약정(MOU)을 체결했다.

산업통상자원부와 러시아 경제개발부는 한·러 서비스·투자 분야 FTA 협상 개시를 위한 양국의 국내 절차 추진 등에 합의하는 공동선언문에 서명했다. 코레일과 러시아 철도공사는 '한·러 철도공사 간 협력 MOU'에 서명하고 철도 및 물류 분야 사업 공동 개발, 남·북·러 3자 프로젝트에 대비한 연구, 해외 시장·제3국에서의 협력 추진 등에 합의했다. 산업통상자원부와 러시아 에너지부 간에 체결된 '한·러 전력 분야 협력 정부 간 MOU'에는 양국 전력망을 연계하고 에너지 절감과 에너지 효율 향상을 포함한 전력 분야 협력을 강화한다는 내용이 담겼다.

가스공사와 러시아 최대 민간 천연가스 생산업체 노바텍은 '북극 LNG(액화천연가스) 협력 MOU'에 서명하고 북극 LNG-2 사업 참여 및 장단기 LNG 구매 등과 관련한 프로젝트 정보 공유, 새로운 가스 시장 개척 관련 공동연구 추진 등에 합의했다.

분당서울대병원은 모스크바시와 맺은 MOU를 통해 모스크바 스콜코보 국제의료특구 진출을 위한 협력 체계를 구축하기로 했고, 세브란스병원은 러시아 직접투자기금과 MOU를 체결, 모스크바 롯데호텔 내 VVIP 대상 건강검진센터 설립에 협력하기로 했다.

문화체육관광부는 러시아 스포츠부·문화부와 각각 체육 교류협력, '2020 한·러 상호 교류의 해' 지정 관련 MOU를 체결했다. 과학기술정보통신부는 러시아 경제개발부와 '한·러 혁신 플랫폼 구축 MOU'를 체결해 한·러 과기협력센터 기능확대 등에 합의하는 동시에 러시아 디지털 개발·통신언론부와 'ICT(정보통신기술) 협력 MOU'를 맺고 4차 산업혁명 관련 공동 연구 등에 합의했다.

보건복지부는 러시아 노동사회보장부와 '사회복지 협력 MOU'를 맺어 사회복지 분야 협력을 약속했고, 외교부는 극동개발부와 맺은 '지방협력포럼 설립 MOU'를 통해 경제·문화 등 여러 분야에서 지자체 간 교류·협력을 추진하기로 했다. 이와는 별도로 한·러 플랜트 분야 협력, 대러시아 투자 협력 등 7건의 MOU도 추가로 체결됐다.

1. 교통 · 물류 인프라 구축

주변국과 에너지, 물류, 인프라 분야에 있어서 상호 연계된 협력을 창출해 나가야 한다. 러시아 및 중국의 북방 지역 개발 정책에는 다양한 교통 · 물류 인프라 구축 계획들이 포함되어 있는데 이러한 사업들이 동북아 경제권 형성을 촉진시킬 가능성을 고려하면서 적극적인 참여를 검토해야 한다.

부산 혹은 동해안 지역의 항만과 러시아 극동의 항만을 연결하는 해상운송, 그리고 시베리아 횡단철도로 연결되는 육상운송이 유기적으로 결합된 복합 운송 프로젝트를 개발해 나가야 한다. 시베리아횡단열차와 동해 항만 간의 연계성과 효율을 강화하는 것은 물류 협력 성공의 핵심적 선결 조건이다. 훈춘-자루비노-부산 노선과 쑤이펀허-블라디보스토크-부산 노선 활성화를 추진할 필요가 있다. 그런데 현재 러시아 측의 까다로운 통관 절차와 높은 통관비용으로 인해 훈춘-자루비노-부산 노선 이용이 그렇게 많지 않은 상황이다. 러시아 측의 통관 절차를 개선하는 것이 관건이며 통관 절차와 통관비용 문제 개선이 필요하다. 그리고 대륙 진출의 교두보가 될 수 있는 자루비노 항만 개발에 실기하지 않도록 해야 한다.

자루비노항

출처: 한국교통연구원, 에너지 경제

〈자루비노항 주변 지역〉

① 자루비노항의 입지

북 · 중 · 러 경계 지역에 위치한 자루비노항은 중러 국경에서 18km 거리에 있어 시베리아 횡단철도와 연결되는 또 다른 화물기지로 조성돼 동북아 물류 흐름을 만들어 내는 중요한 물류허브 항만이 될 가능성이 높다. 게다가 북한 핵문제가 해결될 경우에 동북아 물류 허브로 부상할 나진항 및 나진 · 선봉 경제특구와도 가깝고 북 · 중 · 러 3국 접경 도시이자 동북 지역 물류 거점인 훈춘과 63km 떨어져 있어 환동해 물류 허브에 적합한 입지 조건을 갖추고 있다. 중국의 일대일로 정책 그리고 한국의 신북방 정책, 러시아의 신동방 정책 3자가 만나는 결절점이자 상징적 포인트가 자루비노항 개발이 될 수 있다.

② 중국에 자루비노항 중요성

중국은 동북아 차항출해(借港出海) 전략에 따라 극동 항만 개발에 적극적이다. 헤이룽장성, 지린성 등에서 육상으로 이동한 뒤 다롄항에서 물품을 선적하던 것을 각각 블라디보스토크항, 자루비노항에서 선적하여 운반한다는 구상이다. 내륙 지방인 중국 동북 2성의 물류를 육로로 다롄항까지 이동할 경우 약 1,000km를 달려야 한다. 반면 자루비노항으로 연결되는 길을 이용할 경우 220km면 된다. 물류비 40% 이상을 절약할 수 있다는 의미다. 통관 등 문제가 해결되면 지린성 훈춘을 거쳐 자루비노항을 이용할 경우에 물동량이 지금보다 10배 이상 급증할 것으로 예상하고 있다.

③ 한국에 자루비노항 중요성

한국이 자루비노항을 이용하면 공산품을 중국 동북 지역으로 보낼 수 있고 곡물, 천연자원 등을 부산항 등으로 운송할 수 있어 신북방 정책의 주요 항만으로 각광받게 될 것이다. 한국으로서는 석탄 터미널 건설과 물류망 구축 사업 참여, 자루비노 항만 개발 참여와 훈춘 물류단지와의 연계 추진, 수산업 가공 단지 건설 참여 등을 고려할 수 있다. 그리고 곡물 터미널 건설을 통한 현지 진출, 농기업의 물류망 구축 추진, 자유항 의료 등 서비스 진출, 조선 협력도 추진할 수 있다. 한편, 러시아는 자루비노항에 특수 곡물 터미널, 컨테이너 및 특수 알루미나 터미널과 함께 일반 해양 터미널 등을 조성할 계획인데 특히 극동 곡물 터미널은 한국의 러시아 극동 농업 투자의 새로운 기회를 제공할 수 있다.

포스코건설은 해외시장 진출 다변화 전략으로 동북아 물류시장의 중심으로 부상하고 있는 훈춘에 국제물류단지를 조성하여 운영하고 있다. 훈춘국제물류단지는 남·북·중·러 교역을 연결하여 중국 동북 3성을 중심으로 물류 허브를 구축하는 사업이다. 접경 지역 물류 거점을 확보하여 향후 인근 국가와 지역으로 사업을 확대하고 북한의 개혁개방 및 남북 통일에 대비한 대북한 진출의 교두보를 마련하기 위해 추진하기 시작하였다.

한때는 훈춘 수산물업체들의 물량 확보 주문이 많았지만 북핵 문제로 인해 가동률이 낮은 상황이다. 북한 요인이 어느 정도 해결되고 국제 관계가 개선되어 두만강 지역 다국적 협력을 통한 나진항, 자루비노항 이용이 활성화되면 발전에 탄력을 받을 것이다. 이제 남북정상회담 및 북미정상회담으로 좋은 분위기가 조성되어 신북방 정책을 위한 긍정적인 환경이 조성되고 있는 만큼 훈춘국제물류단지도 활성화될 것으로 예상된다.

훈춘국제물류단지

〈훈춘국제물류단지 전경〉

포스코(80%)와 현대그룹(20%)이 출자해 설립했으며 2011년 9월 훈춘물류법인 설립을 시작으로 훈춘변경경제협력구의 훈춘국제물류원구에 2013년 건설공사를 착공하여 2년만인 2015년 3월부터 운영을 개시하였다. 30만m²의 물류단지 조성을 시작으로 총 3단계로 150만m²의 물류단지를 건설하게 된다. 2016년에 2단계 공사를 완료하였다. 주요 시설은 창고동(일반 4개동, 저온 3개동, 보세창고 3개동), 상·하역 및 수출입을 위한 야드 및 인프라 시설 등이다.

현재는 주로 임대와 무역을 중심으로 운영되고 있다. 훈춘지역 물류 성장세 변화 추이에 따라 창고 및 야드 추가 건설을 계획하고 있으며 냉동창고가 필요한 수산물 유통가공 허브 기지 및 러시아산 수산물 혹은 중국산 양식 수산물에 대한 주요 비축 기지로 활용한다는 계획을 가지고 있다. 시베리아 횡단철도(TSR) 이용 및 유라시아 교두보 확보에 주력할 계획이다. 향후 북중 교역 활성화 시 북한산 수산물, 광물 등 교역 집합지로서의 역할을 할 것이다.

2. 남·북·러 3각 협력 프로젝트 추진

신북방 정책을 성공적으로 추진하기 위해서는 북한 문제의 부정적 요소를 극복해 가면서 역대 정부가 추진한 기존 북방 협력 관련 합의를 재검토하고 새로운 사업을 발굴하여 단계적으로 사업 추진 계획을 수립하여 실천해 나갈 필요가 있다. 무엇보다도 이미 추진했던 남·북·러 3각 협력 사업의 재개를 통해 신북방 정책과 한반도 신경제지도 구상 실현의 동력을 확보해 갈 수 있다. 남·북·러 3각 협력 프로젝트는 북한이라는 '물리적 장애물' 극복을 통해 한반도와 유라시아의 교통·물류 흐름을 적극적으로 변화시키는 사업으로서 정치·경제적 의미가 매우 크다. 한반도 긴장 완화와 남북 경제 협력과 남북 관계 개선 및 통일의 기반이 되는 중요한 프로젝트이며 북한을 개방으로 유도하고 남북 간 화해와 협력의 전기를 마련할 수 있다. 성공 사례를 만든다면 다른 프로젝트들도 추진력을 얻게 되고 동북아 정치 통합에도 도움이 될 것이다.

한국으로서는 한반도 종단철도(TKR)-시베리아 횡단철도(TSR) 연결 사업은 동북아 물류 허브 건설과 함께 해상운송에만 의존했던 물류 시스템의 효율적인 재편이 가능하고 러시아의 입장에서는 극동 지역의 개발과 함께 유라시아 교통기반 구축 전략의 일환으로 이익이 되는 사업이다. 그리고 러시아의 저렴하고 친환경적인 전력을 수입하여 사용하는 것은 경제적으로 합리적이며 상업적으로도 다자간 프로젝트의 타당성을 부여한다. 에너지 수입원 다변화와 경제성 담보, 그리고 통일비용 감소를 위해서라도 남·북·러 3각 연계 협력 추진이 필요하다.

부레야 수력발전소가 건설되면서 남·북·러 전력망 연계 사업이 주목을 받고 있다. 전력망 사업이 현실화되면 관련 국가들은 많은 이득이 발생할 것이다. 한국은 저렴한 발전 전력을 수입하여 발전소 건설을 둘러싼 사회적 갈등도 피할 수 있으며 비싼 에너지 자원을 수입해 가공하는 과정에서 환경 파괴 문제도 피할 수 있게 된다. 북한은 러시아 전력의 자국 통과를 조건으로 그에 해당하는 전력을 공급받을 수 있게 될 것이다. 러시아도 원가가 저렴한 수력발전에 의한 전력 수출을 통해 극동 지역의 경제를 활성화시킬 수 있으며 향후 중국과 일본 시장을 연결하는 동북아 슈퍼그리드 조성에도 유리하게 될 것이다.

남 · 북 · 러 3각 협력 프로젝트

① 3각 협력 프로젝트 내용

남북한 철도를 연결하여 한반도 종단철도(TKR)를 구축하고 이를 시베리아 횡단철도(TSR)와 연결하는 사업, 시베리아 지역과 극동으로부터 북한을 통과하는 가스관을 부설하여 천연가스를 공급하는 사업, 그리고 시베리아 수력발전소에서 생산된 전력을 송전하는 전력망 연계 사업과 같은 이른바 남 · 북 · 러 3각 협력 사업이 추진되어 왔다.

② 3각 협력 프로젝트 추진 경과

한반도 종단철도(TKR)-시베리아 횡단철도(TSR) 연결사업은 2001년 한 · 러 및 북 · 러 간 정상회담 이후부터 북 · 러 간 철도 합작회사 설립에 대한 합의가 이루어진 2008년까지 비교적 꾸준히 논의되다가 2008년 하반기 이후 북한의 대외 강경 정책 노선 회귀로 인해 진전되지 못했다. 그 후 2011년 김정일 위원장의 러시아 방문 시 메드베데프 대통령에게 TKR-TSR 연결 사업을 구체적으로 진행하기를 희망한다는 내용을 전달한 데 이어, 러시아 철도공사가 하산-나진 간 철로 보수 공사 사업을 추진하였다.

러시아산 천연가스를 북한을 경유하는 파이프라인을 통해 한국으로 공급하는 가스관 연결 사업이 2009년 제 10차 한 · 러 자원 협력위원회에서 논의되기 시작했다. 이후 2011년 북한 원유공업성과 가즈프롬 간 PNG 관련 MOU 서명, 2011년 김정일 인민위원장과 러시아 메드베데프 대통령 간의 정상회담 등을 통해 북한을 경유하는 가스관 건설 사업에 대해 본격적으로 추진하기로 하였다.

전력망 연계 사업은 2005년 북핵 문제의 해결 과정에서 북한에 부족한 전력을 공급하는 차원에서 제기되었다. 2008년 한 · 러 양국은 정상회담에서 양국 간 전력망 연계 문제를 협의하였고 2009년 에너지장관 회담을 통해 전력 계통 연계 타당성 연구, 발전소 및 송전선 협력 등의 과제를 제시했다. 2016년 6월에는 한 · 러 전력망 연계 예비 타당성 조사 공동연구 MOU가 체결되었다. 그러나 남 · 북 · 러 3각 협력 사업은 북핵 문제와 남북 간 긴장 상황이 발생하여 중단되곤 하였고 성사되지 못했다.

③ 3각 협력 프로젝트 재추진

2018년 4월 27일 남북정상회담이 이후 문재인 대통령이 전화로 푸틴 대통령에게 회담 결과를 설명하였을 때 푸틴 대통령은 남북정상회담의 성과가 남북러 3각 협력 사업으로 이어질 필요성을 제기하면서 러시아의 철도, 가스, 전력 등이 한반도에 연결될 경우 한반도의 안정과 번영에 기여할 것이라는 뜻을 나타냈으며 문재인 대통령은 공감을 표시한 뒤 남·북·러 3각 협력 사업에 대한 공동 연구를 남·북·러 3자가 함께 착수했으면 좋겠다고 말했다.

2018년 6월 정상회담시 한러 양국 정상은 한반도 비핵화의 실질적 진전에 따른 국제적 여건이 조성될 경우 남·북·러 3각 협력 사업 추진이 본격화할 수 있을 것으로 보고, 현 단계에서 준비 작업으로 한·러 유관 기관 간 철도, 전력망, 가스관 연결의 경제적·기술적 사항 등에 대한 공동 연구를 추진하기로 했다.

3. 나진-하산 프로젝트

남북정상회담과 북미정상회담 이후 북한과의 경협이 핵심 의제로 부상하고 있으며 나진-하산 물류사업이 주목을 받고 있다. 나진-하산 프로젝트는 한국과 북한, 러시아의 물류 협력 사업으로 러시아산 유연탄을 러시아 하산과 북한 나진항을 잇는 철도로 운송한 뒤 나진항에서 화물선에 옮겨 실어 반출하는 사업이다. 남·

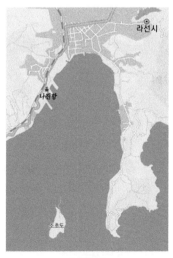

〈나진항〉

북·러 3각 협력의 시범사업으로 나진-하산 물류사업을 추진했으나 북한의 핵실험으로 인한 대북 제재 조치로 중단된 상태다.

나진-하산 사업

러시아 하산과 북한 나진항을 잇는 54km 구간 철도 보수를 통해 남·북·러 간 물류 운송을 원활하게 하는 것이 목적이다. 2000년 북한과 러시아가 나진-하산의 개발에 합의하면서 시작되었다. 양국은 2008년 나진-하산 프로젝트를 위한 합작 회사를 세우고 나진-하산 철도 개보수 사업을 진행했다. 해당 사업은 2013년 완료되어 나진-하산 사이의 철도가 운행되기 시작했다. 나진항 개발 사업도 진행되었다.

〈나진-하산 철도〉

한국이 나진-하산 프로젝트 참여를 결정한 것은 2007년 무렵이며, 남·북·러는 나진-하산 프로젝트의 합작 사업 추진에 합의했다. 나진-하산 철도를 보수한 이후 시베리아 횡단철도(TSR)와 한반도 종단철도(TKR) 연결 사업으로 나아간다는 목적이었다. 그런데 2008년 이명박 정부가 들어서면서 나진-하산 프로젝트의 한국 참여가 미뤄졌고, 특히 2010년 천안함 사건으로 인해 5.24 조치가 내려지며 나진-하산 프로젝트에 대한 한국 참여는 전면 중단되었다.
2013년 11월 푸틴 대통령의 한국 공식 방문을 계기로 한국의 프로젝트 참여가 다시 논의되었고 러시아 철도공사와 북한이 2008년 '라손콘트라스'라는 합작

회사를 설립해 추진하는 북·러 합작 사업인 '나진-하산 프로젝트'에 한국 기업이 참여하는 내용의 양해각서(MOU)를 체결했다. 이에 따라 하산과 나진항을 잇는 철로 개·보수사업 및 나진항 현대화를 통한 물류운송사업 개발에 한국 기업이 참여할 수 있는 길이 열리게 되었다. 2014년 이후 두 차례 나진-하산 구간 및 나진항을 방문해 현지 실사를 실시했고 석탄 운송 시범사업을 총 3회 성공적으로 수행하였다. 그러나 북한의 4차 핵실험으로 이 사업은 중단되었다.

북한은 1991년부터 나진-선봉 지역을 자유경제무역지대로 설정하고 동북아의 물류 중심지로 삼기 위한 노력을 기울여 왔고 싱가포르를 개방 모델로 삼아 경제 특구로 개발을 추진했다. 그러나 대외 정치적 불안정과 일관되지 못한 개방 정책이 효과를 보는 데는 애초부터 한계가 있었다. 중국은 나진항을 차항출해(借港出海) 전략의 중심 항구로 인식하고 있다. 나진항은 수심이 깊고 항구 입구에는 대초도, 소초도가 있어 자연 방파제 역할을 함으로써 천혜의 항만 조건을 갖추고 있다. 북한의 개방과 남북경협이 긍정적으로 논의되고 있는 상황에서 핵심 항만 물류 루트로서 나진항의 지리적 이점과 잠재력을 다시 점검하고, 나진-선봉 자유경제무역지대와 본격적인 협력 방안을 준비해야 할 때다.

4. 두만강 협력 사업 등 초국경 사업

극동 지역 개발 협력을 통해 보다 안정적이고 예측 가능한 환경을 조성함으로써 북한 리스크를 최소화해 나가도록 해야 한다. 두만강 유역은 한반도와 중국 동북 3성 그리고 극동 러시아 지역과 일본에 이르는 북방 경제권의 개발을 위한 교두보가 될 지역이다. 신동방 정책과 일대일로 그리고 신북방 정책이 맞물리는 동북아 경제 협력의 출발점이다. 두만강 유역의 개발은 이 지역을 둘러싼 인접국들의 경제에도 기여할 뿐만 아니라 남북 관계의 개선, 그리고 나아가 동북아 지역의 협력과 번영의 기반을 다지는 데 중요한 의미를 지니고 있다.

두만강 일대 개발은 주변국의 입장, 체제, 기술 및 사회제도 등의 차이로 인해 한두 국가가 일방적으로 개발을 추진하는 것이 어려울 수밖에 없는 태생적 한계를 가지고 있기 때문에 동북아 다자 간 정부 협의체인 두만강 개발 계획은 매우 큰 의미를 가진다. 그러나 북한이 두만강 개발 계획에서 탈퇴하였고, 각 회원국마다 사업에 대한 입장과 태도도 다르게 나타나고 있다. 아직까지 참여국 간 의견교환과 개발사업 검토 이상의 가시적인 성과를 이뤄내지는 못하고 있다.

두만강개발계획(TRADP)으로 시작된 광역두만강개발계획GTI)은 동북아 지역의 유일한 정부 간 협력 사업이라는 의의가 있으며 한국은 GTI의 회원국으로서 북방 지역에서의 다자 간 협력 사업에 대한 제안을 내놓는 장으로 활용할 수 있다. 두만강 유역개발을 북방 진출의 교두보로서 한·중·러 다자주의 협력 플랫폼으로서 적극적으로 개발해 나갈 필요가 있다. 광역두만강개발계획(GTI)의 사업발굴 및 추진력을 확대하기 위해 AIIB와의 협력과 연계를 강화하는 방안을 고려해 볼 수 있다.

두만강 하구개발 다자 간 협력

두만강개발계획(TRADP, Tumen River Area Development Programme)은 1991년 10월 평양에서 열린 UNDP 동북아 조정실무관회의에서 발족이 결정되고 1992년 출범했다. 청진(북한), 옌지(중국), 블라디보스토크(러시아)를 연결하는 삼각 지역을 공간적 범위로 하는 최초의 동북아 국제경제협력 프로젝트이자 소지역 협력이다. 두만강 유역에 대규모 공단 등을 조성하는 사업으로, 한국, 북한, 중국, 러시아, 일본, 몽골 등 6개국이 공동 개발 사업에 참가했다. 그러나 두만강 유역에 인접한 북한, 중국, 러시아 3개국은 두만강 유역에 대한 개발의 필요성에 대해서는 공감하지만, 구체적인 개발 방향에 대해서는 의견이 엇갈려 진전되지 못했다.

두만강개발계획(TRADP)은 2005년 9월 프로젝트의 공간적 범위를 확대하고 참여 국가를 추가하고 공동 기금을 설립하는 등 추진 체계를 강화해 광역두만강개발계획(GTI, Greater Tumen Initiative)으로 전환되었다. 2007년 GTI 9차 총회에서 교통, 에너지, 관광, 환경 부분에서 10개의 'GTI 신규 프로젝트'를 선정하면서 GTI는 빠른 속도로 발전하는 것 같아보였으나 2009년 북한이 참여국에서 탈퇴함으로 GTI의 핵심 사업이었던 교통 · 물류 계획이 중단되었다.

GTI는 중국 동북 지역과 러시아 연해주, 몽골 동부 지역 및 한국 동해안 지역을 대상으로 교통 · 물류, 관광, 무역 · 투자, 에너지 및 환경의 5개 분야에서 다자 간 협력을 모색하는 정부 간 협의체이다. 2014년에 한국, 중국, 러시아, 몽골 등 GTI 회원국이 다자 간 협력 프로젝트의 추진 및 공동 프로젝트 발굴을 위한 협조융자를 위해 '동북아 수은협의체' 발족을 위한 기본 협약을 체결하였다. 4개 국가가 서명한 이 기본 협약은 역내 및 다자 간 공동 프로젝트 발굴 및 협조융자 추진, 회원은행 간 정보교환 등의 내용을 담고 있다.

2016년 GTI 16차 총회를 통해 농업 분야의 교류 협력을 강화하기 위한 '농업위원회'가 출범하였고 GTI 4개 회원국의 정책 연구기관이 참여하는 'GTI 연구기관 네트워크' 설립을 위한 업무협약(MOU)을 체결하여 전략적인 협력 계획을 추진하고자 하였다. 2016년 서울에서 개최된 GTI 16차 총회의 서울 공동 선언문에서 GTI 실현성을 높이기 위한 중요 과제로 교통 인프라를 명시함으로 차후 교통 인프라 관련 계획 및 건설이 GTI 사업에 중요 사업이라는 것을 강조하였다.

5. 협력 분야 개발 및 발전 저변 확대

러시아는 에너지 · 자원 의존형 경제 구조 탈피를 위해 경제 및 산업 현대화 정책, 수입 대체 정책, 디지털 경제 발전 프로그램 정책(스타트업 지원, 인터넷 광케이블 설치 등) 등 비즈니스 환경 개선 정책을 추진하고 있다. 이러한 상황에서 한국의 대기업은 항공산업, 조선업 등 자본 및 기술력이 필요한 분야에, 중소기업은 제약, 의료 등 제품 경쟁력 및 기술력이 필요한 분야에 협력 방안을 모색할 수 있다. 러시아의 디지털 경제 발전 프로그램은 한국의 4차 산업 혁신 정책, 스타트업 정책 등과 일맥상통하며, IT 인력 양성 및 교육, 전자정부 구현, 스마트시티 건설 등에서 공동 번영 창출을 위한 협력이 가능하다.

러시아의 첨단 원천기술과 한국의 상용화 기술 분야를 접목하여 시너지 효과를 극대화할 수 있는 다양한 컨텐츠와 인프라 확충이 필요하다. 한국과 러시아는 양국 간 산업기술협력 활동을 촉진시키기 위해 1999년 5월 '한 · 러 산업협력 위원회'를 구성하고 항공우주, 신소재, 기계 분야를 우선 협력 분야로 선정해 협력을 추진하고 있다. 이 중 양국 간의 가장 두드러진 협력 분야는 나로호 발사로 대변되는 항공우주 분야이다.

기술 경쟁력, 협력 시너지를 고려하여 ICT, BT 등 첨단기술과 소재, 부품 등 강점 산업기술 분야를 중심으로 추진하며 러시아와 구소련 국가들은 각 국가별, 지역별로 과학기술 강점 분야를 가지고 있으므로 특화된 협력을 전개해 나가야 한다. 모스크바는 핵물리, 에너지, 소재, 우주항공, 나노, 바이오, 상트페테르부르크는 IT, 광학, 신소재, 시베리아는 연구 도시인 아카데미돔, 우크라이나는 우주항공, 용접, IT, 벨라루스는 광학 시스템이 발달되어 있다.

그리고 러시아는 세계은행의 기업 환경평가 순위가 2013년 120위에서 2017년 35위로 급상승하고 있는 데서 알 수 있듯이 기업 환경이 개선되고 있다. 카자흐스탄, 벨라루스, 키르기즈스탄, 아르메니아 등 CIS 국가들과 유라시아경제연합(EAEU)을 구성하여 단일 경제권으로 발전해 가고 있고 한국과 유라시아경제연합과의 FTA 추진도 속도를 내고 한·러 FTA 를 추진키로 한 만큼 러시아 및 CIS 진출을 꿈꾸는 업체들에게 좋은 기회 요인이 될 것으로 보인다.

이 지역 국가들과의 발전을 위한 저변 확대를 위해 의료 인력 연수, 의료시설 관리·운영, 의료관광 등 지원을 지속적으로 확대해 나가야 한다. 지자체 간 교류 활성화는 물론 인적 교류 활성화를 위해 기술·경험 연수 프로그램을 확대하고 대학 간 상호 학생 교류 및 청소년 교류 활성화를 추진해 나가야 한다. 그리고 EDCF, 글로벌금융펀드 등 개발금융 지원을 강화하며, ADB, AIIB 등 역내의 협의체 기금을 활용한 복합 지원을 통해 양자·다자 간 협력 사업을 발굴하고 지원해 나갈 필요가 있다.

한편으로 극동 지역과 연결되는 북극 항로 개발에 관심을 기울여 나가야 한다. 현재 압도적인 세계 제1위 쇄빙선 수출국인 한국은 세계적 수준의 특수선박 건설 기술과 러시아의 극저온 기술과 쇄빙 기술을 결합하여 북극 항로 인프라와 항만 건설 등 클러스터 건설 사업에 공동 참여를 강구할 수 있다. 항구와 같은 해상 운송 시장 인프라, 기술 투자뿐 아니라 북극 지역 소도시들의 기반산업인 야금업·광산업 발전에 대한 투자로 북해 항로에 대한 영향력 증대도 고려해 나갈 필요가 있다.

6. 동북아 다자 안보 체제 구축

동북아 협력을 위해서는 경제 협력 체제의 제도화와 다자 안보 협력체제의 형성이 필요하다. 마침 한국 정부는 역내 경제와 안보 협력을 추구하는 다자 협의체 플랫폼으로서 '동북아평화협력체제' 구상을 내놓았고, 동북아 경제 번영과 평화 협력 기반 마련을 위해 '동북아 슈퍼그리드' 구축을 제안했다. 한·러 양국은 이러한 방안에서 협력을 통해 동북아 협력 체제 구축을 선도할 수 있다.

문재인 대통령은 2018년 6월 러시아 국빈 방문 계기에 러시아 공영통신사 타스통신, 일간지 로시스카야 가제타, 국영 러시아방송과 가진 합동 인터뷰에서 "남북 간의 평화 체제가 구축되면 중장기적으로는 동북아 전체의 다자 평화 안보 협력 체제로 발전해 나가야 한다고 생각한다"고 밝히면서, "푸틴 대통령과 나는 한반도의 완전한 비핵화, 또 평화 체제 구축에 대해 같은 목표를 갖고 있다. 한국과 러시아는 끝까지 긴밀히 협력할 것"이라고 말했다. 한편, 문재인 대통령은 2018년 제73회 광복절 경축사에서 동북아 6개국(남북한, 중, 일, 러, 몽골)과 미국이 함께하는 동아시아철도공동체를 제안하였다. 이 공동체는 우리의 경제지평을 북방대륙까지 넓히고 동북아 상생번영의 대동맥이 되어 동아시아 에너지공동체와 경제공동체로 이어질 것이라고 밝히고 이는 동북아 다자평화안보체제로 가는 출발점이 될 것이라고 강조했다.

동북아평화협력체제를 구축하고자 하는 한국의 정책목표는 동북아 다자 안보 레짐을 제도화하려는 러시아의 정책 기조와 일맥상통한다. 한국은 한반도 평화 체제 구축 과정에서 러시아 패싱 우려를 해소하고 러시아의 한반도 평화 체제 참여를 유도해야 하며 더 나아가 러시아를 적극적 중재자로 활용해야 한다.

5

신남방 정책

● 제1절 ─────── 신남방 정책 출범

1. 신남방 정책 선언

　문재인 대통령은 2017년 11월 인도네시아 방문 계기에 자카르타에서 열린 한-인도네시아 비즈니스 포럼에 참석하여 "아세안과 한국의 관계를 한반도 주변 4대국과 같은 수준으로 끌어올리는 것이 저의 목표이며 이를 위해 아세안과의 협력 관계를 획기적으로 발전시켜나가기 위한 신남방 정책을 강력하게 추진하고자 한다."고 밝혔다.

　또한, 상품 교역 중심이었던 관계에서 기술과 문화예술, 인적 교류로 확대하겠다고 언급하고 교통과 에너지, 수자원 관리, 스마트 정보통신 등 아세안 국가에 꼭 필요한 분야부터 협력을 강화해 나가자고 말했다. 양측 국민의 삶을 잇는 인적 교류 활성화는 모든 협력을 뒷받침해 주는 튼튼한 기반이 될 것이라고 전망하고, 이를 통해 사람과 사람, 마음과 마음이 이어지는 사람 공동체, 안보 협력을 통해 아시아 평화에 기여하는 평화 공동체, 호혜적 경제 협력을 통

5. 신남방 정책　235

해 함께 잘사는 상생 번영 공동체를 함께 만들어 가기를 희망한다고 말했다.

2017년 11월 아세안 관련 정상회의 참석차 필리핀을 방문할 때에는 아세안 기업투자서밋(ABIS)에 특별 연설자로 참석하여 대아세안 협력 비전인 「한·아세안 미래 공동체 구상」을 내놓았다. 한·아세안 미래 공동체의 목표를 더불어 잘살고(Prosperity), 사람 중심의(People), 평화(Peace) 공동체로 규정하고 상생의 경제 협력을 강조하면서 고속 철도 건설 등 교통, 발전소 건설 및 신재생 에너지 협력, 수자원 관리 및 4차 산업혁명 대응을 위한 스마트 정보통신 분야 등 아세안 국가들과 협력할 수 있는 4대 중점 협력 분야를 제시했다.

한편, 한·아세안 양측 정상은 2017년 11월 13일 개최된 제19차 한·아세안 정상회의에서 무역, FTA, 중소기업 지원, 아세안 공동체 출범 지원 등 포괄적 분야에서 협력 관계를 심화·확대하기로 합의하였다. 2020년까지 한·아세안 교역액 2,000억 달러 달성을 목표로 한 한·아세안 FTA 추가 자유화 추진과 역내 포괄적 경제 동반자 협정(RCEP) 협상을 신속히 진행하기로 하였다. 그리고 한국은 '아세안 연계성 종합계획 2025' 및 '제3차 아세안 통합 이니셔티브' 작업 계획의 이행에 대한 적극적인 지지 입장을 밝혔다.

한·아세안 미래 공동체 구상

사람 중심(People)·평화(Peace)·상생 번영(Prosperity)의 3P 전략, 아세안 연계성(Connectivity) 참여 확대, 개발협력기금 증액 등으로 구성된다. 3P는 사람과 사람, 마음과 마음이 이어지는 사람(People) 공동체, 안보 협력을 통해 아시아 평화에 기여하는 평화(Peace) 공동체, 호혜적 경제 협력을 통해 함께 잘사는 상생번영(Prosperity)의 공동체이다. 사람(People) 공동체는 각종 민·관 협력 체계를 활용한 인적 교류 확대 전략이고, 평화(Peace) 공동체는 안보·테러 등에 대한 공동 대응이며, 상생 번영(Prosperity) 공동체는 FTA 혜택 공유, 일자리 창출을 위한 투자 확대를 지향한다.

연계성 협력 분야는 교통 인프라, 에너지, 수자원 관리, 스마트 정보통신 분야 등으로 구성된다. 한국은 이를 지원하기 위해서 약 1억 달러 규모의 글로벌 인 프라 펀드를 조성할 계획이다. 개발 협력 분야에서는 한·아세안협력기금을 연 간 700만 달러에서 1,400만 달러로 늘리고 한·메콩협력기금을 연간 100만 달 러에서 300만 달러로 증액하여 중장기 프로그램 사업 추진 여건을 개선한다.

2. 신남방 정책의 의미

신남방 정책은 아세안과 인도 등과의 교류·협력 관계를 한반도 를 둘러싼 미·중·일·러 등 4강국 수준으로 끌어올리겠다는 것 이다. 한반도 주변 4강에서 벗어나 외교적 지평을 넓히고 중국, 미 국, 일본에 편중된 교역 의존도를 다변화하며 상생 번영 공동체를 지향한다는 것이다. 아세안 국가들에 대해 물량 공세를 펴고 있는 중국과 일본과는 차별화되며 양측 국민들이 직접 혜택을 누릴 수 있는 방향으로 협력을 강화해 나간다는 구상이다.

신남방 정책의 근간인 상생 번영 공동체 비전은 문재인 대통령의 철학인 사람(People) 중심의 국민 외교, 국민이 안전한 평화(Peace) 공동체, 더불어 잘사는 상생 협력(Prosperity)의 '3P' 비전에서 나왔 다. 사람(People) 중심의 외교는 '사람이 먼저다'라는 문재인 대통령의 정치 철학을 근간으로 하며 아세안의 '사람 중심' 및 '사람 지향'의 가치와 통한다. 단순히 경제 효과만 강조한 것이 아니라 인적·문화 교류를 통한 신뢰 형성을 기초로 상생 번영을 이루며 정부 중심의 정치·안보·경제 위주 협력에서 벗어나 민간 중심의 교류를 활성화해 나가겠다는 것이다. 정부·경제계·지자체·문화계·학생 등 다층적인 인적 교류를 바탕으로 한류 열풍이나 한국 내 아세안 음식 전파 등 소프트 파워를 통한 교류 심화를 기대하고 있다.

평화(Peace) 공동체 전략은 신남방 정책이 안보 협력까지 염두에 두고 있음을 보여준다. 아세안은 전 세계 해양 수송의 3분의 1이 통과하는 부분이고 대륙 세력과 해양 세력이 맞부딪치는 전략적 요충지다. 아세안 10개국 모두 북한과의 외교 관계를 맺고 있는데 북핵 문제 해결을 위해 북한을 대화 테이블로 이끌어 내는 데 아세안의 외교 역량을 활용할 수 있다. 상생 협력(Prosperity) 전략은 아세안을 생산기지로 보았던 인식에서 탈피해 한·아세안과 윈윈을 추구한다. 아세안 국가들의 노동력을 활용하는 동시에 한국의 자본과 기술을 공유함으로써 시너지 효과를 노린다는 구상이다.

3. 신남방 정책 추진 배경

문재인 대통령 정부가 신남방 정책을 핵심 대외정책으로 채택한 것은 한반도 주변 4강, 특히 미국과 중국 등 강대국 중심 외교 전략에서 벗어나 외교 지평을 확대시킬 필요성을 절실히 느꼈기 때문이다. 무엇보다 포스트 차이나에 관한 논의가 확대되고 강대국으로부터 점증하는 전략적, 경제적 압력 하에서 외교 다변화는 절실한 상황이다. 아세안과 인도가 정치·경제적으로 성장함으로써 전략적 가치가 높아지고 있는 것도 작용하고 있다.

　세계 경제와 국제 정치에서 아세안과 인도의 중요성이 부각된 것은 이미 오래된 일이지만 때마침 사드 배치에 대한 중국 정부의 보복과 중국인들의 반한 감정이 일어나면서 한국 국민, 기업, 정부가 아세안과 인도에 대해 합치된 관심을 보이고, 기업들이 아세안 시장과 인도 시장을 중국의 대안으로 바라보기 시작했다. 문재인 정부는 이러한 상황을 반영하여 신남방 정책을 제시하였는데, 아세안, 인도와 협력과 전략적 연대를 강화하는 것은 강대국 사이에 끼인 한국 입장에서 전략적 레버리지 강화를 위해서도 필요하다.

1. 아세안의 다양성 및 중요성 증대

(1) 다양한 정치 제도와 정치문화 및 경제 발전 차이

〈아세안 10개국〉

아세안은 인구, 면적, 경제 발전 단계, 정치적 체제, 사회문화 구조 등에서 이질적인 국가들이 모여 있다. 종교도 기독교, 이슬람교, 불교, 유교 등으로 다양하고 민족도 다양하며 문화도 각양각색이다. 정치 발전 정도도 다르며 정치 체제부터 정치문화에 이르기까지 매우 다양하다. 태국, 말레이시아, 브루나이, 캄보디아는 오늘날에도 국왕이 존재하는 나라들이다. 그렇지만 군주제가 유지되어 온 방식이나 국왕이 갖고 있는 권력은 나라마다 차이가 있다.

브루나이는 강력한 왕권을 가지고 있으나, 다른 세 나라는 "국왕은 군림하되 통치하지 않는다"는 원칙을 가진 입헌군주제 국가와 유사하기 때문에 국왕이 강력한 권력을 갖지는 못한다. 말레이시아 국왕은 임기가 정해진 선출직이며 9개 주의 술탄 중에서 선출된 국왕(Yang di-Pertuan Agong)이 5년을 임기로 왕위에 오르는데 사실상 순번제로 돌아가면서 한다. 말레이시아는 13개의 주 중에서 9개의 주에 술탄이 있다. 미얀마를 비롯한 필리핀, 인도네시아, 싱가포르 4개국은 대통령을 국가의 수장으로 두고 있고 말레이시아, 캄보디아는 의원내각제로 운영되고 있다. 싱가포르는 총리의 권한이 강한 의원내각제로 운영되고 있다. 베트남과 라오스는 공산당 일당 통치를 하고 있다.

아세안은 국가별로 소득 수준 및 경제 수준 차이가 크다. 싱가포르는 선진국 수준이고 말레이시아, 태국은 중진국에 해당하며, 인도네시아, 필리핀은 개발도상국이고 캄보디아, 라오스, 미얀마, 베트남은 신흥개발국 유형에 해당된다. 산업 구조 역시 큰 차이를 보인다. 싱가포르는 금융과 서비스업이 강한 반면 미얀마와 필리핀에서는 농산물 및 천연자원 수출이 중요한 의미를 갖는다. 제조업 중에서도 전자산업은 말레이시아가, 자동차 산업은 태국이 강하고, 의류 및 신발 산업은 베트남과 캄보디아가 주류를 이루고 있다. 베트남은 최근에 삼성, LG의 투자에 힘입어 전자산업에서도 중요 국가로 부상하고 있다.

(2) 거대한 시장 및 유망한 투자 대상으로 부상

아세안 인구는 6억 4,000만 명을 넘어서 중국과 인도에 이어 세 번째로 많고 인구의 50% 이상이 30세 이하로 노동 인구 연령이 낮으며 중산층이 계속 확대되고 있다. 연 2조 4,000억 달러에 이르는 교역액은 유럽연합(EU)·중·미에 이어 4위이고 빠르게 신장되고 있다. 아세안의 2조 8,000억 달러에 달하는 국내총생산(GDP)은 미·EU·중·일에 이어 5위에 해당된다. 최근 몇 년 동안 매년 5% 대로 비교적 높은 경제성장률을 보이고 있으며 소비 지출 확대 및 투자 증가를 바탕으로 성장 추세는 지속될 것으로 전망된다.

나아가 아세안 경제공동체(AEC: ASEAN Economic Community) 출범을 계기로 아시아의 FTA 허브로서 국제 통상 무대에서 아세안의 입지가 강화되고 있으며 자본, 노동, 기술의 역내 이동이 한결 손쉬워져 외국인 투자자들의 관심이 커지고 있다. 아세안에는 최근 매년 1,000억 불 이상의 투자가 이루어졌다. 2014년 투자액은 1,360억 불로서 중국, 인도, 브라질, 러시아를 포함한 신흥경제 중에서 가장 많은 투자액이다. 2015년에는 침체된 국제 경제로 인해 전년도에 비하여 약간 줄었지만(1,200억 불) 세계 FDI 총액의 16%를 점할 정도로 아세안에 대한 투자는 여전히 활발히 이루어지고 있다.

아세안은 글로벌 생산기지로서 전자제품 교역과 관련하여 크게 수익을 올리고 있으며 구매력을 갖춘 소비자가 증가함에 따라 기존의 생산 기지로서의 기능뿐만 아니라 소비 시장으로서도 각광을 받고 있다. 아세안은 과거 원료 공급지, 저임금 생산기지에서 이제는 주요 수출시장 및 투자 지역으로 각광을 받고 있으며 중국, 인도

시장과 함께 21세기 세계 경제를 견인할 중심축의 하나로 부상하고 있다.

(3) 아세안의 전략적 가치 증대

아세안은 탈냉전, 문명 충돌, 동아시아의 부상 등의 키워드로 축약할 수 있는 21세기 국제 질서 속에서 매우 높은 전략적 가치를 갖고 있다. 냉전이 종식되고 중국의 부상과 함께 동아시아 시대가 열리면서 활력 넘치는 시장으로 떠오르고 있는 동시에 지리적으로 태평양-인도양, 동북아-남아시아 그리고 중동, 중국-인도의 연결고리에 위치하고 있어 세계 각국으로부터 구애를 받는 대상이 되고 외교 안보와 관련해서도 전 세계의 주목을 받는 중요한 위치에 있다.

중국은 일대일로 전략에 따라 대륙 국가(land power)와 해양 국가(maritime power)를 동시 추구하는 세계 전략을 펴면서 아세안 각국과의 정치 안보적 접근을 강화하고 있다. 미국은 중국의 일대일로 전략에 대응하여 일본, 인도와 함께 '인도-태평양' 대항 전략을 내놓았는데 그 길목에 있는 아세안의 지정학적 중요성을 새롭게 인식하기 시작했다. 남중국해에서는 해당 국가들 간의 영유권 분쟁과 함께 해양의 자유를 둘러싸고 과거 어느 때보다 치열한 외교전이 펼쳐지고 있다. 아세안 지역은 중국의 세력 팽창과 이를 견제하려는 미국, 일본이 충돌하는 전략 경쟁 접전지로 부상하고 있다.

2. 아세안 공동체의 발전

(1) 아세안 창립 및 원칙

아세안(ASEAN)은 지역협의체로서 1967년 창설되었다. 냉전 체제하에서 월남전이 격화되고 인도차이나 반도에 공산주의가 확산되는 등 국제 정세가 급변함에 따라 공동 대응 차원에서 태국, 인도네시아, 말레이시아, 필리핀, 싱가포르 등 5개국 외교장관들이 모여 '동남아시아국가연합선언(방콕선언)'을 발표함으로써 결성되었다. 1984년 브루나이, 1995년 베트남, 1997년 라오스, 미얀마, 1999년 캄보디아가 순차적으로 가입하여 10개국이 참여하고 있다. 회원국들이 매년 돌아가면서 의장국을 맡고 있으며, 의장국은 아세안을 대변하면서 각종 공식 회의 등을 주재하며 새로운 이니셔티브와 프로그램을 운영하고 있다.

아세안 회원국은 상당히 이질적인 국가들로 구성되어 있기 때문에 아세안 방식(ASEAN Way)이라는 독특한 의사결정 구조를 가지고 있다. 아세안 방식은 강제나 위협이 아닌 상호 이해와 협의를 통해 합의에 도달하는 것을 목표로 하고 있으며, 협의를 통한 만장일치제와 주권 존중을 위한 내정 불간섭 원칙은 동남아 지역의 기본 규범으로 작용하고 있다. 아세안은 비슷한 성격의 지역 연합체인 유럽연합(EU)에 비해 상대적으로 주목을 받지 못한 것이 사실이다. 그러나 합의와 내정 불간섭이라는 아세안의 독특한 의사결정 방식은 브렉시트(Brexit, 영국의 유럽연합 탈퇴) 등으로 EU가 겪고 있는 어려움과는 달리 조용한 진전, 겸손한 성공 스토리를 다져가는 밑거름으로 작용하고 있다.

아세안의 제도와 주요 원칙들은 대내외적 환경 변화에 대응하는 과정에서 발전해 왔다. 1971년에 채택한 '평화, 자유, 중립 지역선언(ZOPFAN: Zone of Peace, Freedom and Neutrality Declaration)'을 통해 역외 강대국의 개입과 간섭으로부터 자유로운 아세안을 표명하였다. 1976년 2월 발리 정상회의에서 인도차이나 공산화에 따른 각국의 공동 대응 방안으로 아세안을 통해 구체적인 지역 협력을 발전시켜야 한다는 요지의 '아세안합의 선언(Bali Concord Ⅰ, Declaration of ASEAN Concord)'과 '동남아 우호 협력 조약(TAC, Treaty of Amity&Cooperation in Southeast Asia)'을 채택했다. TAC 조약을 통해 독립, 주권, 평등, 영토와 국가 정체성의 상호 존중, 외부 간섭으로부터의 자유, 내정 불간섭, 분쟁의 평화적 해결, 위협과 무력 사용 포기 등이 지역의 안정과 평화를 위한 아세안의 핵심 원리로 자리 잡게 되었다.

(2) 아세안 공동체 발전 과정

아세안은 출범 이후 냉전 시기에는 주로 지역 안보를 위한 협력과 지역 분쟁 해소에 주력하다가 꾸준히 경제를 위시한 다른 분야로 역할을 확대하였고, EU 등의 지역 블록화에 자극받아 1992년 아세안자유무역지대(AFTA: ASEAN Free Trade Area)를 2008년까지 출범시키기로 합의하고 관세 인하를 시작함으로써 지역 통합의 토대를 마련하였다. 아세안 창설 30주년이자 바로 동아시아 외환위기가 갑자기 밀어닥친 1997년을 계기로 지역 통합의 필요성을 절실히 인식하게 되었고 '아세안 비전 2020'를 채택하면서 아세안 공동체라는 지역 협력체를 향해 통합의 시동을 걸었다.

아세안은 2003년 10월 발리 정상회의에서 채택한 '발리 아세안합의 선언II(Bali Concord II)'를 통해 아세안을 2020년까지 유럽연합에 버금가는 하나의 지역공동체로 완성해 나가고, 이를 위해 정치, 경제, 사회문화 공동체로 구성된 아세안 공동체를 설립한다는 목표를 제시했다. 2007년 11월 싱가포르에서 열린 정상회의에서는 아세안 공동체를 앞당겨 2015년까지 출범시키겠다는 의지를 밝혔으며, 아울러 '아세안 헌장'에 서명하였고 2008년 공식 발효되었다.

'아세안 헌장'은 국제기구로서 아세안에 법인체의 지위를 부여하고 민주주의 강화, 자치와 법에 의한 통치, 인권과 기본적 자유의 보호와 증진을 명시했다. 회원국의 국내문제는 불간섭을 원칙으로 하고 의사 결정 방식은 투표 없이 타협과 합의를 통하도록 했다. '아세안 헌장'에 나타난 아세안 공동체의 성격은 "하나의 비전, 하나의 정체성 그리고 돌보고 공유하는 공동체(One Vision, One Identity and One Caring and Sharing Community)"로 규정되었다.

2015년 11월 말레이시아 쿠알라룸푸르에서 개최된 제27차 아세안 정상회의에서 아세안 공동체(AC, ASEAN Community) 출범을 위한 '2015 쿠알라룸푸르 선언' 서명식을 개최하고 12월 31일 아세안 공동체가 공식 발족되었다. 또한, 아세안 정상들은 역내 통합의 동력을 유지하도록 향후 10년간의 실행 구상을 담은 〈아세안 공동체 비전 2025(ASEAN Community Vision 2025)〉를 채택하여 역내 통합을 심화하고 대외적으로는 동아시아 지역과 세계 평화, 안보, 안정에 기여할 것을 천명하였다.

아세안 공동체 비전 2025

아세안 공동체(AC, ASEAN Community)는 아세안 국가들 간의 정치·안보, 경제, 사회·문화 측면의 통합을 촉진하고 지역의 평화와 번영을 도모하기 위하여 출범하였으며, '아세안공동체 비전 2025'은 아세안 정치·안보 공동체, 아세안 경제 공동체, 아세안 사회·문화 공동체 등의 세 축으로 구성되어 있다.

아세안 정치·안보 공동체(APSC, ASEAN Political-Security Community)는 평화롭고 정의로우며 민주적이고 조화로운 공동체 조성을 목표로 하며, 이를 위해 가치와 규범을 공유하며 규칙에 기반한 공동체 건설, 포괄적 안보 책임을 공유한 결속력 높고 평화로우며 탄력적인 지역 건설, 역동적이고 개방적인(outward-looking) 지역 건설을 과제로 제시하고 있다. 이를 통해 새로운 안보 이슈인 테러와 인신매매, 마약 등 초국가적 범죄에 대한 대응, 남중국해 분쟁을 포함한 해양 안보 유지, 핵무기를 비롯한 대량 살상무기 금지를 위해 협력하기로 하였다.

아세안 경제 공동체(AEC, ASEAN Economic Community)는 상품 및 서비스·자본·노동의 이동이 자유로운 단일 시장과 단일 생산 기지 창설을 목표로 하고, 인적 자원의 개발, 교육 협력 강화와 금융 정책 협력 확대를 제시하였다. 단일 시장과 생산 기지는 안정적이고 풍요롭고 높은 경쟁력을 갖은 시장, 재화 서비스 그리고 투자의 자유로운 흐름과 무역과 투자에 있어서 효과적인 기반을 갖고 있는 경제적으로 통합된 시장, 비즈니스맨, 전문가, 예술가, 그리고 노동자의 이동과 자본이 더욱더 자유로운 흐름이 보장된 기반을 갖는 시장과 생산기지를 의미한다.

아세안 사회·문화 공동체(ASCC, ASEAN Socio-Cultural Community)는 사람을 중심으로 사회적 책임을 다하는 공동체를 만드는 것이 목표로 제시되었고, 이를 위한 과제로 인적 개발, 복지와 사회보장, 사회 정의와 인권, 지속 가능한 환경, 개발 격차 완화를 제시하였다. 인구·교육·실업·질병·환경 등의 분야에서 공동 협력을 강화하여 사람 중심의 아세안(People-oriented, People-centered ASEAN)을 만들기 위한 노력을 지속하기로 하였다.

(3) 동아시아 지역 협력의 중심으로 부각

아세안은 1978말 개혁개방 천명으로 급속히 발전을 이룬 중국의 등장, 세계화, 탈냉전, 그리고 1997년 아시아 금융위기로 이어지는 국제 질서의 재편과 경제 환경의 변화로 인해 그때까지 추구해 온 역내 지역 협력 방식으로만은 대처할 수 없다는 인식을 공유하게 되었으며, 특

〈지역 협력 구성도〉

히 외환위기가 갑자기 밀어닥치자 지역 협력 필요성을 절실하게 느끼게 되었다. 이에 따라 그동안 불신과 경계의 눈으로 바라보았던 중국과 일본을 포함한 동북아 국가들을 협력 파트너로 재인식하고 한국, 중국, 일본과 '아세안+3'으로 불리는 협력 채널을 구축하여 경제 분야는 물론이고 사회문화와 정치안보 영역까지 협력을 확대하고 있다.

'아세안+3'를 통한 동남아와 동북아 간의 협력 체제가 구축되자 미국 등 서방 국가들은 동아시아 국가들만의 지역주의로 중국의 위상이 강화될 것을 우려하여 아시아로 다시 눈을 돌렸다. 아세안은 이러한 상황을 활용하여 유럽 국가들과 아시아·유럽 정상회의 (ASEM)를 정기 개최하고 미국을 포함한 동아시아 정상회의(EAS)를 정례화해 자신을 아시아를 넘어 국제 정치의 중심 무대로 만들어 놓았다. 현재 한국, 미국, 중국, 일본, 러시아 정상들이 연례 동

아시아정상회의(EAS)에 참석하고, 매년 한·아세안, 일·아세안, 중·아세안, 미·아세안 등 정상회의를 개최하고 있다.

무역과 투자 분야에서 2002년 1월 1일 아세안자유무역지대(AFTA, ASEAN Free Trade Agreement)가 발효되고, 아세안이 한·중·일 3국과 각각 자유무역협정(FTA)을 체결한 데 이어 인도, 호주, 뉴질랜드로 확대했다. 나아가 아세안 10개국, 한·중·일, 호주, 뉴질랜드, 인도 등 16개국을 통으로 묶는 '역내 포괄적 경제동반자협정(RCEP)' 협상이 추진되고 있다.

한편, 아세안 국가들은 냉전이 종식되면서 지역의 안보와 방위를 미국에 의존하거나 이를 신뢰할 수 없게 되자 여러 국가들을 자신의 대화 테이블에 끌어들여 안보 체제의 공백에 대처하기 위해 아세안지역안보포럼(ARF, Asean Regional Forum)을 결성하였다. 아세안 10개국(필리핀, 말레이시아, 싱가포르, 인도네시아, 태국, 브루나이, 베트남, 라오스, 미얀마, 캄보디아)을 중심으로 아세안 대화 상대국 10개국(유럽연합 의장국, 미국, 일본, 중국, 러시아, 한국, 호주, 캐나다, 뉴질랜드, 인도), 기타 7개국(스리랑카, 파키스탄, 방글라데시, 동티모르, 북한, 몽골, 파푸아뉴기니) 등 27개국이 회원국으로 가입되어 있다. ARF는 세계 최대의 다자주의 안보 포럼으로 북한도 참여하고 있어 큰 관심을 끌고 있다.

아세안은 서로의 다름을 존중하는 '다양성 속의 통합(Unity in Diversity)'이라는 기조 아래 동남아 개별 국가들이 지역 협력체 구축을 통해 힘과 지혜를 모으고 있다. 정치적 협력, 지역 안보와 평화 확보, 비전통적 안보 위협에 대응 등의 여러 차원에서 아세안의 중요성은 나날이 커지고 있다. 이제 아세안은 국제 관계의 변수가 아니라 중요한 상수가 되고 있으며 동아시아 질서 구축뿐만 아니라 세계 질서 형성에도 영향을 미치고 있다. 아세안은 동아시아에서 경쟁하는 중국과 일본 사이에서 중간자적 우위를 누렸지만 이제 미국과 중국 사이에서도 중요한 행위자가 되고 있다.

3. 아세안과 중국과의 관계

(1) 중국의 아세안 정책

동남아는 해양 실크로드 주요 해역인 남중국해가 있고 인도양으로 나아가는 출구 확보 필요성 등 여러 측면에서 중국의 중요한 전략 지역이다. 이에 따라 중국은 아세안에 많은 공을 들이고 있다. 1997년 아시아 금융위기 당시 중국이 위안화를 평가절하하지 않음으로써 대국으로서 책임 있는 모습을 보였다. 만약 이때 중국이 위안화를 평가절하하였다면 아시아 경제는 더 큰 위기에 직면했을 것이다. 중국은 환율을 유지했고 각국에게 거대한 중국 시장을 제공했으며 다른 한편으로 아세안 국가들에게는 통이 큰 경제 원조를 하면서 아시아 경제의 버팀목이 되었다.

이를 계기로 중국과 아세안 관계는 상당히 빠른 속도로 발전해 왔다. 2001년 11월 자유무역협정(FTA) 체결을 추진하기로 합의한 데 이어 2002년 11월에는 '중국 · 아세안 포괄적 경제 협력에 관한 기본 협정(Framework Agreement)'을 체결하여 FTA 협상을 공식 개시하였으며, 2009년 8월에 '중국 · 아세안 자유무역협정'을 체결하고 2010년 1월에 발효되었다. 한편, 중국은 아세안과 '비전통적 안보 분야에서의 협력 관련 공동선언' 및 '남중국해 당사자 행동 선언'을 채택하였으며 동남아시아 우호협력조약(TAC, Treaty of Amity and Cooperation in Southeast Asia)에도 가입하였다.

중국은 아세안 지역 내 후발 개도국에 특별 원조를 제공함으로써 아세안 지역 내에서 영향력을 확대하기 위해 지속적인 노력을 전개하였다. 2009년 4월 중국은 아세안 역내 협력 강화 지원을 목적으로 향후 3~5년간 150억 달러의 대출을 제공하고 아세안 지역 후발 개도국, 즉 캄보디아, 라오스, 미얀마에 대한 특별 원조 실시 제공에 대해 검토하겠다는 의사 표명을 하였다. 2016년 9월에는 '중국·아세안 2016~2020년 협력 사업에 관한 행동계획(Plan of Action)'에 서명하였다. 그리고 아시아인프라투자은행(AIIB), 대아세안협력기금, 메콩유역개발기금 등 다양한 기금을 활용하여 아세안 협력 사업을 추진하고 있다.

(2) 남중국해 문제

아세안의 중국에 대한 경제 의존도가 심화됨에 따라 우려도 나오고 있고, 역내 엘리트들은 중국의 과도한 군사적, 경제적 영향력 발휘에 대해 두려움 혹은 혐오감을 내비치고 있다. 특히 남중국해 문제는 안보 문제를 제기시키고 심지어 '중국위협론'까지 나오고 있는 형국이다.

아세안은 1992년 '남중국해 선언(Declaration on South China Sea)'을 발표하여 관련국들이 남중국해 분쟁의 평화적 해결을 모색하고 무력 사용을 자제할 것을 요구했다. 2002년 중국과 동남아 국가 간에 '남중국해 당사자 행동선언(DOC, Declaration on the Conduct of Parties in the South China Sea)'으로 일단 소강상태로 들어갔으나, 2009년 이후 중국의 무력시위 등 군사 행동이 증가하면서 다시 남중국해 이슈가 동남아 안보 문제의 핵으로 부상되고 있다. 2015년 11월 아세안정상회의에서 '남중국해 당사자 행동선언(DOC)'을 준수하고, '남중국해 행동규범(COC, Code of Conduct of Parties in the South China Sea)'을 조속한 시일 내에 제정해 나갈 것을 촉구하였다.

스카보러 환초를 둘러싼 중국과 필리핀 간의 군사적 대치, 석유 시추 문제로 인한 중국과 베트남 간 물리적 충돌이 잇달아 발생하고 중국에 의한 인공 섬 건설이 새로운 쟁점으로 떠오른 가운데, 필리핀이 제소한 남중국해 문제에 대해 상설중재재판소(PCA, Permanent Court of Arbitration)가 2016년 7월 12일 중재재판 결과를 발표하였다. 중국은 남중국해 대부분을 포괄하는 '구단선(九段線, U자 형태로 9개의 선)'을 그어 자국의 해양 경계선이라고 주장하고 있지만 PCA는 구단선의 역사적 권원을 부정하고 중국이 개발 중인 인공도서 건설 지형들을 암초(rocks)라고 규정하여 배타적 경제수역과 대륙붕을 가질 수 없는 섬이라고 정의하였다.

반면에 중국은 필리핀이 제안한 중재를 받아 들이지도 참여하지도 않겠다는 입장을 선포하였고 이 입장을 거듭 강조하였기 때문에 상설중재재판소는 관련 분쟁에 관할권이 없고 해당 판결은 효력이 없으며 구속력이 없다고 주장하고 있다.

남중국해 문제

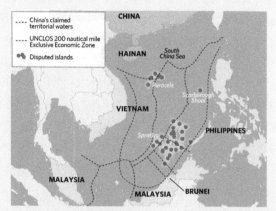

〈남중국해 분쟁 지역 및 각국의 추정 EEZ 경계〉

남중국해는 말라카해협을 거쳐 서태평양 지역으로 향하는 세계에서 가장 복잡한 국제 해상로이다. 전세계 해양 물류의 약 30%, 원유 수송량의 약 60%가 지나가는 전략적 요충지다. 남중국해에는 세계에서 가장 많은 해양 생물이 서식하고 있으며(약 2,500종), 대략 110억 배럴의 원유와 190조 큐빅피트가량의 천연가스가 매장되어 있는 것으로 추정된다.

남중국해 문제는 중국, 대만, 베트남, 필리핀, 말레이시아, 브루나이가 남중국해상의 해양 지형물에 대한 영유권 및 해양 관할권을 주장하는 해양 영토 분쟁을 말한다. 남중국해 지역에서는 무력을 동원한 영유권 분쟁이 끊이지 않고 있다. 한편으로 대화와 협상을 통한 분쟁 해결을 주창하며 양자 간 또는 다자 간 협상의 틀을 만들기도 했다. 2002년 아세안과 중국은 '남중국해 당사자 행동선언(DOC, Declaration on the Conduct of Parties in the South China Sea)'을 도출하였다. 이는 남중국해 문제를 중국과 아세안 개별 회원국 간 양자 문제에서 지역 차원의 문제로 인식하게 하여 다자 간 접근 가능성을 제공하였다는 데 의의가 있었다.

그러나 2011년 중국에 의한 베트남 국영석유회사의 석유 탐사선 케이블 절단 사건, 2012년 스카보러 환초를 사이에 둔 중국과 필리핀 간의 군사적 대치 및

중국의 도서 점령, 2014년 파라셀 군도 부근에서의 석유 시추 문제로 인한 중국
과 베트남의 물리적 충돌이 잇달아 발생하며 긴장이 고조되었다. 특히 중국에
의한 인공섬 건설이 분쟁의 새로운 쟁점으로 떠오르고 있다. 한편, 미국은 해양
의 자유를 이유로 남중국해에 대한 관심을 증대시키고 있으며 2010년 힐러리
클린턴 당시 국무장관이 베트남 하노이에서 열린 아세안지역안보포럼(ARF)에
서 남중국해 영유권 분쟁의 평화로운 해결을 주장하면서부터 보다 적극적인 움
직임을 보이기 시작했다. 미국은 남중국해 영유권을 주장하는 중국에 맞서 국
제법에 따라 '항해의 자유'를 보장할 것을 요구하고 있으며 군함을 파견하여 중
국이 조성한 인공섬의 12해리(약 22km)에서 이른바 '항해의 자유'(Freedom of
Navigation) 작전을 실시하고 있다 . 이에 중국은 자국의 주권을 침해하고 안보
를 위협하는 도발행위라고 반발하고 있다

미국이 본격 개입하면서 중국 대 아세안 혹은 중국 대 아세안 개별 국가 구도가
아닌 미중 대립이 된 것이다. 이러한 상황에서 중국과 영유권 분쟁을 벌이고 있
는 동남아 국가들이 미 해군 주도로 2년마다 열리는 세계 최대 다국적 환태평양
합동 해상훈련인 림팩(RIMPAC) 훈련에 참가하여 주목을 끌었다. 2018년 6월
하와이 근해에서 실시된 림팩 훈련에 베트남, 필리핀, 말레이시아, 브루나이가
참가했다.

(3) 아세안 국가들의 중국에 대한 태도

필리핀과 베트남은 남중국해 문제를 두고 중국 공격의 선봉장 역
할을 하였으나 후임 정부는 '경제 우선' 정책을 취하면서 중국을 자
극하지 않으려고 한다. 필리핀은 두테르테 대통령이 집권하자 중국
과의 관계 개선에 집중하는 모습을 보이고 있다. 베트남은 PCA 판
결 이후 중국이 무력시위를 하자 긴장 국면에 접어들기도 하였으나
현재는 비교적 평온한 관계를 유지하고 있다.

아세안이 중국의 무력시위에 제대로 된 대응이나 입장을 내놓지 못하고 있는 것은 아세안 국가들 가운데 대중국 전선을 주도할 힘과 의지를 지닌 국가가 없을 뿐만 아니라 캄보디아, 라오스 등과 같은 국가들은 친 중국 노선을 취해 단합된 힘을 발휘하는 데 한계가 있기 때문이다. 싱가포르가 아세안의 합치된 의견을 내보려고 동분서주했으나 중국이 홍콩 세관의 싱가포르 장갑차 압류 등으로 공세를 취해 오자 결국은 타협하는 방향으로 전환했다.

2017년 6월 싱가포르 외교장관이 중국을 방문해 일대일로 프로젝트, 역내포괄적경제동반자협정(RCEP) 등에서 협력을 제의하였고, 2017년 9월 리셴룽 총리가 중국을 방문하여 시진핑 주석과 금융, 사법, 방위 부분에서 협력 증진을 논의하였다. 또한, 아세안-중국 대화 조정국이자 2018년도 아세안 의장국으로서 아세안과 중국 간 협력 관계 강화 입장을 제시함으로써 양국 관계는 긴장 관계에서 협력 관계로 전환되고 있다.

(4) 아세안과 중국 관계 평가

아세안은 남중국해 문제 등으로 안보 불안이 커지고 일대일로 구상으로 인해 자칫 중국에 경제적, 정치적으로 종속될 수 있다는 우려가 점증하고 있으나 오히려 중국에 끌려 다니는 모양새이고 중국의 제안에 협력해 현실적 실리라도 챙기자는 분위기로 가고 있다. 심지어 이제까지 정치·안보상의 이유로 반 중국 성향을 보였던 국가들도 중국 접근 정책으로 선회하고 있다.

미국의 절대적인 지원하에 민간정부가 들어선 미얀마는 아웅산

수치 국가자문관이 아세안을 제외하고는 가장 먼저 중국을 찾았다. 경제 발전과 국내 정세 안정(특히 소수민족 문제 관련)에 중국과의 관계가 중요하다고 본 것이다. 인도네시아 조코위 정부는 경제성장에 필요한 재원을 마련하기 위해 일대일로 전략을 활용하고 있다. 국제 경제의 침체 영향을 받고 있는 싱가포르, 군부 통치로 미국의 제재를 받고 있는 태국도 중국과 경제 협력을 도모하고 있다. 라오스, 캄보디아는 친중국 성향의 권위주의 정치 체제하에서 중국의 지원을 받아 연 7% 전후의 높은 경제성장률을 보이고 있다.

아세안 각국 지도층으로서는 무엇보다도 국민들의 생활수준 향상 욕구에 부응하는 정책을 펴려고 한다. 대중의 기대나 희망에 부응하지 못하면 정권 유지가 어렵다는 것을 잘 인식하고 있으며 선발 아세안 국가와 마찬가지로 후발 아세안 국가들도 해외 투자 유치를 위한 개방과 인프라 정비 등을 통해 투자환경을 개선하려고 한다. 이를 위해 정치 · 경제적으로 의존도가 높고 지불해야 할 대가가 큼에도 불구하고 중국의 제안을 받아들이고 있다.

중국은 쿤밍에서 출발하여 라오스와 태국을 잇는 고속철도를 건설하고 있으며 미얀마와는 환경 문제 등으로 중단되었던 36억 불 규모의 미이트슨(Myitsone) 댐 공사를 재개하기로 합의하였다. 그리고 '란창(瀾滄)강 - 메콩강' 협력회의 지도자회의(정상회의)를 통해 메콩강 수자원 공동 개발에 대대적으로 자금 지원 계획을 밝혔다. 일대일로 추진에 박차를 가하는 동시에 외교적 입지도 넓히려는 의도로 풀이된다.

중국의 메콩강 유역 개발 참여 동향

〈메콩강〉

'동남아의 젖줄'로 불리는 메콩강은 중국 칭하이성에서 발원해 티베트, 윈난(雲南)을 거쳐 미얀마 · 라오스 · 태국 · 캄보디아 · 베트남을 흐르는 총 4,880km의 대하천으로 중국에서는 란창(瀾滄)강으로 부른다. 메콩강 개발 국제기구는 메콩강위원회(Mekong River Commission, MRC)와 메콩강 유역개발(Greater Mekong Subregion, GMS)이 있다. MRC는 태국, 라오스, 캄보디아, 베트남이 회원국이며 메콩강 상류의 중국과 미얀마는 대화상대국으로 간접적으로 참여하고 있다. 메콩강 유역의 수자원관리와 지속가능한 개발과 이를 위한 환경보호와 수자원 이용의 효율화를 도모하는 것을 목표로 하고 있다. GMS는 태국, 라오스, 캄보디아, 베트남, 중국, 미얀마 6개국이 가입되어 있으며, 프로그램 추진 대상은 운송, 에너지,환경, 천연자원 개발, 인적자원 개발, 관광, 교역 및 투자, 통신 부문 등이다. ADB가 GMS 발전을 주도하고 있으며 차관을 제공하는 등 재정적으로 지원할 뿐만 아니라 기술적 지원도 해 주고 있다. 또한, G7, OECD 회원국들이 공적 개발 원조를 하도록 유도하고 있다.

중국이 MRC에는 가입하지 않고 GMS에는 적극적으로 참여하고 있는 것은 상류에 위치하고 있는 이점을 최대한 활용하여 댐을 건설하려고 하나 MRC는 메콩강의 지속 가능한 수자원 개발과 관리가 주목표이기 때문에 댐을 건설할 경우 MRC 규정을 지켜야 함은 물론 메콩강 하류 국가들과 협의해야 할 가능성이 크기 때문이다. 중국은 메콩강 상류에 이미 7개의 댐을 건설했고 추가로 더 많은 댐 건설을 계획하고 있다. 상류에 댐이 생기면서 하류 국가는 가뭄과 홍수 조절이 어려워진 것은 물론, 민물 어족 자원도 고갈되는 문제로 적잖은 갈등이 빚어지고 있다.

중국이 GMS 사업에 적극적인 또다른 이유는 내륙인 윈난성에서부터 바다로 이어지는 메콩강 하류 남단까지 운송망 시스템을 구축하는 프로젝트가 많아 자국의 물류구상에 부합되기 때문이다. 운송 시스템을 통해 수출입과 인적 교류는 물론 나아가 메콩강 유역에 산업단지를 구축하려고 한다. 중국은 메콩강 개발 협력체로 '란창(瀾滄)강-메콩강' 협력회의(LMC)를 주도하고 있다. 2017년 3월 하이난성 싼야(三亞)에서 첫 정상회의를 열었고 제2차 LMC 정상회의는 2018년 1월 캄보디아 프놈펜에서 개최되었다. 중국은 하류의 동남아 국가들에 강 유역 연계 발전 방안을 내놓았고 메콩 강 유역의 천연자원에 대한 대규모 투자 방안도 제시했다. 경제적인 이슈 이외에 안보 문제까지 협력 분야를 넓히고 있으며, LMC를 미국 등 외부 세력의 영향력이 미치지 않는 지역 협력체로 키워간다는 계산을 하고 있다.

중국은 거대한 자금력을 앞세워 아세안의 대규모 개발 프로젝트들을 싹쓸이하다시피 하고 있다. 인도네시아 고속철도 사업, 말레이시아 송유·가스관 및 동해안 철도(ECRL) 건설 등 수많은 프로젝트를 수주하고 있는데, 동해안 철도는 사업비 120억 달러 가운데 85%를 중국 측이 지원하고 중국 기업이 건설을 맡았다. 그런데 61년 만에 최초로 정권이 교체된 말레이시아는 재집권한 마하티르 총리가 "동해안 철도 건설 사업을 포함해 전임 정부가 추진한 사업을

재평가하겠다."라며 중국의 말레이시아 투자 사업을 전면 재검토
하겠다는 입장을 밝혔다.

동남아시아에 대한 중국의 영향력이 갈수록 커지는 가운데 아세
안 창설 멤버 인도네시아가 호주의 아세안 가입을 지지한다는 입장
을 밝혀 주목된다. 조코 위도도 대통령은 2018년 3월 16일 호주 일
간 시드니모닝헤럴드와의 인터뷰에서 호주의 아세안 가입에 대해
좋은 발상이라고 생각한다고 말했다. 위도도 대통령의 발언은 중국
의 역내 패권 확장에 위기감을 느낀 동남아 국가들이 호주를 끌어
들여 중국을 견제하려는 움직임을 보이는 것으로 해석된다.

1. 전략적 동반자 관계로 발전

한국은 1989년 7월 브루나이 아세안 외무장관회의에서 아세안의 부분적 대화 상대국(Sectoral Dialogue Partnership)이 되고 1991년에 완전 대화 상대국(Full Dialogue Partnership)이 되었다. 1997년 IMF 외환위기 이후 아세안과 한·중·일의 공동 대처를 계기로 말레이시아 쿠알라룸푸르에서 개최된 아세안 창립 30주년 기념 정상회의에 한·중·일 정상이 초대되는 형태로 'ASEAN+3'가 시작되었고 이때 처음으로 '한·아세안 정상회의'가 개최되었다.

2004년 라오스에서 개최된 한·아세안 정상회의에서 '포괄적 동반자 협력에 관한 공동 선언'에 이어 2005년 한·아세안 정상회의에서 이 공동선언을 실행하기 위한 행동 계획이 채택되었다. 2007년에는 한·아세안 자유무역협정(FTA)이 발효되었다. 대화 상대국 20주년이 되는 2009년 3월에는 한·아세안센터가 서울에 설립되었으며, 6월에는 제주에서 한·아세안 특별 정상회의를 개최하였다.

2010년에 한국과 아세안은 양자 관계를 전략적 동반자 관계로 격상시키고 '평화와 번영을 위한 한·아세안 전략적 동반자 관계 공동 선언'과 행동 계획을 발표했다. 이 선언을 통해 비전통 안보 분야와 다자 안보 협의체를 포함한 정치·안보 분야에서의 협력 강화를 명확히 하였다. 2012년에는 자카르타에 주아세안대표부를 설립했다. 대화 상대국 25주년이 되는 2014년에는 부산에서 제2회 한·아세안 특별 정상회의가 개최되었다.

한국과 아세안은 두 차례의 특별 정상회의를 통해 한·아세안 안보 대화 체제 설립 및 다자 안보 채널을 통한 협력 강화, 한반도 평화 달성을 위한 협력과 아세안의 중심성 지지, 한국의 동남아비핵지대화조약 지지 및 아세안 통합 이니셔티브에 대한 지원, 인권 및 대테러 비전통 안보 분야에서의 협력 강화 등을 약속했다. 한국은 '아세안+3' 이외에도 동아시아 정상회의(EAS), 아세안 지역안보포럼(ARF) 등에도 적극 동참하고 있으며, 아세안 10개국과 한국, 중국, 일본, 호주, 인도, 뉴질랜드 등 6개국의 역내포괄적경제동반자협정(Regional Comprehensive Economic Partnership, RCEP) 체결 협상에도 적극 참여하고 있다.

한국의 ASEAN+3 발전 및 동아시아 정상회의(EAS) 출범 기여

동아시아 지역협력 초기에 한국 정부가 큰 공헌을 한 것으로 평가받고 있다. 아시아 외환위기 이후 1998년 하노이 ASEAN+3 정상회의에서 동아시아비전그룹(EAVG, East Asia Vision Group) 설립을 주창했다. EAVG는 21세기 동아시아 협력의 중장기 비전을 작성하기 위한 민간전문가들의 협의체로서 동아시아 지역의 발전을 용이하게 하기 위해 경제적 유대를 포함한 정치·사회·문화적 협력을 강화하고 확대하는 방안을 찾는 것이 목적이었다.

EAVG는 아세안+3 국가들의 단기 및 중장기 협력 프로그램을 만들이 냈다. 이 프로그램들은 이후 동아시아를 하나의 경제 지역으로 전환하는 데 중요한 역할을 했다. 2001년 제5회 ASEAN+3 회의에서 EAVG는 '동아시아 공동체를 향하여-평화 번영 진보의 지역'이라는 보고서를 제출하였다. 이 보고서가 설정한 최종 목표는 동아시아의 평화와 안정 및 경제적 번영 도모와 개방적, 포괄적이며 투명하고 외부 지향적인 협의체를 구성하는 것이다.

김대중 대통령은 2000년 11월 싱가포르 ASEAN+3 정상회의에서 동남아와 동북아를 연결하는 정부 차원의 동아시아 스터디 그룹(EASG, East Asia Study Group) 설치를 제안하여 동아시아의 지도자들로부터 환영과 지지를 받았다. 특히 의장국 싱가포르의 고촉통 총리는 ASEAN+3 정상회의를 동아시아 정상회의(East Asia Summit)로 발전시켜 나가야 할 것으로 생각한다고 하고, 이 문제를 동아시아 연구그룹의 과제로 하자고 제의하였다.

이어서 2002년 캄보디아에서 열린 ASEAN+3회의에서 EASG의 최종 보고서가 채택되었으며 동 보고서는 동아시아 정상회의 등 26개 협력 사업을 권고하였다. 동아시아 정상회의(EAS, East Asia Summit) 첫 회의가 2005년 12월 말레이시아 쿠알라룸푸르에서 ASEAN 10개국과 한국·중국·일본·인도·호주·뉴질랜드 등 16개국 정상이 참가한 가운데 개최되었다. 이 자리에서 회원국 대표들은 EAS의 출범의 의의와 미래 방향, 주요 현안 등을 논의하고 '동아시아 정상회의에 관한 쿠알라룸푸르 선언'을 채택했다. 2010년 10월 베트남 하노이에서 열린 제5차 회의에서는 'EAS 5주년 기념 하노이 선언'을 채택했고 미국과 러시아의 EAS 가입을 확정하였다.

2. 중요한 교역 투자 및 교류 대상

경제적으로 한국에게 아세안은 제2의 교역 대상이자 건설 수주 시장이며 해외 투자 대상 지역이다. 2013년 한국의 아세안과의 교역량은 1,750억 달러로서 전체 교역량의 12.6%에 달하여 한국이 아세안보다 교역을 많이 했던 국가는 중국(2,289억 달러, 21.3%)밖에 없었다. 이로써 한국의 전통적인 교역 파트너였던 EU(1,051억 달러), 미국(1,036억 달러), 일본(947억 달러)를 제치고 아세안이 제2의 교역 파트너로 떠오른 것이다. 한국은 2020년에는 아세안과의 교역량을 2,000억 달러까지 늘린다는 목표를 세웠다.

한국은 2016년 아세안에 745억 달러의 상품을 수출했는데 이는 한국 전체 수출액의 15%에 해당된다. 한국의 중국에 대한 수출은 25.1%를 차지하고 있으며 미국이 13.4% 그리고 EU가 9.4%라는 점을 감안하면 아세안 시장이 얼마나 중요한지를 알 수 있다. 한편, 한국은 아세안과의 교역에서 지속적인 무역수지 흑자를 기록하고 있다. 아세안의 제조업에 사용되는 부품, 소재, 중간재를 주로 수출하고 있기 때문이다.

대아세안 수출은 한국 기업의 현지 투자와 밀접한 관계를 갖고 있다. 예컨대 베트남의 경우 한국의 가장 중요한 수출품은 2016년 무선통신기기 부품, 집적회로 반도체, 평판 디스플레이, 인쇄회로 순으로 나타나고 있다. 이들은 삼성전자, LG전자 등 한국의 전자업체들이 현지에 투자한 회사가 조달하는 것이라고 할 수 있다. 중국의 자국 기업 위주의 정책이 기승을 부리고 있는 가운데 아세안은 한국에게 풍부한 노동력과 대외 개방적 경제 구조로 인해 매력적인 생산 거점으로 부상하고 있다.

베트남, 태국, 인도네시아를 비롯한 아세안 국가들은 한류 열기가 매우 뜨거운 곳이다. 신생국이고 가족 중심 농업사회 전통, 경제 발전 단계의 공통점 그리고 아세안 각국의 외국 문화에 대한 높은 수용성으로 인해 아세안 국가들에서 한류 성장도와 인기도는 괄목할만하다. K-pop과 드라마로 아세안 사람들은 한국에 대해 특별한 감정을 갖게 되었고 아세안 관광객들이 한국을 찾는 원동력이 되고 있다. 한국 사회에서 생활하는 아세안 국민들도 점점 증가하고 한국에서 유학하고 있는 아세안 지역 학생들도 늘어나고 있다. 이들은 한국 사회에 큰 기여를 하고 있을 뿐 아니라 단일민족 사회였던 한국을 다문화 사회로 바꾸고 있다.

3. 아세안 각국의 특징, 경제 정책 및 한국과의 관계

(1) 베트남

① 베트남의 특징

수천 개의 섬이 어우러져 절경을 만들어내는 하롱베이로 유명한 베트남은 북쪽으로부터 남쪽으로 세력을 확대해 영토를 확장하여 남북 길이가 1,650km에 달한다.

외부 세력으로부터의 도전과 응전 사이에서 극적인 변화를 많이 보여준 나라이며, 근현대사에서 프랑스, 미국, 중국 등 강대국과의 전쟁 상황을 극복한 나라로서 자부심이 대단하다. 공산당 일당 지배 체제 유지와 사회주의 노선을 견지하면서도 1986년 도이머이

〈하롱베이〉

(Doi Moi) 정책을 실시하여 경제 정책의 방향을 과감하게 전환하고 1990년대부터 개혁개방을 본격화하였다. 인구는 1억 명에 가까우며 15~34세의 젊은 층이 약 34%를 차지한다.

② 경제 정책

베트남은 값싼 임금 수준에 비해 풍부하고 질 높은 노동력을 바탕으로 제조업이 급속도로 발달하고 있어 포스트 차이나 글로벌 생산기지로서 입지를 다지고 있다. 최근 3년간 연평균 6%대의 경제 성장률을 나타내고 있으며 중산층 인구가 확대되어 소비시장 성장을 견인하고 있어 해외시장 진출 교두보로서의 가치도 높아지고 있다. 외국인 투자 유치를 위해 행정 절차 간소화 등 우호적 투자 환경 조성에 힘쓰고 있다. 휴대전화 중심의 전자제품 생산기지로 부상하고 있으나 전자부품산업의 경쟁력이 아직 취약해 글로벌 기업들의 수요를 충분히 지원해 주지 못하는 상황이다. 이에 따라 2014년부터 '2020 부품·소재 산업 개발을 위한 마스터플랜'을 실시하는 등 부품·소재 산업 육성에 힘쓰고 있다.

③ 한국과의 관계

아세안 국가들과의 경제 협력 강화, 외교 다변화를 이야기할 때 가장 중요한 국가의 하나가 베트남이며 미래 지향적 상생 협력의 관점에서 보았을 때 모범적인 관계가 한국과 베트남의 관계라고 할 수 있다. 양국은 유교 문화권에 속해 있어 서로 잘 어울리는 국가이며, 문화적으로나 생활양식으로 서로에게 강한 친근감과 동질감을 느끼게 하는 상호 흡인력이 있어 특별하고 자연스러운 파트너로 만든 큰 토양이 되고 있다.

양국은 2001년에는 '한 · 베트남 21세기 포괄적 동반자 관계' 공동 선언을, 2009년에는 '전략적 협력 동반자 관계'로의 격상을 발표했다. 양국 정상은 2017년 11월 APEC 회의 계기에 개최된 회담에서 전략적 동반자 관계를 더욱 발전시켜 나가기로 했으며 2018년 3월 문재인 대통령 국빈 방문 시에는 각 분야의 교류 협력을 확대 · 심화시켜 '전략적 협력 동반자 관계'를 한 단계 격상해 발전해 나가기로 하고 '한 · 베트남 미래 지향 공동선언'을 발표했다. '교역 1,000억 달러 달성 액션플랜 양해각서(MOU)'를 비롯해 소재 산업과 교통 및 인프라, 건설 및 도시개발, 4차 산업혁명 대응, 고용허가제 등 다양한 MOU도 체결했다.

2017년 양국 간 교역액은 639억 달러이며 한국의 대베트남 수출액은 478억 달러에 달하여 베트남은 한국에게 아세안 국가 중 제1위의 교역 대상국으로서 수출 전진기지가 되고 있다. 그리고 상호 보완적인 경제 구조와 주변국들의 투자 환경의 변화, 한국 기업들의 과감한 선제 진출로 베트남에 대한 투자가 급증하고 있다. 베트남은 노동력이 풍부하고 베트남 사람들은 손재주가 좋다. 그래서 일반 제조업체뿐만 아니라 스마트폰 등 첨단산업에 대한 투자까지 그 범위가 매우 넓다. 2017년까지 한국은 누적 투자액이 578억 달러에 달하여 베트남의 외국인 직접투자(FDI) 제1위 국가이고, 삼성·LG 등 기업들이 전기·전자 분야를 중심으로 적극적으로 투자를 추진하고 있어 중국을 대체하는 전기·전자 제품 및 관련 부품 생산기지로 급부상하고 있다.

현재 베트남에는 4,000여 개의 한국 기업들이 비즈니스 활동을 하고 있다. 베트남을 'China+1' 전략으로 택한 삼성전자는 하노이 근교에 대규모 스마트폰 공장을 가동하고 있다. 직원 규모가 16만 명에 이르고 있으며 2016년의 경우 베트남에서 삼성전자가 달성한 수출 금액이 300억 달러가 넘어 베트남 전체 수출의 20% 이상을 차지하고 있다. LG전자는 베트남 북부 항구 도시 하이퐁에 'LG전자 베트남 하이퐁 캠퍼스' 생산단지를 조성하고 있다. TV·휴대폰·세탁기·청소기·에어컨 등을 생산하여 베트남 내수 공급도 하고 아세안은 물론 글로벌 시장에도 수출하고 있다.

포스코는 2009년에 자동차나 전자제품에 쓰이는 얇은 강판을 만드는 냉연공장을 붕따우성 푸미 2공단에 세웠다. 연산 120만 톤 규모의 동남아 최대 규모다. 과감하고 선제적인 투자로 철강 수요가 급증하고 있는 베트남 시장을 선점하겠다는 전략이다. 효성은 2007년부터 호치민시 인근의 연짝 공단에 법인을 설립한 이후 지속적으로 투자하여 스판덱스, 타이어코드, 스틸코드, 전동기 등 제품을 생산하고 있다. 그리고 호치민 인근의 붕따우성 까이멥 산업단지에 액화석유가스(LPG) 기반 폴리프로필렌(PP) 생산공장 등 석유화학생산 공장 건설을 추진하고 있다.

　SK는 1990년대 초부터 SK이노베이션이 석유개발에 참여하고 있다. 한화는 방산 계열사인 한화테크윈이 하노이 인근에 항공기 엔진 부품 공장을 건립하고 있다. 한화에너지는 베트남 남부 룽안성에 태양광 발전소 건설을 추진하고 있다. 롯데는 롯데제과 · 롯데백화점 · 롯데마트 · 롯데시네마 · 롯데호텔 · 롯데면세점 등 많은 계열사가 진출해 있으며, 호찌민시가 경제 허브로 개발 중인 투티엠 지구에 백화점 · 쇼핑몰 · 호텔 · 오피스 · 주거시설 등으로 구성된 '에코스마트시티' 건설을 추진 중이다. CJ그룹은 베트남에서 현지 기업을 인수하거나 합자 형태로 물류, 식품, 사료, 영화, 홈쇼핑 등의 사업 영역을 넓히고 있다.

(2) 인도네시아

① 인도네시아의 특징

〈보로부두르 사원〉

세계 7대 불가사의 불교 유적 보로부두르 사원이 있는 인도네시아는 아세안 10개국의 경제 규모, 인구, 영토의 총합에서 단독으로 약 40%를 차지하며 인구는 2억 6,000만으로 세계에서 4번째로 많은 나라다. 1998년 IMF 사태의 후유증 속에 대규모 국민 저항이 발생하여 오랫동안 권좌에 있던 수하르토 대통령이 하야 한 후에 한동안 혼란을 격기도 했으나 2004년 유도요노 대통령이 당선된 후 위엄과 강한 소통자, 위기 시대의 확고한 리더로서 이끌었고 2014년 10월에는 조코 위도도 대통령이 당선되어 인도네시아는 한 단계 성장된 민주사회로 접어들었다.

세계적인 원자재 제공 국가로서 팜오일은 세계 최대, 고무와 카카오는 세계 2위, 커피는 세계 4위의 생산 국가이며 세계 1위의 석탄, 주석 수출국인 자원·광물 부국이다. 매년 5~6%의 안정적인 경제성장률, 중산층 확대에 따른 내수시장 성장 등으로 미래가 기대되고 있다. 인도네시아는 인구 대국으로서 소비 시장으로서의 중요성이 커지고 있는데, 소비 증가가 경제성장의 큰 동력이 되고 있는 것은 대인도네시아 교역 전략을 세우는 데 반드시 고려해야 할 항목이 되고 있다. 중산층이 급격하게 증가하고 있고 젊은 층의 인구 비중이 높아 소비재 수출에 주목할 수 있는 국가이다.

② 경제정책

섬유산업의 글로벌 생산기지로 발달한 인도네시아는 베트남, 캄보디아 등으로의 이전 증가, 설비 노후화, 인프라 부족 등으로 어려움을 겪고 있지만 외국 자본 유치를 적극적으로 추진하고 있으며 특히 경제 발전에 필요한 인프라 건설을 최우선 과제로 내세우고 있다. 전자상거래 로드맵(E-commerce Road Map)을 통해 일관성 있는 온라인 시장 체계를 추진하고 있고 경쟁력 있는 세계 경제로 도약하기 위해 디지털 경제로의 혁신을 선택하였다.

③ 한국과의 관계

한-인니 양국은 민주주의와 시장경제 가치를 공유하는 우방 국가로서 2006년 전략적 동반자 관계를 수립했다. 문재인 대통령은 2017년 11월 9일 조코 위도도 인도네시아 대통령과 정상회담을 갖고 '공동 번영과 평화를 위한 한-인도네시아 공동 비전 성명'을 채택하고 '특별 전략적 동반자 관계'를 설정하였다. 한국은 인도네시아에 T-50 훈련기, 잠수함 등을 수출해 왔다. 핵심 전략 무기인 차세대 전투기를 함께 개발하고 있으며 앞으로 인도네시아는 차기 잠수함 사업에 입찰할 예정이고 기타 헬기 사업, 무인기 등 협력도 추진 중에 있다.

한국은 인도네시아의 교역 대상국 중 6위를 차지하고 있다. 주요 수출품은 경유, 휘발유, 편직물, 합성수지, 열연 및 냉연 강관이며 주요 수입품은 천연가스, 유연탄, 원유, 천연고무, 펄프 등이다. 교역량은 2011년 300억 불 돌파 후 지속 감소하여 2016년 149억 불로 저점 기록 후 2017년 179억 불로 반등세를 보이고 있다.

인도네시아 진출 한국 기업의 수는 2,000개 내외이며 90년대는 섬유 중심의 노동 집약 산업 투자가 주를 이루었으나, 90년대 중반 이후 철강, 자동차, 전자 등의 제조업 분야에 본격 진출하고 있다. 2010년 이후에는 포스코, 롯데마트 등 대기업의 진출로 투자 규모도 대형화되는 추세이다. 일찍이 삼성전자와 LG전자가 진출하여 인도네시아 내수시장과 수출시장을 겨냥하여 가전제품을 생산해 왔으며, CJ가 식료품, 핵산, 사료 등을 생산하고 영화 등 문화 부문에도 적극적으로 진출하고 있다.

한국타이어, 포스코, 롯데케미컬, SK 에너지 등이 대규모 생산 공장을 가동하고 있다. 포스코는 연간 생산 능력 300만 톤 규모인 크라카타우 포스코를 운영하고 있는데 한국의 고유 기술과 자본으로 건설한 첫 번째 해외 일관 제철소다. 롯데마트는 인도네시아 대형 체인 Makro 19개 매장을 인수하여 유통업계에 진출하였다. 한국의 대형 은행을 비롯해 많은 금융기업들이 인도네시아에 전진 배치되고 있어 보험, 캐피털파이낸싱 등 사업 영역이 더욱 확장될 가능성이 크다.

최근에 현대자동차가 합작 법인을 설립했다. 인도네시아 현지에서 조립·생산기지 역할을 할 뿐만 아니라 판매망·서비스 네트워크 구축 역할도 담당한다. 일단 대형 트럭(엑시언트)과 중형 트럭(뉴마이티)부터 투입하고 순차적으로 라인업을 확대하며 인도네시아 시장을 넘어 동남아시아 상용차 기지로 육성할 계획이다. 아세안 자유무역협정(AFTA)에 따라 인도네시아에서 생산한 차량을 동남아 국가에 수출하면 무관세 혜택을 받는다.

(3) 싱가포르

① 싱가포르의 특징

1965년 말레이시아 연방에서 분리 독립한 싱가포르는 북쪽으로 말레이시아, 남쪽으로는 인도네시아라는 두 개의 지역 강대국 사이에 위치하고 있으며 태평양에서 인도양으로 나아가는 전략적 요충지인 말라카 해협을 연안에 두고 있는 섬나라다. 인구 600만의 도시국가에 해당되며 국민소득이 5만 달러를 상회하는 선진국이고 동남아의 '브레인'으로 불릴 정도로 아세안 통합 과정 및 강대국과 아세안 관계 설정에서 아세안의 Think Tank 역할을 해왔으며 각종 이니셔티브를 주도하고 있다. 영국, 호주, 뉴질랜드, 말레이시아 등 5개국 방위협정을 근간으로 국방 정책을 추진해 오고 미국, 일본, 중국 간의 세력 균형을 추구하며 새로운 지역 강대국의 대두를 경계한다. 분쟁이나 갈등을 지향하기보다는 친선 · 친교 전략으로 모든 나라와 우호를 추구한다.

싱가포르는 인도양과 태평양을 연결하는 전략적 요충지에 위치한 지리적 이점을 바탕으로 물류의 허브로 발전했다. 여기에는 지리적 이점뿐만 아니라 영어를 제1 공용어로 삼고 낮은 법인세와 투명하면서 기업 친화적 제도로 무장하여 동서 해양 물류를 빨아들인 점도 크게 작용했다. 그리고 정치적 · 사회적 안정성, 국제 기준에 부합하는 법률 제도, 공정하고 신속한 사법제도 등을 바탕으로 런던, 뉴욕, 홍콩, 동경과 더불어 세계 5대 외환시장으로서 역외 금융시장, 자본시장, 선물시장 등을 통해 지역 금융 중심지 역할을 수행하고 있으며 약 3,000개의 금융기관이 위치해 있다.

② 경제 정책

싱가포르는 국토가 좁고 부존자원이 거의 전무한 여건을 극복하고 중개 무역항으로서의 지리적 장점을 살리기 위해 정부 주도로 무역 자유화, 외자 유치 등 대외 개방형 경제를 추구한다. 싱가포르는 기업하기 좋은 국가(2위, 2018년), 경제 자유도(2위, 2018년), 국가 경쟁력(3위, 2017년)에 있어서 세계 최상위권에 위치한다. 최근에는 혁신을 통한 산업 경쟁력 강화를 목표로 하는 산업 변환 정책(ITM, Industry Transformation Map)을 실시하고 있다.

싱가포르는 바이오, 정보통신, 미디어 등 주요 성장 동력을 한데 모아 중점 육성하는 '원-노스 프로젝트'와 생활연구소(Living lab) 개념의 체계적인 스타트업 육성 정책도 추진하고 있다. 또한, 2014년 11월 리셴룽(李顯龍) 총리는 미래 10년 비전으로 '스마트 네이션(Smart Nation)' 프로젝트를 선포했다. 스마트 네이션은 기술과 데이터, 네트워크를 효율적이고 지능적으로 활용해 싱가포르 국민의 삶의 질을 향상시킨다는 목표를 갖고 있다. 정부가 수집해 놓은 기존 데이터에 스마트폰과 카메라, 센서가 실시간으로 수집한 데이터를 추가해 도시 계획에 활용하는 것으로 대표적인 것이 자율주행 택시이다.

③ 한국과의 관계

금융 · 해운 · 항공 · 물류 · 석유 거래의 허브인 싱가포르에는 200개 이상의 한국 업체가 진출하여 활동하고 있다. 컨테이너 물동량 기준 세계 제2위 항만인 싱가포르는 한국 해운업체의 거점이다. 싱가포르는 한국 기업들에게 중요한 건설시장이기도 하다. 쌍용건설은 싱가포르 명물로 자리 잡은 마리나 베이 샌즈 호텔과 복합 쇼핑몰인 래플즈시티(Raffles City)를 시공했다. 현대건설이 수주하여 시공한 마리나센터 건설공사, 폴라우테콩섬 매립공사, 창이공항 건설공사 등도 싱가포르의 명소를 만든 것으로 평가되고 있다.

〈마리나 베이 샌즈 호텔〉

　2018년 7월 문재인 대통령의 싱가포르 방문 시 리센룽 총리와의 회담을 계기로 4차 산업혁명 공동 대응을 위한 기술 협력, 자유롭고 공정한 교역 질서 구축, 스마트그리드 협력을 위한 양국 정부 및 기관간 여러 건의 양해각서(MOU)를 체결했다. 인공지능(AI), 사물인터넷(IoT), 바이오·의료 등 '4차 산업혁명 기술 협력'을 합의했다. 한·싱가포르 자유무역협정(FTA) 이행위원회를 조속히 개최하고 한·아세안 FTA 추가 자유화 진전을 위한 공조, 역내 포괄적 동반자 협정(RCEP) 연내 타결에 협력하기로 합의했다. 차세대 전력 인프라 시스템인 스마트그리드 기술을 활용해 미래 에너지 산업을 함께 육성하기로 했다.

(4) 말레이시아

① 말레이시아의 특징

　말라카 해협을 통해 동서양 문물이 교류하는 길목에 위치하고 있으며 말레이반도와 보르네오섬의 사라왁과 사바로 이루어져 있다.

말레이계, 중국계, 인도계 등이 공존하는 다민족, 다문화 국가로 외국인과 타문화에 개방적이다. 말레이계는 국교인 이슬람교를 믿으며 중국계는 불교, 도교, 기독교 등을 믿고 인도계는 힌두교를 믿는 다종교 사회이다. 정치는 말레이계, 경제는 중국계가 장악하고 있다. 부유한 중국계에 대한 말레이계의 불만이 많아 1969년에는 대규모 인종 폭동(5·13 사건)이 발발하기도 하였다. 말레이시아 정부는 '부미푸트라(토지의 아들, 토착민)'라는 말레이인 우대정책을 시행하고 있다. 부미푸트라 정책은 인종차별 논란이 계속되어 왔는데, 최근 정권이 바뀌면서 부미푸트라의 완화 여부를 놓고 말레이계와 중국계간의 갈등이 커지고 있다.

말레이시아는 일찍이 천연고무, 주석 산지로서 유명한 곳이며 지금은 팜오일을 대규모로 재배하여 수출하고 있다. 동남아 주요 산유국이자 LNG 생산국으로 석유가스 산업은 핵심 산업으로 발달했다. 세계적으로 전기자동차 증가와 신재생 에너지 성장 등으로 석유가스 산업의 장기적 성장에 불확실성이 커지면서 태양광발전소, 스마트미터기, 스마트그리드 등 신재생 에너지 관련 개발 프로젝트에 대한 지원을 확대해 가고 있다.

② 경제 정책

이슬람 율법을 중시하는 문화적 정체성에 기반을 둔 할랄 소비 시장이 새로운 성장 동력으로 부상하고 있는 가운데 말레이시아 정부가 할랄 제품의 표준화에 앞장서고 있다. 표준부에서 할랄 제품에 대한 국가 인증 기준을 정하고 이를 실질적으로 담당하는 부서로는 국가 기관인 이슬람개발부(Department of Islamic

Development, JAKIM)가 있다. 할랄 인증기관으로서 세계적 공신력이 있는 JAKIM은 말레이시아 표준법을 근거로 할랄 식품, 의약품, 화장품 등의 인증을 위한 제품생산, 취급, 보관 등을 다루는 종합 가이드라인인 'Malaysia Standard(MS)'를 수립하였다.

할랄 식품

할랄(Halal)은 '허용된'이라는 뜻의 아랍어다. 할랄 식품은 이슬람 율법에 따라 생산, 처리 가공돼 이슬람을 믿는 무슬림들이 먹을 수 있도록 만든 식품이다. 고기의 경우 이슬람식 도축 방식인 '다비하(Dhabihah)'에 따라 도축한 고기만을 할랄 식품으로 인정하며 공식적으로 인증 마크를 붙이고 있다. 할랄 식품을 판매하는 식당 역시 할랄 인증을 받아야 한다. 비이슬람권 국가에서 이슬람권 국가에 음식이나 의약품 등을 수출하기 위해서는 할랄 인증 마크를 받아야 한다.

아세안 국가들이 할랄 적용 대상 산업 범위를 점차 넓혀가고 있다. 인도네시아는 화장품, 개인 위생용품, 의약품, 의류와 같은 제조품에서 의료, 호텔, 관광, 물류 등 서비스 부문으로 확대하고 현재는 수입 식품의 할랄 인증을 권고하는 수준이지만 2019년부터는 인증 획득을 의무화할 예정이다. 무슬림 인구는 17억 명으로 전 세계 인구의 약 23%에 달하며, 젊은 무슬림 인구가 점차 증가함에 따라 2030년에는 전 세계 청년층(15~29세) 인구 중 무슬림이 29%를 차지하게 될 것으로 예측된다. 할랄 시장은 지속적으로 성장세를 보여 2021년에는 2조 7,430억 달러에 이를 것으로 전망된다.

말레이시아는 세계 이슬람 국가들과 활발하게 교류하여 글로벌 자본이 흘러들고 있으며 선도적으로 이슬람 금융상품을 개발하고 있는 나라이다. 2002년 바레인과 치열한 경쟁을 벌인 끝에 전 세계 주요 이슬람 국가 중앙은행들의 통합 기구인 이슬람 금융 서비스 위원회(IFSB) 유치에 성공했다. 사우디아라비아, 인도네시아, 이란,

쿠웨이트 등 34개국 185개 기관이 회원으로 참여해 이슬람 금융 산업 전반을 감독·규제하는 IFSB에는 한국의 금융위원회와 금융감독원도 2008년 공동으로 가입한 상태다.

이슬람 금융

기존 금융 시스템으로 설명할 수 없는 부분이 많은 이슬람 금융은 돈을 빌려주고 이자를 받는 행위를 금지하는 이슬람 율법을 준수해야 한다. 대출을 해주고 이자를 받는 구조 대신 실물자산의 매매나 이용을 통해 얻는 이윤을 배당하는 방식으로 투자자들에게 대가를 지급한다. 기업 지분 등을 담보로 하는 투기 행위가 불가능하고 도박, 마약, 술 등을 다루는 기업에 투자하지 않는다. 대신 파트너십 형태로 이익을 공유하는 것은 허용된다.

대표적인 이슬람 금융상품인 수쿠크는 이슬람 채권으로 이자를 현금으로 지급하는 대신 채권 소유로 발생하는 이득을 지분에 맞춰 부동산 등으로 지급한다. 글로벌 이슬람 금융시장은 2000년대 이후 연평균 15%의 급성장을 지속하고 있으며, 2014년 이미 2조 달러 규모를 넘어섰고 영국, 홍콩, 싱가포르, 룩셈부르크, 더블린, 두바이, 쿠알라룸푸르 등이 글로벌 수쿠크 허브로 부상하기 위해 치열한 경쟁을 벌이고 있다.

③ 한국과의 관계

말레이시아는 비교적 높은 소득 수준을 바탕으로 다양한 소비재 시장이 있고 여러 업종에 걸쳐 제조업 공급망이 잘 갖춰져 있어 기업 간 거래(B2B) 시장 발굴에도 유리하며 연구·개발(R&D)도 유망하다. 석유가스 개발, 팜오일 및 고무 플랜테이션, 농생명 등의 분야에서 경쟁력 제고를 위해 융합 기술을 찾고 있는데 한국은 연관기술을 보유하고 있어 상호 협력 전망이 밝다. 말레이시아는 한국과 일본의 경제 모델을 벤치마킹하고자 1982년부터 인력 양성을 위주로 한 제1차 동방 정책을 도입했으며, 최근에는 주요 산업 육성을 목표로 한 제2차 동방 정책을 추진하고 있다. 교육훈련 위주의 프로그램에서 나아가 본격적인 산업 협력을 희망하고 있으며 한국의 근면을 배우는 데서 나아가 창의력을 배우는데 2차 동방 정책의 초점을 두고 있다.

말레이시아는 한국의 주요 해외 건설 진출 시장이다. 쿠알라룸푸르의 도시 중심부에 우뚝 솟은 말레이시아의 상징 '페트로나스 트윈타워'(KLCC) 중 한 동은 삼성물산이 완공하였고, 현대건설은 페낭대교를 건설하였다. 삼성물산은 말레이시아 국영 투자기관 PNB 자회사가 발주한 'KL 118 타워 프로젝트'를 수주하여 건설하고 있다. KL 118 타

〈페트로나스 트윈타워〉

워는 높이 644m로 2019년 준공 시점에 동남아시아 최고 높이이고 세계에서도 3번째로 높은 빌딩이 된다.

삼성은 세렘반 전자 복합 단지를 운영하고 있다. 롯데케미칼(옛 호남석유화학)은 2010년 말레이시아와 인도네시아에 사업장을 가지고 있는 타이탄을 인수하여 운영하고 있다. 태양광 업체인 OCI는 일본 도쿠야마의 폴리실리콘 공장을 인수하여 생산 능력을 늘리면서 사업을 확장하고 있다. 아모레퍼시픽은 화장품 원료가 되는 팜오일이 풍부한 것에 착안하여 조호르주 누사자야 산업지역에 생산

공장을 설립하고 있다. CJ대한통운은 종합 물류기업인 '센추리로지스틱스'를 인수하여 말레이시아 내 배송 네트워크 확보는 물론 인접한 싱가포르와 태국 등 국경 간 운송 역량까지 갖추게 됐다는 평가를 받고 있다.

(5) 태국

① 태국의 특징

〈푸켓 해변〉

천혜의 해변 휴양지인 푸켓으로 유명한 태국은 동남아 지리·교통의 중심이자 문화적 개방성과 포용력을 지닌 나라이고 동남아에서 유일하게 식민지 지배를 받지 않고 독립을 지켜낸 나라라는 자부심을 갖고 있다. 입헌군주국가로서 국왕이 직접 정치에 나서지 않고 있지만 국왕의 권위는 크게 존중받는다. 쿠데타가 여러 번 발생하여 군부의 정치 개입이 일상화되었지만 비교적 안정된 모습을 보여 왔다. 그런데 기업가 출신인 탁신 총리가 등장한 이후 태국의 정치 지형은 큰 변화를 맞고 있다. 탁신은 풍부한 자금과 파격적인 의료 혜택 부여 등 대중 영합주의 선거 공약으로 저소득층의 지지를 받아 2001년 선거에서 압승을 거두고 4년 임기를 채운 후에 2005년 선거에서도 압도적 승리를 거두었다.

이러한 탁신의 거침없는 행보에 불안을 느낀 군부와 관료 등 보수세력은 탁신이 19억 달러에 이르는 자신과 가족의 보유 주식을 역외에서 처분하며 세금을 내지 않은 일을 빌미로 반탁신 운동을 전개하고 끝내 2006년 쿠테타를 통해 실각시켰다. 그 후 태국은 총선이 실시되어 다시 탁신 세력이 집권하기도 하였으나 탁신을 지지하는 레드셔츠 세력과 이에 반대하는 노란 셔츠 세력 간의 팽팽한 대결로 혼란이 지속되고, 이 틈에 군부가 쿠데타로 정권을 장악하여 문민정부 회복의 과제를 안고 있다.

② 경제 정책

아세안 최대 자동차 생산 국가로 '아세안의 디트로이트'로 불린다. 또한, 세계 2위 에어컨 제조 국가로 전기전자 제조업도 발달해 있다. 사회 간접 자본을 개발하기 위해 인프라 개발 전략(2015~2022)에 따른 중장기 프로젝트를 진행하고 있으며 물류 및 운송비 절감을 위해 도심철도·고속도로 확장, 방콕 대중교통 개선, 공항 확장, 항만 네트워크 개발 등 프로젝트를 추진하고 있다. 그리고 미래 성장 10대 산업, 중소기업, 스타트업 및 인력을 육성해 중진국 함정(middle income trap)에서 벗어나고자 한다.

태국은 지리적 이점과 상대적으로 우수한 교통 인프라를 바탕으로 인접 국가 및 권역과의 통합적 개발 모델을 창출하고 있는 국가이다. 1980년대에 해외 투자를 적극적으로 유치하여 초기에는 경공업 분야에서 시작하여 전자나 자동차 산업에서도 아세안 생산 허브가 되었다. 글로벌 생산네트워크에서 저비용 생산 분야의 주역으로 부상하여 전자산업 같은 생산 계통과 식료품, 농업, 패션 등의 유통 분야에 이르기까지 수익 분야를 확대하고 있다. 그런데 보다 저렴한 노동력을 바탕으로 인접 국가들이 경쟁에 뛰어들고 국내 산업구조의 특성상 대외 경기 변동에 많이 좌우되면서 경제 성장률이 둔화되기 시작했다. 이러한 위기를 극복하고자 일본 기업들을 중심으로 '태국+1'을 통해 태국 주변국에 위성 공장을 설립하여 인접 국가와의 연계성을 높이는 전략을 취하기 시작했다.

'태국+1' 진출 전략

'태국+1'은 노동 집약적 부분을 태국과 국경을 접하고 있는 캄보디아, 라오스, 미얀마(CLM)의 경제특구(SEZs)로 보내는 비즈니스 전략으로 태국의 노동 환경과 경제 및 투자 환경의 변화와 CLM의 변화, 그리고 메콩유역을 아우르는 인프라 연계성 강화가 빠르게 진전되는 가운데 태국 내 대규모 생산기지를 갖춘 외자 기업들에게 중요한 전략적 대안으로 인식되고 있다. '태국+1' 모델이 현실화되는 데는 태국 내의 임금 상승과 노동력 부족으로 인해 노동 집약적 생산에 대한 매력도가 감소되고 CLM 국가들의 정치·경제적 조건이 개선되어 외국인 투자를 받을 수 있는 조건이 형성되었기 때문이다. CLM 국가 정부가 외국인 기업을 받아들이기 위해 적극적인 노력을 기울이고 있다는 점도 중요한 이유이다.

'태국+1' 모델은 다음의 세 가지 요인으로 인해 확산될 가능성이 높다. 첫째, 미얀마의 개혁개방과 본격적인 참여이다. 미얀마는 인구 규모가 태국과 유사하여 장기적으로 노동비용 감축이 가능하다. 둘째, 교통·물류 인프라가 개발된 것이다. 방콕과 이웃 국가를 연계하는 신규 철도교통망 등이 건설되고 있어 물류비용이 확실히 줄어들게 되고 미얀마 서쪽으로 가는 도로 연결망이 거의 완비되어 말라카 해협을 통과하지 않고도 인도, 중동, 아프리카로 수출이 보다 용이해졌다. 셋째, 선진 공여국과 국제 금융기구의 CLM 국가들에 대한 지원이 늘고 있어 메콩유역 전역에서 광범위한 인프라 개선이 기대되기 때문이다.

태국은 새로운 성장 동력을 찾기 위해 '태국 4.0 정책'과 동부경제회랑(EEC, Eastern Economic Corridor) 개발 계획을 추진하고 있다. '태국 4.0 정책'은 경제와 사회 전반에 ICT 기술을 적용해 스마트 산업, 스마트 시티, 스마트 피플을 구현하고자 하는 중장기 국가 발전 계획이다. 이 정책 일환으로 '태국 디지털 경제사회 발전계획'을 수립하여 정보통신 분야 육성을 위한 주요 법안 개정을 추진하고 IT, 콘텐츠, 전자상거래, e마케팅, 통신, 방송 등 6대 분야를 집중 육성하고 있다. 동부 경제회랑 개발은 동부 지역에 고부가가치 산업과 함께 철도, 공항, 도로 등의 교통 인프라 투자를 집중시켜 아시아의 산업 생산기지 및 물류 허브로 발돋움하려는 것이다. 미얀마-태국-라오스-베트남을 잇는 동서 경제회랑과 태국-라오스-중국을 연결하는 남북 경제회랑의 중심이 되어 동남아의 허브가 되려고 한다.

③ 한국과의 관계

한국의 태국 투자가 가장 활발했던 기간은 2007~2008년이었으나 세계 금융위기로 감소했다가 최근 들어 다시 회복되고 있는 추세이다. 태국은 한국의 아세안 투자 진출의 거점 중 하나로 아세안 국가 중 베트남, 인도네시아에 이어 세 번째 투자 대상국이며 투자 누계는 2,400여 건이며 투자 금액은 약 23억 달러이다. 철강 및 전기전자 등 제조업 위주로 진출해 있다. 포스코는 라용주에 용융아연

도금강판 공장을 건설하고 있다. 전자산업의 경우 삼성 및 LG 가전 공장이 세탁기 · 에어컨 · 냉장고 등을 생산하고 있다.

태국은 중국과 일본이 선점하고 있지만 한류와 연계한 소비재 산업과 정보통신기술(ICT) 분야 등에서 한국 기업에 틈새시장이 있다. 최근에는 한국 홈쇼핑, 정보통신 관련 기업, 식품 및 화장품 프랜차이즈 등의 진출이 활발하게 이루어지고 있다. CJ오쇼핑은 중산층을 타깃으로 다양한 상품과 무료 배송, 편리한 결제 시스템 등을 선보여 태국 1위 홈쇼핑 업체로 자리매김했다. 태국은 호주, 뉴질랜드, 인도, 일본 등 많은 국가들과 FTA를 체결하고 있어 이들 국가에 수출을 할 때 관세 혜택을 볼 수 있다. 2006년 태국과 인도가 FTA를 체결하여 기계, 전자, 전기 부문 관세를 철폐함에 따라 한국 투자 기업들이 인도로 수출을 확대하고 있다. 포스트 차이나의 대안을 베트남에서 찾았듯이 중장기적으로 베트남 리스크를 줄이기 위해 태국에 전략적으로 투자할 필요가 있다.

(6) 필리핀

① 필리핀의 특징

마르코스 장기 독재 정권이 1986년 민중의 힘(People's Power Revolution)에 의해 붕괴되면서 아시아 여러 나라에 민주화의 바람을 불러 넣었으며 한국에도 영향을 주어 1987년 6월 항쟁으로 이어졌다. 코라손 아키노 대통령이 당선된 이래 피델 라모스, 조셉 에스트라다, 아로요, 베니그노 노이노이 아키노 3세에까지 이어지고, 2016년에는 두테르테가 필리핀에 만연해 있는 마약 · 범죄 · 부정부패 척결을 핵심 공약으로 제시, 국민들의 전폭적인 지지로 당선되었으며 마약 퇴치에 강력한 드라이브를 걸고 있다. 신흥 시장으로서 동아시아 국가와 지리적 인접성, 외국 문화에 대한 개방성, 젊은 인력 풍부(중간 연령 23.3세), 주변국에 비해 안정된 인건비 상승률 등 투자 환경이 양호하여 성장 잠재력이 크다. 인구는 1억 명이 넘으며 연 7% 이상의 성장을 보이고 있다.

② 경제 정책

높은 영어 사용 능력과 풍부한 고급 인력, 저렴하고 안정된 임금 수준, 정부의 적극적인 지원 등을 토대로 서비스 산업이 발전했으며 특히 아웃소싱(BPO, Business Process Outsourcing) 산업이 핵심 산업으로 떠오르고 있다. 콜센터를 비롯하여 데이터 입력, 소프트웨어 개발 등 각종 비즈니스 업무의 아웃소싱 전문 산업으로 높은 영어 구사력과 고학력의 젊은 층 인구를 바탕으로 빠르게 성장하고 있다. 필리핀 정부는 전 세계 아웃소싱 산업 시장점유율을 현 12.6%에서 2022년 15%로 늘리는 것을 목표로 육성 전략(IT-BPM Roadmap 2022)을 전개하고 있다.

또한, 두테르테 대통령 정부는 '건설, 건설, 건설(Build-Build-Build)'를 표어로 2022년까지 1800억 달러를 투자하는 인프라 개발 계획을 추진하고 있다. 인프라 개발에 대한 정부 투자 규모를 현 GDP의 5.4% 수준에서 2022년까지 GDP의 7%로 증대해 경제 발전의 기반이 되는 인프라를 확충한다는 것이다. 필리핀은 미군 기지가 있었던 클라크 지역에 100만 명이 거주할 수 있는 스마트 에너지 도시를 건설하는 '뉴 클라크 시티 개발 사업'을 진행하고 있다.

이 프로그램은 수도 마닐라의 교통 혼잡 문제를 해결하고 분권화하려는 인프라 확대 프로젝트의 하나다.

③ 한국과의 관계

필리핀은 아세안 회원국 중 첫 번째로 한국과 수교했고 한국전쟁에 병력을 파견하였다. 참전 용사들의 희생을 바탕으로 맺어진 혈맹관계는 양국 관계의 초석이 되고 있다. 또한, 한국과 필리핀 양국은 방위사업, 개발 원조, 인적 교류, 문화 교류 등 다방면에서 교류가 활발하다. 2017년 기준 양국 교역 규모는 약 150억 달러로 한국은 필리핀의 5대 교역 파트너가 되었다. 인적 교류도 지속적으로 확대되어 연간 200만 명을 넘었고 필리핀을 가장 많이 방문하는 외국인 1위가 한국인이다.

필리핀에는 대기업은 물론 제조업, 서비스업 및 R&D 등 다양한 분야에 진출한 중소기업 등 1,300여 개의 기업들이 활동하고 있다. 인프라 황금시대를 맞고 있는 필리핀 시장에 건설업체들의 진출도 증가하고 있는 추세이다. 한국 기업들은 발전 · 조선 · 도로 · 공항 등 다양한 필리핀 인프라 건설에 참여하여 높은 평가를 받고 있다. 금호건설이 GS건설과 공동으로 공항 확장 공사를, 현대엔지니어링이 석탄화력발전소 건설을, 대림건설이 석탄화력발전소 증설을 수주하였으며, 한화건설은 대규모 공연장을 건설하였다. 한국 정부는 광일만 교량 사업(1억 달러), 세부 신항만 사업(1억 7,000달러) 등 유상 원조를 통해 기업의 대규모 인프라 사업 수주를 지원하고 있다.

또한, 2018년 5월 4일 10억 달러의 유상 원조를 지원하는 약정을 체결했다. 문재인 대통령은 2018년 6월 3~5일간 방한한 두테르테 내통령과 회담 시 인프라 확충 사업을 지원하기 위해 양국 간 기존 지원액을 2배로 확대해 총 10억 달러 규모의 대외경제협력기금(EDCF) 기본 약정을 체결한 것을 기쁘게 생각한다며 앞으로 신항만, 교량 등 다양한 인프라 건설사업이 EDCF 사업 지원을 통해 추진되어 양국 간 경제 협력 기반이 더욱 강화되기를 기대한다고 말했다. 아울러, LNG 터미널 건설사업, 마닐라 신공항(불라칸 공항) 사업, 지방 공항 운영 민영화 사업 등 여타 사업이 원활하게 추진되는 과정에서 기술력과 경험을 보유한 한국 기업들이 기여할 수 있기를 기대한다고 말했다.

(7) 미얀마

① 미얀마의 특징

풍부한 자원, 저렴하고 풍부한 노동력, 잠재력 있는 내수시장, 동남아와 서남아 그리고 중국을 잇는 지정학적 이점 등을 갖춰 높은 성장률이 기대되는 미얀마에 대해서 2012년 말 국제통화기금(IMF)은 "강력한 개혁에 성공한다면 아시아 경제 발전의 원동력이 되는 아시아의 떠오르는 별이 될 것"이라고 발표했다. 50여 년간의 군사독재와 고립적 사회주의의 고리를 끊고 개방화의 길로 들어섰고 발전 잠재역량이 크기 때문에 '떠오르는 아시아의 별'이라고 표현했다. 미얀마는 목재(티크), 원유, 천연가스, 철광석, 석탄, 니켈, 구리, 보석류(금, 옥) 등 천연자원이 풍부하다.

27세 미만 인구가 전체 인구의 50%를 차지하는 젊은 국가로서 생산 가능 인구(15~64세)가 전체 인구의 70%를 차지하고 있으며 아세안 회원국가 중에서 인건비가 가장 낮다. 군부 정권에 의해 수차례 가택연금을 받는 등 억압을 받으면서도 굴하지 않은 아웅산 수치 여사가 이끄는 민주주의민족동맹(NLD)이 2015년 11월 총선에 승리한 후 2016년 3월 정권 교체에 성공하며 민주주의 사회로 가고 있다. 아웅산수치 여사는 군부 시기에 제정된 헌법상 대통령에 출마할 수 없어 국가자문역을 받으면서 실질적인 국가 지도자 역할을 하고 있다.

② 경제 정책

2016년 10월 미국이 미얀마에 대한 경제 제재를 완전히 해제한다고 발표한 이후 미얀마 정부는 내외국인 투자자를 동등하게 대우하고 투자자의 권리를 명시하는 신투자법을 제정하여 2017년 4월부터 시행하고 있다. 국가경제조정위원회, 국영기업민영화위원회, 국가계획위원회 등을 설립해 지난 50년간 폐쇄되어 있었던 시장 개방을 위한 경제 개혁을 추진하고 있다. 지적재산권 보호 강화, 금융·외국인 투자 환경 개선, 인적 자원개발 등 기업 환경 개선, 국영기업 민영화, 안정적인 국고 및 조세관리 등 혁신을 목표로 하고 있다. 2016년 주식 거래를 개시하고 2017년 보험시장을 개방했다. 자본이 부족한 미얀마는 민관합작투자사업(PPP, public-private partnership) 또는 원조 자금 유치로 도로, 철도, 항만, 산업단지 프로젝트를 진행하고 있으며 양곤 - 만달레이 고속도로 확장, 전자정부 데이터센터 구축 등이 중요한 사업이다.

③ 한국과의 관계

일찍이 대우인터내셔널이 가스전을 개발하기 시작하였으며, 포스코, 롯데, CJ제일제당 등 500여 기업이 비즈니스를 하고 있다. 봉제, 가발 등 노동집약적 산업, 임업, 수산업 등 현지의 풍부한 원료 활용이 가능한 산업, 곡물 및 바이오 작물 등 농업, 부동산 등 서비스 분양에 진출하는 업체가 증가하고 있다. 최근에 금융, 프랜차이즈 등 서비스 분야의 진출이 두드러지고 있다. 우리, 하나, 국민, 신한, 기업, 산업, 수출입 은행이 연락사무소를 열었다. 프랜차이즈인 롯데리아가 인기를 끌고 있다. CJ CGV가 영화 관련 서비스 사업을 진행하고 있다. 젊은 층을 중심으로 K-Pop 등 한류 열풍이 거세며, 한국어, 한국 문화, 한국 상품 등에 대한 선호도가 높아지고 있다.

미얀마는 한국의 경제 발전을 높이 평가하고 경제 발전 경험 공유, 개발 협력 등 한국과의 협력을 강력히 희망하고 있다. 미얀마에 개혁개방과 민주주의가 정착되면서 국제기구와 선진국으로부터 대규모 원조가 제공되는 과정에서 도로 철도 전력 항만 등 공공사업 진출 기회가 열리고 있다. 약 30%대의 낮은 전력 보급률을 끌어올리기 위한 민자 발전 사업과 자동차 부품 수출·조립생산 등은 유망한 분야이다. 미얀마는 국가 재정이 빈약하여 해외 원조에 많이 의존하고 있는데, 세계은행, 아시아개발은행, 세계보건기구(WHO) 등 원조 기구가 많이 진출해 있으며 연간 4억 달러 이상의 원조자금 프로젝트 시장이 형성되어 있다.

원조 자금으로 해결되지 않는 부분은 BOT(Build-Own-Transfer, 민간 사업 시행자가 사업비용을 조달하여 사회 기반시설 건설) 형태로 진출하고 있으며 실제로 SK건설과 서부 발전은 BOT 형태로 세피안세남노이 수력발전(410MW) 프로젝트를 추진하고 있다. 한국국제협력단은 2018년 2월 13일 미얀마 건설부와 미얀마 동서남북을 연결하는 중추 고속도로 764km 구간 설계를 위한 협의의사록을 체결했다. 한편 미얀마 정부와 LH컨소시엄은 조인트벤처(JV)를 구성하여 양곤주 야웅니핀 지역에 한·미얀마 경제 협력 산업단지 개발사업(KMIC)을 추진하고 있다.

(8) 캄보디아

① 캄보디아의 특징

〈앙코르와트〉

캄보디아는 앙코르와트로 대변되는 찬란한 역사와 유산을 가지고 있는 동시에 현대사에서 킬링필드(the Killing Field)라는 크메르 루즈의 잔인한 대량 학살이 벌어진 슬픈 역사를 간직하고 있는 나라이다. 최근 20년간 평균 7%의 고속 성장을 지속해 오고 있으며 훈센 정부의 투자 촉진 정책 및 중국의 일대일로 정책에 따른 공격적 진출로 당분간 경제 성장세를 유지할 것으로 전망된다.

태국, 베트남 등 주변 국가들과 기본적 우호 관계를 유지하고 국경 문제 해소를 위해 노력하고 있다. 정부·여당의 핵심 지도자들이 과거 베트남의 지원하에 폴 포트 정권을 축출하고 정권을 수립하였던 경력 등으로 인해, 정부 차원에서는 상당한 우호 관계를 유지하고 있으나, 캄보디아 국민들의 뿌리 깊은 반베트남 정서, 미해결 국경 문제 등 관계 증진의 걸림돌도 상존한다. 태국과는 기본적으로는 우호 관계를 유지하고 있으나, 미해결 국경 문제, 훈센 총리와 탁신 전 총리 일가와의 밀월 관계 문제, 태국 내 캄보디아 불법 근로자 문제 등이 관계 증진에 걸림돌이 되고 있는 상황이다.

② 경제 정책

제조업은 주로 의류봉제업 위주로 발달했으나 최근 최저임금 상승, 미얀마 등 인근 저임금 국가와의 경쟁 심화 등으로 성장세가 둔화되고 있다. 이에 따라 2025년까지 제조업 포함 공업 부문의 GDP 비중을 30%로 확대하고 비섬유 제품 수출을 늘리는 공업 발전 정책을 추진하고 있다. 또한, 2025년까지 비섬유 제품 수출 비중을 15%, 농산 가공물을 12%로 확대함으로써 수출 확대와 품목 다변화를 도모하고 있다. 특별경제구역(SEZ) 및 산업단지 조성, 중소기업 지원 확대, 규제 환경 개선 등을 통해 기업 및 투자 환경 개선을 꾀하고 있다.

2004년 WTO 가입 후 대외 개방적인 국가 발전 전략을 채택, 개방적 시장경제 체제를 견지하면서 외국인 투자 유치에 주력하고 있다. 캄보디아 전체 투자액 중 외국인 투자 비율은 50%를 상회하고, 캄보디아 투자는 한국을 비롯하여 중국, 일본, 홍콩, 태국, 싱가포르 등을 중심으로 이루어지고 있으며, 산업별로는 관광, 호텔, 은행, 섬유ㆍ봉제, 농산업, 시멘트 제조 등이 주류를 이루고 있다.

③ 한국과의 관계

1997년 재수교한 이래 20년이라는 짧은 기간 동안 양국 관계는 불가분의 긴밀한 관계로 발전했다. 한국은 캄보디아 경제의 든든한 지원자다. 한국 기업들이 캄보디아에 투자한 누적액은 총 45억 달러에 달한다. 또한, 한국은 캄보디아에 있어 다섯 손가락 안에 드는 개발 원조 파트너로서, 도로와 댐 건설, 보건ㆍ교육 분야 지원, 농촌 개발사업 등 여러 분야에 걸쳐 약 6억 달러 규모의 원조를 제공해 왔다. 많은 비정부기구(NGO), 의료단체, 봉사단들은 정부의 손길이 미처 닿지 못한 지방 곳곳에서 주민들에게 더 나은 삶을 가져다주기 위해 값진 땀방울을 흘리고 있다.

한국에 대한 호감도 아주 높은 편이며 한국 제품이나 문화에 대한 관심도 상당하다. 한국 기업의 캄보디아 투자 진출, 한국인 관광객, 캄보디아 근로자의 한국 취업, 국제 결혼 등의 이유로 한국어 학습 열기도 높다. 방송, 영화, 음악 등 한국 문화 콘텐츠가 젊은 층을 중심으로 큰 인기를 누리고 있다. 이에 따라 한국 패션, 뷰티, 음식 등에 대한 관심과 영향력 또한 커지고 있으며 온오프라인을 통해 다양한 한국 패션 및 뷰티 제품이 판매되고 있다.

(9) 라오스

① 라오스의 특징

인도차이나 반도 중심에 위치한 내륙국으로 중국, 태국, 베트남, 캄보디아, 미얀마 등 5개국과 국경을 맞대고 있으며, 메콩강의 최장 관통 국가로 풍부한 수자원을 이용한 수력발전을 통해 주변국인 태국과 베트남에 전력을 수출함으로써 '동남아의 배터리(battery)'라는 별칭을 가지고 있다. 라오스는 라오인민혁명당에 권력이 집중된 일당 지배 체제이나, 1980년 대 중반부터 일당 지배 체제를 유지하되 시장경제 체제의 혼합을 지향하는 정책으로 돌아섰고, 2003년 헌법 개정을 통해 시장경제와 경제 활동 자율에 관한 조항을 신설해 경제체제 전환을 명문화했다. 수력발전, 광물생산, 서비스 관광 분야 등의 성장을 바탕으로 평균 7%대의 높은 경제성장률을 기록하고 있으며, 2020년까지 최빈국에서 벗어나겠다는 목표를 세웠다.

라오스는 내륙 국가의 단점을 극복하고 지정학적 이점을 살려 역내 물류의 중심지로 부상하기 위해 2002년 메콩강 유역 경제권(Greater Mekong Subregion, GMS) 정상회의에서 내륙국(Land-locked country)에서 내륙가교국(Land-linked country)으로의 전환 비전을 선언했다. 내륙국으로서 고립의 단점을 메콩강 유역의 개발을 통해 주변 국가들과의 연계된 교통망 확충으로 극복하고 메콩강 유역의 중심 국가로 되고자 하는 꿈이 담겨 있다.

② 경제 정책

라오스는 2020년 세계 최빈개도국(LDC) 졸업을 목표로 제8차 5

개년 사회경제 개발계획(2016~2020년)을 추진하고 있으며, 지속적이고 포괄적인 경제 발전, 인적 자원 개발, 자연재해 등 환경적 충격 감소 등 3대 거시 목표를 내세우고 있다. 또한, 2016년 12월 투자 촉진법을 개정하여 투자 지역과 산업에 따라 세제 혜택, 부동산 관련 지원을 제공하고 있다. 인프라가 아직 발달하지 않은 지역에 투자할 경우 10년간 수익세 감면, 정부 투자 장려 산업(유기농업, 채종업, 축산업, 친환경 농산물 가공업, 수공예, 교육, 인적자원 개발, 직업 훈련, 교육기기 제조, 근대 병원, 제약 공장, 의료기기 제조, 허브조제약품) 투자 시 15년간 혜택 제공 등이다. 외국인 투자 유치를 위해 세제 혜택과 통관 편리를 제공하는 특별경제구역(Special Economic Zone, SEZ)도 도입하여 운영하고 있다.

③ 한국과의 관계

한국은 1974년 6월 라오스와 외교 관계를 수립하고 상주 공관을 개설했으나 이듬해인 1975년 7월 라오스가 공산화됨에 따라 단교했다. 20년의 단절을 극복하고 1995년 10월 25일 외교 관계를 재개했다. 2016년 ASEAN+3 정상회의 참석 계기에 양국 정상은 정무, 국방, 에너지, 개발사업 등 다양한 분야에 걸쳐 호혜적 실질 협력 증진 방안을 논의했다. 이중과세 방지 협정, 경제 공동위 설립, 무상 원조에 관한 기본 협정, 사증 면제 관련 협약, 항공 협정 등을 체결했다. 라오스는 역사적 특수성으로 인해 북한에 대한 강한 연대의식을 보유하고 있는 친북 성향 국가이나, 최근 경제개발 정책 및 개혁 개방 정책 추진과 더불어 한국의 개발 협력 지원으로 한국에 대한 관심이 높아지고 있다.

한국의 라오스 투자는 수교 초기 소규모 투자 단계에서 현재는 수력발전소, 아파트 건설, 에너지 개발 등 규모도 크고 라오스 경제 발전에 파급 효과가 큰 분야로 확대되고 있다. 라오스에서 우리 건설사의 수주는 대부분이 EDCF 유상 원조 자금 지원으로 추진하는 사업 및 투자로 참여하는 BOT 사업이다. EDCF 유상 원조 지원으로 한신공영이 참파삭주 메콩강변 종합관리사업을 시공하고 있으며, 제2차 비엔티안시 메콩강변 종합관리사업, 공안부 현대식 경찰병원 건립사업, 국립대학병원 건립사업)에 참여할 예정이다. SK건설(26%), 서부발전(25%)이 태국(25%), 라오스 정부(24%)와 출자하여 라오스 남부 지역에 세피안-세남노이 수력발전댐(3개 댐) 공사(사업비 10억 불, 동 사업에 EDCF 자금 8,100만 불 지원)하고 있다.

(10) 브루나이

① 브루나이의 특징

보르네오섬 북서 해안에 위치하고 남중국해와 맞닿아 있는 해안을 제외하고는 말레이시아 사라왁주에 둘러싸인 경기도 절반 크기의 작은 왕국이다. 동남아에서 가장 오랜 역사를 갖는 정통 이슬람 왕국으로 인구 40만 명이 대부분 말레이어를 사용하는 무슬림이다. 풍부한 원유와 천연자원을 바탕으로 1인당 국내총생산(GDP)이 2만 6,000달러에 이른다. 브루나이는 싱가포르와 밀접한 관계를 유지하고 있다. 브루나이화폐인 브루나이 달러는 싱가포르 화폐와 동일 가치로 연계되어 있다. 싱가포르는 군사훈련을 브루나이에서 실시하고 있다.

② 경제 정책

정교일치와 이슬람 율법에 따르는 국가 이념에 따라 경제 개발 정책에 매우 신중하며 국가 경영을 매우 보수적으로 한다. 브루나이 경제에서 석유가 차지하는 비율은 절대적이다. 수출의 97%를 석유산업이 차지하고 있다. 브루나이는 천연자원에만 의존하고 있는 경제구조에서 탈피해 거시적 관점에서 경제발전 정책을 수립하고 국가를 새롭게 건설하기 위해 'Vision 2035' 계획을 추진하고 있는데, 주요 내용은 석유·가스 의존 탈피를 위한 사업다각화, 중소기업 육성, 인프라 개발, 인재 육성 등이다. 사업 다각화 대상 산업은 석유화학, 제약·식품산업(할랄 산업 등), 신재생 에너지, ICT, 해상·항공물류 서비스, 유전 개발·생산 지원 서비스 등이다.

③ 한국과의 관계

한국과 브루나이는 1984년 수교한 이래 정치·경제 등 양자 관계뿐만 아니라 UN 등 다자 무대에서도 우호 협력 관계를 발전시켜 오고 있다. 브루나이는 국가 경제 규모가 작아 우리와의 교역액이 크지는 않지만 지난 25년간 우리에게 LNG와 석유를 공급해 온 주요 에너지 교역 대상국이었다. 그런데 한국 가스공사(KOGAS)는 상대적으로 높은 브루나이산 가스의 가격, 미국산 셰일 가스 개발로 인한 수요 변화 등을 고려, 2018년 3월 브루나이산 가스의 장기 도입 계약을 종료하였다. 대림산업은 브루나이 최대 현수교량인 '순가이 브루나이 대교(Sungai Brunei Bridge)'를 2017년 8월 완공시켰다. 이 대교는 수도 반다르스리브가완시를 관통하는 브루나이강의 양쪽 지역인 캄퐁 순가이 케분 지역과 잘란 레지던시 지역을 잇는 교량으로서 40km 우회거리를 712m로 단축시켰다.

4. 한국의 아세안 정책 방향

(1) 상생 협력 파트너 관계 구축

한국뿐만 아니라 일본, 중국, 인도, 호주, 대만 등이 아세안과 협력 강화를 적극적으로 추진하고 있다. 신남방 정책은 한국만의 차별화된 전략으로 진정성의 바탕 위에 일관성 있게 추진되어야만 효과를 거둘 수 있다. 무엇보다도 상생 발전의 선의의 협력국이라는 이미지를 정착시켜 나가면서 진정한 파트너십을 구축해 가야 한다. 한국은 대국주의적 야욕이 없고 아세안과 안보적 이해가 충돌하는 부분도 없다는 점을 활용해 나갈 필요가 있다.

이런 측면에서 문재인 대통령이 제시한 사람과 사람, 마음과 마음이 이어지는 사람(People) 공동체, 안보 협력을 통해 아시아 평화에 기여하는 평화(Peace) 공동체, 호혜적 경제 협력을 통해 함께 잘사는 상생 번영(Prosperity)의 공동체를 뜻하는 3P 전략은 매우 유용하다. 이는 새로운 지역 협력 구도 형성에 대한 한국의 가치, 규범 및 역할 제시라는 측면에서 의미가 있다. 3P 전략이 포용적인 지역 공동체 구축에 기여할 수 있는 새로운 가치와 규범으로써 기능할 수 있도록 해야 한다.

아세안은 중견국 외교 지평 확대를 위한 전략적 요충지로서 경제 통상, 한반도 문제, 비전통 안보, 지역 다자 협력 등 여러 측면에서 매우 중요한 협력 대상이다. 한류나 인적 교류를 포함한 사회 문화 협력 차원에서도 어느 지역이나 국가에 뒤지지 않는 중요성을 가지고 있다. 한·아세안 정상회의 및 한·아세안 미래 공동체 구상에서 제시한 비전을 통해 교역, 투자, 개발 협력, 연계성 등 주요 협력 분야별 전략을 추진하여 아세안을 진정한 파트너로 삼아야 한다.

물량으로는 중국·일본과 경쟁하기 힘든 것이 현실인 만큼 한국만의 장점을 살릴 수 있는 프로젝트를 발굴해야 한다. 한국이 동아시아 협력 시스템을 만드는데 중요한 아이디어를 제공함으로써 아세안에서 한국의 위상이 높아졌던 것처럼 정책 대안을 제시해야 한다. 그리고 환경, 과학기술, 정보통신 등 새로운 분야에서 협력을 강화해 호혜적으로 관계를 발전시켜야 한다. 그리고 의존도 심화에 따른 위험 부담이 없는 한국에 기회의 문을 제공하는 순간을 제대로 포착해야 한다.

동남아 국가들은 스스로 개발 능력이 부족하기 때문에 어쩔 수 없이 중국에 의존하고 있다. 아세안 식자층은 중국의 투자가 반갑지만 그들의 영향력이 과도하게 커질 가능성에 우려하고 위협으로까지 느끼고 있다. 중국은 인프라를 건설할 경우에 대규모 자본을 투자하지만 자국의 노동자를 데려다 쓰고 지분을 확대하여 결국은 운영권을 확보하고 만다. 단지를 개발할 경우에도 자국의 노동자를 데려다 쓰며 패키지로 개발하여 자국의 경제 영토를 확장하다시피 하고 있다. 이것은 해당 국가들에게는 치명적인 문제로 작용하고 있다. 최근 재집권한 말레이시아 마하티르 총리가 중국 관련 대규모 프로젝트를 재검토하기로 하였듯이 앞으로 중국 의존도를 줄이기 위한 동남아 국가들의 전략적 선택도가 커질 것이다.

동남아와의 교류 확대를 단순히 한국의 필요성이 아니라 아세안 국가들과 장기적으로 상호 협력을 위해 진행한다는 자세와 전략이 필요하다. 한국이 중국 의존에서 탈피하고 교역 다각화를 이루기 위해선 아세안과의 협력이 절실하며 아세안 국가들도 한국을 원한다. 유념해야 할 것은 나라의 크기나 경제 수준과 관계없이 동등한 관계를 추구한다는 점이다. 동남아 국가의 이런 문화적 바탕과 상호관계를 충분히 이해하면서 접근해야 한다. 동남아를 단순히 국익, 특히 경제적 이익을 실현하는 값싼 상품, 인력, 문화 시장으로 낮춰보아서는 안 된다. 동남아가 한국과 한국인의 생존과 미래에 직결된 값진 전략적 자산을 무한정 보유한 보고라는 점을 인식하면서 협력해 가야 한다. 그렇게 하면 상호 보완적인 교역과 투자를 통한 지속 가능한 성장 모델을 만들 수 있다.

(2) 아세안 단일 시장화에 대응

아세안이 단일 시장 및 생산기지로 발전하고 있음을 잘 파악해 이 기회를 활용하고 지역을 하나로 보는 아세안 진출 전략을 구상해야 한다. 이제 동남아의 특정 국가라는 나무만 보아서는 안 되고 아세안이라는 숲을 고려해 진출 전략을 수립해야 한다. 아세안 공동체가 심화됨에 따라 아세안 역내 국가 간 관세 장벽이 없어지고 국가와 국가, 지역과 지역을 잇는 도로, 철도, 항만 등의 인프라가 확대되고 개선되면서 단일 시장으로서의 면모를 갖추기 시작했다. 이러한 변화는 거래비용 감소로 이어져 아세안 역내 교역, 투자 증대에도 긍정적인 영향을 미치고 있다.

태국은 미얀마와의 국경 지역에 경제개발구를 운영하고 있으며, 여기에 투자하는 기업들은 저렴하고 풍부한 미얀마 노동력을 활용하여 상품 경쟁력을 높이고 있다. 말레이시아와 싱가포르는 2018년 3월 양국 증권시장을 연동해 주식 교차 거래를 시작하기로 합의했다. 이에 따라 두 나라 주식시장은 상장기업 1,600여 개, 시가총액 1조 2,000억 달러(약 1,300조 원)의 단일 시장으로 사실상 통합되게 되었으며 향후 아세안 각국 시장을 연동하는 바탕이 될 것이다.

서비스 수요 증가와 서비스산업의 빠른 변화에도 대응해야 한다. 단일 시장으로의 아세안의 변화와 평균 5% 수준의 견고한 경제성장을 기반으로 아세안의 소비시장이 성장하면서 상품시장은 물론 서비스 분야에서의 수요도 증가하고 있고 기존의 영역이 빠르게 융·복합되면서 새로운 분야가 개척되고 있다. 예를 들어 기존 관광 콘셉트에 의료, 환경, 역사 등의 콘텐츠를 결합한 의료관광, 에코투어, 문화투어 등의 형태로 서비스산업이 진화하고 있다. 단일 시장으로 통합되고 있는 아세안의 변화를 고려해 앞으로 아세안 어느 지역에서 활동하더라도 개별 국가에만 치중하지 말고 단일 시장인 아세안을 조망하면 새로운 기회를 찾을 수 있을 것이다.

(3) 포스트 차이나 투자 거점으로 육성

중국을 대체하는 투자 거점을 확보하고 동남아 생산네트워크의 다각화를 통해 위험을 분산시켜야 한다. 일본 기업들은 2010년부터 차이나 리스크에 대비하여 'China+1' 전략을 추진하면서 투자처를 중국에서 동남아, 인도 지역으로 이전해 왔다. 일본 기업의 대중국 투자는 2012년을 정점으로 감소세로 돌아선 반면, 동남아 투자는 크게 늘어 이제 아세안은 일본 기업의 자동차·전자기기·기계 부품 제조의 글로벌 공급 기지로서 역할을 하고 있으며, 식품, 자동차, 기계, 석유화학, 철강, 전자 등 거의 모든 영역에 걸쳐 일본 기업은 아세안 제조업을 장악하고 있는 실정이다.

중국에서 정치적 리스크가 커지고 자국 기업 위주의 정책 실시로 인해 어려움을 겪게 되자 한국 기업들도 전자업체를 중심으로 생산 공장을 베트남으로 속속 이전하고 있다. 투자 진출이 가장 활발한 베트남을 거점으로 한국식 'Vietnam+1' 전략을 추진하고 업종에 따라 인도네시아, 말레이시아, 태국, 미얀마 등 다른 국가로 확산시키는 것이 바람직하다.

그리고 아세안 국가별 특성에 맞는 맞춤형 진출 전략, 즉 국가별 산업발전 단계에 맞는 사업 개발을 추진할 필요가 있다. 예를 들어 제조(라오스, 미얀마, 캄보디아), 기술 이전 및 클러스터 조성(베트남, 필리핀, 인도네시아), 융·복합 허브 참여(싱가포르, 말레이시아, 태국) 등이며, 미얀마는 노동집약적 산업의 활성화를 통한 생산 네트워크 참여를 추진하는 산업단지 조성이 중요할 것이다. 이러한 전략적인 생산 네트워크 구축은 상호 교역 확대와 아세안의 산업화와 고용 증진까지 이어지는 상생 효과를 낼 수 있다.

자본력과 외교력을 갖춘 중국, 일본 등과의 경쟁에서 차별적인 우위를 선점하는 방안을 마련해야 한다. 그리고 중국과 베트남을 보완하는 새로운 생산 네트워크를 구축할 필요가 있다. 이러한 측면에서 막대한 잠재력이 있는 미얀마를 주목해야 한다. 단기적으로 수출 확대에 필요한 마케팅을 강화해 나가야 한다. 한편 도로, 전기, 상하수도 등 기초 생활 인프라 구축 및 운영 체계 지원과 개발 경험 전수를 통해 신뢰를 형성해야 한다. 중장기적으로 미얀마 산업화 및 경제 발전을 지원하여 베트남을 이은 제2의 생산기지이자 수출시장으로 개발해 나갈 필요가 있다.

(4) 아세안 포용적 성장에 기여

아세안은 외국인 직접 투자 주도의 제조업 성장을 해옴으로써 자립 기술이 빈약하고 중소기업 기반이 취약하다. 중국이 부품 소재 생산을 확대하면서 중국과의 분업 구조가 아세안에 불리하게 작용하게 되고 자립적인 기술이 없기 때문에 이런 상황에서 아세안의 경쟁력은 쉽게 커지지 못하고 결국 아세안은 중진국 함정에서 쉽게 빠져나오지 못하게 될 것이다. 아세안에게 원조와 성장 경험 전수를 통해 포용적 성장에 기여하는 협력 전략을 전개해 나가야 한다. 한국은 단기간에 주요 산업에서 압축 성장을 한 경험이 있고 가난한 개도국에서 경제성장의 신화를 썼다. 중간 기술에 목말라 있는 아세안에 경험을 살려 경제 협력을 확대하는데 한국이 제격이다.

아세안 국가의 상당수가 아직 경제나 교역은 물론 과학기술·문화·교육·기술 훈련·인프라 등 미래 사회 발전을 위한 여력이 충분하지 못하다. 아세안이 한국에 원하고 한국이 협력할 수 있는 아이템을 찾아 함께 가꾸어 갈 필요가 있다. 아세안 국가들과 상호 이익의 관점에서 협력함으로써 중국이나 일본과의 차별성을 부각할 수 있을 것이다. 한국이 가지고 있는 비교 우위는 아세안이 필요로 하는 노하우를 지원하는 일이다. 아세안 국가들이 경제성장과 사회 발전, 그리고 대한국 교류를 확대할 수 있도록 교류·교육·기술 훈련·문화·공동 개발 프로젝트를 적극적으로 가동하고 경제 성장 경험 전수 및 보건 등 사회 인프라 구축을 중심으로 무상 원조(ODA)와 유상 원조(EDCF) 개발 협력 사업과의 연계를 강화해 나갈 필요가 있다.

개발 협력은 양자 ODA, 소지역(메콩) 협력, 한·아세안 협력을 연계한 다층적 개발협력 체계 구축과 개발경험 공유 및 개발격차 해소 등과의 시너지 효과도 고려해 나가야 한다. 한국산업기술진흥원(KIAT)이 베트남 산업무역부와 '한-베트남 TASK 센터' 설립에 관한 투자의향서(LoI)를 체결했다. 공적 개발 원조(ODA) 사업의 일환으로 추진되는 '한-베트남 개도국 생산현장 애로기술 지도 사업(TASK)센터'는 베트남과의 소재 부품 상생 협력을 위해 국내 전문가 그룹이 상주해 현지 기업들의 생산성 향상을 지원하는 기술 자문, 전문 기술인력 양성, 현지 기업 CEO들의 기술 혁신 역량 강화를 위한 교육 프로그램을 상시 지원하고 한국 기업들과의 기술 협력 파트너십 구축을 지원하는 역할을 수행하게 된다. 이 센터는 소재부품기술 노하우를 베트남에 전수하는 한편, 중소·중견기업들의 판로 개척을 지원하는 첨병 역할을 할 것이다.

과학기술정보통신부는 2018년 아태정보통신협의체(APT) 특별 기여금 프로젝트에 라오스, 베트남 등과의 협력 사업으로 공공 와이파이(WiFi) 시스템과 증강현실(AR) 관광 콘텐츠 개발 등 선진 기술을 전수한다. APT는 1979년 아시아·태평양 지역 전기통신 발전을 위해 창설된 국제 협의체다. 이 프로젝트는 과기정통부가 APT에 특별 공여한 기금으로 운영된다. APT 회원국에게 국내 선진 정보통신기술(ICT)을 전수하는 동시에 한국 기업의 해외 진출도 장려하기 위한 취지다.

한국은 지식재산권 분야에서도 아세안과 협력을 강화하기로 했다. 특허청장은 2018년 6월 27일 브루나이에서 열린 제1차 한-아세안 특허청장회의에 참석해 지재권 교육과정 개발, 교육프로그램 제공, 지재권 상업화에 관한 한국의 비결 전수 등 협력 분야에 합의했으며, 아세안의 중장기적 지재권 역량 개발을 지원하기 위해 '한-아세안 발명센터'를 현지에 건립하는 방안도 논의하기로 했다. 그리고 지재권 창출, 보호, 활용과 상업화에 관한 협력 비전과 목표를 담은 MOU에 서명했다.

(5) 인프라, 공공 투자 및 프로젝트 수주 강화

아세안 각국 정부의 외국인 투자 유치 인센티브 제도를 활용하고 아세안 경제성장을 주도하고 있는 도로, 철도, 산업단지, ICT 등 인프라 개선 공공 투자와 프로젝트 수주를 강화해야 한다. 아세안은 급속도로 도시화가 진행되면서 다양한 도시 문제에 봉착해 있다. 한국은 도시문제 해결에 있어서 경험이 많은 만큼 주택 공급, 지능형 교통관리, 환경 폐기물 처리 등 스마트시티 솔루션과 같은 한국만의 강점을 살려 진출을 모색할 수 있다.

싱가포르가 2018년 아세안 의장국으로서 아세안인의 삶을 개선하기 위해 제안한 '디지털 경제와 전자상거래 육성'을 표방하는 '아세안 스마트시티 네트워크 구축 사업'이 주목을 받고 있다. 아세안 경제 공동체(AEC) 출범 이후 경제 통합을 위해 전자상거래시장 단일화, 통관 절차 개선(싱글윈도우) 등을 주장해온 싱가포르가 아세안 스마트 시티 네트워크 구축을 통해 역내 통합과 경쟁력 강화를 도모해 나가고 있다. 이것은 한국 기업들에게는 중요한 기회다.

아세안은 지속적으로 도로 · 철도 · 산업단지 · ICT 등 인프라 개발 사업과 주택 · 상업용 부동산 확대 사업을 추진하고 있고, 주요 건설사가 대거 진출하여 건축 · 기자재 중소기업들과 현지 진출 건설사 간 협력을 통한 동반 진출 기회가 증대되고 있다. 아세안의 신흥개발 국가(CLMV)는 전력, 수송, 통신 등 분야를 발전시킬 수 있는 기술적 여건 및 비용이 없는 관계로 해외에서 차관을 들여오거나 원조 사업으로 프로젝트를 진행하고 있다.

아세안 국가의 각종 인프라 확대 수요에 선도적 참여가 가능하도록 전방위적인 지원을 해 나가야 한다. 대형 인프라 사업과 중소형 프로젝트 등 맞춤형 참여 진출을 지원하고 신흥 개발 아세안 회원국을 중심으로 무상 원조 및 수출 금융을 활용해 나가야 한다. 아울러 경제성장 경험을 전수하여 기업의 수주 기회 확대와 함께 중장기적 국가 이미지 제고 및 시장 확대 기반 마련이 필요하다. 프로젝트 설계 초기부터 기업 진출과 연계가 가능하도록 KSP(Knowledge Sharing Program, 한국 경제발전 경험 공유사업) 사업과 연계한 사전 프로젝트 정보 수집 기능을 강화해 나가야 한다.

(6) 시장 다변화를 위한 한류 활용

중국이 부품과 소재 산업을 육성하면서 한국의 대중국 수출이 둔화되고 있고 미국 등 선진국에서 보호주의가 등장하고 있어 시장 다변화가 절실한 상황이다. 한국은 교역 대상 1위 국가인 중국에 대한 무역 의존도를 줄이면서 아세안으로 시장 다변화를 추진하여 2020년까지 한·아세안 간 교역 규모를 2,000억 달러 수준으로 확대한다는 목표를 천명한 바 있다.

사람 중심 차원에서 동남아 사람들의 마음을 얻으려면 사회문화 차원의 소프트웨어적 접근이 필요하다. 한국만이 갖는 매력을 찾아 동남아에 맞게 적용하는 것이 중요하다. 한국이 할 수 있는 힘의 원천은 역사와 기술, 지식, 문화이다. 한류를 바탕으로 고양된 한국의 국가 이미지는 놓쳐서는 안 될 지렛대다. 한류의 힘이 바로 우리가 주변 국가인 중국이나 인도, 일본의 전략과 비교할 때 강력한 강점이다. 동남아인들은 한류의 가장 열렬하고 충성스러운 팬들이기도 하다.

아세안 10개국에서는 몇 년 전부터 드라마·대중가요·한식 등 한류 붐을 타고 한국 문화에 대한 관심이 높아졌다. 자연스레 한국 제품 수요도 높아지고 있고 한국에 대한 애정도 깊어지고 있다. 한류가 비즈니스에 미치는 영향은 긍정적이고 화장품, 유통, 식품 등 분야에서 다양한 수요가 창출되고 있으며 비즈니스 한류의 범위가 계속 창출될 것이다. 한류 문화 콘텐츠를 활용하여 종합 박람회 개최를 통해 비즈니스 한류 붐을 확산하고 이와 연계한 소비재 진출 기반을 조성하며 독자 마케팅 능력이 부족한 중소기업 대상 한류 스타 연계 수출 마케팅으로 브랜드 인지도를 높일 수 있다.

동남아에서 불고 있는 한류 열풍을 활용하여 식품, 의류, 생활용품 등 K-소비재 수출을 확대하고 외식, 뷰티, 스킨케어, 교육 등 K-프랜차이즈 진출을 강화해 나가야 한다. 이를 위해 아세안 역내 서플라이체인 진입 전략을 구사하고 확대되는 아세안 온라인 시장을 이용하도록 해야 한다. 아세안 전자상거래 시장 규모는 2017년 기준 약 286억 달러에서 2025년까지 878억 달러로 연평균 32% 성장이 예상된다.

사드 문제에서 드러났듯이 관광 분야에서도 과도한 중국 집중은 바람직하지 않다. 동남아 지역의 안정적 경제성장을 활용하여 포스트 차이나 관광 영역을 확대해 나가야 한다. 한편, 아세안은 아름다운 자연과 역사적인 문화유산을 갖고 있어 한국과 상호적인 관광 협력을 할 수 있는 여건이 되어 있다. 신혼 여행지로 유명한 인도네시아의 발리, 태국의 푸껫, 필리핀의 세부는 멋진 경관을 자랑한다. 또한, 캄보디아의 앙코르와트, 인도네시아의 보로부두르 사원, 말레이시아의 말라카, 라오스의 루앙프라방 등 다양한 세계 국보급 문화유산을 보유하고 있다.

(7) 정치안보, 비전통 안보 및 지역 다자 차원에서 협력

한국이 세계 질서 속에서 목소리를 내기 위해서는 우군이 필요하며 이런 측면에서 아세안과의 협력 관계는 매우 중요하다. 한국과 아세안 간의 협력은 남북한 긴장 관계 해소와 통일에도 긍정적인 영향을 기대할 수 있다. 베트남, 인도네시아, 캄보디아를 포함한 대다수 아세안 회원국들은 전통적으로 북한과 우호적인 관계를 유지해왔으며 아세안 10개국 모두 북한과 외교 관계를 맺고 있다. 북한이 지역기구로는 유일하게 회원국으로 참여하고 있는 다자주의 안보 채널인 아세안지역안보포럼(ARF)을 보다 적극적으로 활용하여 한반도 문제에 관해 아세안과의 협력을 제고하는 노력이 필요하다.

또한, 안보 협력 차원에서 한국이 참여하고 있는 아세안 확대 국방장관회의[ASEAN Defense Minister's Meeting(ADMM) - Plus]를 활용하여 ADMM+1 형식으로 별도의 한 · 아세안 확대 국방장관회의를 개최할 필요가 있다. 북핵 문제를 해결하는데 아세안의 외교 역량을 활용할 수 있다. 북한의 비핵화와 한반도 평화 체제 구축 문제에서 진전을 이룬 역사적인 북미정상회담이 싱가포르에서 개최된 것은 시사하는 바가 크다.

한국과 아세안은 초국경적, 비전통적 정치안보 문제에 대해서도 함께 협력하고 대처해 나가는 상생의 파트너가 될 수 있다. 아세안 국가들은 다른 국가, 역외 국가들과 협력하는데 있어서 비전통 안보가 덜 민감한 부분이며 실질적으로 이익을 볼 수 있기 때문에 중시한다. 동남아 지역의 비전통 안보 문제는 기후 변화, 자원의 부족, 전염병, 자연재해, 불법 이민, 기근, 인신매매, 마약 밀매 등이다. 한국은 다양한 비전통 안보 분야에서 지원 능력과 재원을 갖추고 있다. 비전통 안보 위협은 초국가적 성격을 지니고 있어 관련 국가들이 힘을 합쳐야 하는 다자 협력의 문제이므로 지역 다자 협력을 활성화하는 데에도 기여할 수 있다.

지역 다자 협력으로 중요한 것이 메콩강 다자 개발 협력이다. 한국은 한 - 메콩 협력이 지난 2011년부터 출범한 이래 제1차 한-메콩 행동계획(2014~2017)의 성공적 이행, 한 - 메콩 협력기금 설립 및 운용, 한국의 대(對) 메콩 양자 ODA 지원, 한-메콩 비즈니스 포럼 연례 개최, 미국 · 일본 등 여타 메콩 공여국들과의 정책 공조 등을 지속적으로 확대하고 있다. 메콩 협력 기금을 연간 100만 달러에서 300만 달러로 증액하였다. 그리고 '제2차 한-메콩 행동계획 (2017~2020)'을 통해 한-메콩 협력의 3대 비전(아세안 연계성 증진, 지속 가능한 개발, 인간 중심의 개발)과 이 비전하의 6대 우선 협력 분야별(인프라, 정보통신기술, 녹색 성장, 수자원 개발, 농업 및 농촌 개발, 인적자원 개발) 협력 추진 목표와 사업을 구체화하여 추진하고 있다.

메콩강 지역은 중국과 아세안, 인도 시장을 잇는 연결점에 있고 천연자원도 풍부하다. 게다가 베트남을 비롯한 메콩강 유역 국가들의 높은 경제 성장세 덕분에 새로운 소비시장으로 떠오르고 있다. 일본은 ADB와 일본국제협력기금(JICA) 등을 내세워 동남아의 인프라 개발 지원을 확대하고 있다. 중국은 일대일로 추진에 박차를 가하며 그 주요 길목에 있는 동남아에 돈 보따리를 풀고 있다. 그리고 일본은 아베 총리가 2015년 7월 도쿄에서 메콩강 유역 5개국 정상과 '일본 · 메콩강 지역 국가 정상회의'를 열었으며 중국은 '란창(瀾滄)강 - 메콩강 정상회의(LMC)'를 개최하여 LMC를 메콩강을 매개로 한 새로운 지역 협력체로 키워가고 있다. 캄보디아 훈 센 총리가 "한 - 메콩 협력이 정상회의로 격상되기를 희망"한다고 언급한 바 있는데, 이를 적극적으로 검토할 필요가 있다.

● 제4절 ── 급속히 부상하는 인도와의 관계

1. 인도의 특징 및 모디 정부 정책

(1) 인도의 경제력 부상

타지마할 인류 문화유산으로 유명한 인도는 인구가 13억이 넘고 유권자가 8억 명에 이르는 세계 최대의 민주주의 국가이다. 현재 2억 명에 달하는 중산층은 2025년에는 5억 4,700만 명(인구 대비 37%)까지 늘어날 것으로 예상된다. 2015년 기준으로 8억 5,000만 명으로 추산되는 생산 가능 인구는 전체 인구의 66.2%에 해당된다. 게다가 델리대학, 네루대학, 인도공과대학 등 명문대학에서 세계적으로 우수한 인재들을 길러내고 있다. 2014년 5월 모디 총리가 집권한 후에 연평균 7%에 달하는 높은 경제성장률을 보이고 국내총생산은 2조 5,000억 달러로 세계 7위이며, 구매력 기준으로는 세계 3위의 대국이다. 급속한 경제성장에 따른 가계의 가처분 소득 증가와 중산층의 증가로 소비 규모가 커지고 거대 내수시장을 보유한 이머징마켓으로 성장 잠재력이 크다.

〈타지마할〉

모디 정부는 외국인 투자 유치 및 제조업 육성을 중심으로 이른바 모디노믹스로 경제에 활력을 불어 넣고 있다. 브릭스(BRICS: 브라질, 러시아, 인도, 중국, 남아공) 국가 중에서 가장 지속 가능한 경제성장이 이루어지고 있다. 인도의 공무원, 정치인, 기업가는 물론 일반 시민들까지도 자국의 미래, 특히 경제에 대해 낙관적이고 자신감에 차 있다. 그리고 경제 대국으로 부상하는 인도를 전 세계가 주목하고 있다. 골드만삭스 등 세계 주요 연구기관들은 젊고 풍부한 노동력, 시장경제와 민주주의 전통, 과학기술 분야 우수성, 영어 사용 능력 등 여러 측면에서 인도의 경제성장 잠재력을 높이 평가하면서 21세기에 미국 및 중국과 함께 세계 경제를 이끌어 갈 3대 강국으로 도약할 것으로 전망하였다.

(2) 모디 정부의 정책

① 통합 간접세 도입

2017년 7월 1일부로 전격적으로 실시된 통합 간접세(GST, Goods and Service Tax)는 기존에 중앙정부와 주정부가 각기 다른 세율을 적용하였던 간접세를 통합하는 제도이다. 소비 시점에서 간접세를 부과하기 때문에 세금 환급이 쉽고 따라서 재화와 용역을 판매·구매하는 사람들의 거래 신고를 유도하는 측면이 있다. 그리고 인도 전체가 하나의 GST로 통합됨으로써 전반적으로 거래비용이 인하되어 경제가 활성화되고 물류비용과 세금 행정의 감소로 인해 장기적으로 내수 확대에 도움이 될 것으로 보고 있다. 또한, 원천을 보다 명확히 파악할 수 있게 되어 사회 전체의 투명성 향상에 긍정적인 평가이다. 단일 조세 체제에 편입됨으로써 기업 활동이 쉬워지고 진입 장벽이 완화되면서 외국 기업들의 인도 시장 진출이 보다 수월해질 것으로 기대된다.

② 화폐 개혁

2016년 11월 8일 고액권으로 전체 화폐 유통 물량의 86%를 차지하는 500루피(한화 8,500~9,000원)와 1,000루피(한화 17,000~18,000원)에 대한 기존 지폐의 사용을 금지하고 새 화폐를 발행하였다. 위조지폐의 유통을 막고 인도 GDP의 20%에 해당하는 지하경제를 양성화하며 기존의 고액권이 지하경제로 들어가 외부 테러 자금 등에 사용되는 것을 억제하기 위한 것이다. 화폐 개혁은 막대한 후속 조치와 사회적 변화를 이끌어냈으며, 그중 하나가 스마트폰을 이용한 '간편 결제' 도입이다. 중국의 위챗처럼 노점상에서 과일을 살 때도 동네 가게에서 생수 한 병을 살 때도 스마트폰으로 QR 코드를 스캔하면 결제가 끝나는 '현금 없는 사회'로 가고 있다. 갑작스런 화폐 개혁 조치로 가용 현금이 없는 소비자들이 모바일 결제로 눈을 돌린 것이다.

③ 제조업 육성 정책

모디 정부는 각종 규제를 폐지하여 외국인 투자를 유치함으로써 연간 12~14%의 제조업 성장을 통해 2025년 까지 GDP 대비 제조업 비중을 25%까지 끌어올리고 1억 개의 일자리를 창출하는 것을 목표를 설정하였으며 그 핵심 슬로건이 제조업 역량 강화를 국가 시책으로 하는 '메이크 인 인디아'(Make in India)이다. 이 슬로건은 외국 기업이 인도에 들어와서 공장을 짓고 제품을 만들어 해외에 수출하는 것을 장려하는 것으로서 제조공장을 인도로 유치하여 제조업을 활성화시키려는 경제개발 프로젝트라고 할 수 있다.

모디 정부는 이를 뒷받침하기 위해 국내 기업들의 반발에도 불구하고 일부 부문을 제외한 대부분의 산업에서 외국인 직접 투자를 허용하고 25개의 제조업 우선 육성 분야를 선정하여 정책 지원을 확대하고 있다. 우주항공, 국방, 뉴스미디어 등을 제외한 대부분에서 FDI를 100% 허용하고 있다. 철도를 위시한 인프라, 자동차와 같은 핵심 산업 분야, 방산, 유통, 제약과 같은 육성 대상 산업에서도 외국인 투자 상한을 철폐하거나 투자 제한을 완화한 것이다. 식품업 등 일부 분야 경우도 100%까지 외국인 투자 지분을 허용하고 있다.

경제자유구역(SEZ)을 적극적으로 설치하고 중앙정부, 지방정부 차원의 감세 및 연구개발 관련 비용의 공제 등 인센티브 제공을 통해 글로벌 기업의 투자 유치를 유도하고 있다. 한편, 외국인 투자 유치를 촉진하기 위해 1991년 경제개방 이후 외국인 투자신고 절차를 접수하고 정부 승인을 위한 심사를 담당해 왔던 '외국인투자진흥위원회(FIPB: Foreign Investment Promotion Board)'

를 폐지하고 각 산업별 정부 부처의 승인을 받는 것으로 변경하였다. 그리고 '외국인직접투자촉진포털(FIFP: Foreign Investment FacilitationPortal)'을 도입하여 외국인 투자 승인 프로세스를 표준화하고 단순화하였다.

모디 총리는 '메이크 인 인디아'(Make in India) 정책 달성을 위하여 외국인 투자 유치를 계속 강조하고 자신의 치적으로 홍보하고 있어 앞으로 외국인 투자에 대한 유화 정책은 지속될 것으로 보인다. 미국, 일본, 중국, 싱가포르를 포함한 외국의 많은 기업들이 직접 투자는 물론 인도의 스타트업 기업들에 대한 투자를 확대해 나가고 있다. 2016~2017 회계연도 외국인 투자액이 600억 달러를 달성하면서 사상 최대치를 기록하였다. 외국인 투자 영향으로 인도의 자동차 산업도 확대되고 있다. 2016년 449만 대의 차량을 생산해 한국을 제치고 세계 5위 자동차 생산국이 되었고, 2017년에는 독일도 따라잡아 4위로 부상했다. 이륜차를 포함한 인도 자동차 시장은 2015년 740억 달러 규모에서 2026년 2,600~3,000억 달러로 크게 확대될 것으로 예상된다.

④ 뉴 인디아 비전 제시

모디 총리는 개혁(reform)을 입안하고 이행하여 실적을 내며(perform) 궁극적으로는 인도를 근본적으로 변화시켜 나가겠다(transform)는 3단계 비전을 제시했다. 그리고 여러 가지 슬로건을 통해 자신이 추진코자 하는 바를 알기 쉽게 국민들에게 제시하여 결집을 도모해 나가고 있다. 제조업 활성화를 위한 '메이크 인 인디아'(Make In India)이외에도 제조업 인력을 육성하는 '스킬 인디아'(Skill India), 거주 환경의 획기적 개선엔 '클린 인디아'(Clean India), 인도의 강점인 IT 강화엔 '디지털 인디아'(Digital India)라는 슬로건도 만들었다. '스킬인디아'는 2022년까지 25개 분야에서 100여 종의 4억 명을 대상으로 기술훈련을 제공하는 '국가기술 개발 미션'을 비롯해 기술훈련자금 대출, 기업가 정신교육, 산학협동 직업교육 등을 제공하는 것이다. '디지털 인디아'는 2020년까지 전자제품 순수입 '0' 달성, 스마트폰 · 무선망 보급, 보건 · 교육 · 금융서비스 온라인화, 시민 디지털 역량 강화 등을 핵심 내용으로 한다.

모디 정부는 화폐 개혁 조치로 역풍을 맞았으나 2017년 상반기 지방선거에서 대승하며 정국을 주도하고 있다. 정국 주도의 자신감을 바탕으로 2017년 8월 15일 독립기념일 연설에서 2022년까지 새로운 인도를 만들겠다는 'New India by 2022'을 선언하였다. 독립기념일 이틀 전에는 인도 독립운동 선언(Quit India Movement) 75주년을 대대적으로 홍보하면서 식민 독립으로 탄생한 인도가 새로운 모습으로 다시 탄생해야 된다고 하고 새로운 인도를 건설하기 위해 가난, 부정부패, 테러리즘, 분파주의, 카스트의 5대 적폐 척결을 주장하며, '무사안일주의(Chalta Hai)'에서 벗어나 '변화할 수 있다(Badal Sakta Ha)'는 마음가짐으로의 변화를 역설하였다.

2018년 1월 모디 총리는 다보스회의 개막 기조연설을 통해 새로운 인도를 의미하는 '뉴 인디아(New India)' 비전을 세계에 설명했다. 뉴 인디아 비전은 2032년까지 미국, 중국에 이은 3위 경제 대국이 되겠다는 목표가 담겨 있다. 인구의 65% 이상이 35세 이하이고 평균 연령이 29세에 불과한 세계에서 가장 젊은 국가로서 풍부한 양질의 노동력 제공이 가능하다는 강점을 토대로 기업하기 좋은 환경을 구축하는 한편, 세계에서 가장 개방적인 경제로 전환해 해외 자본 유치에 올인하겠다는 구상을 내놨다.

⑤ 신동방 정책

인도는 좁게는 서남아 지역에서의 지도적 위치를 확고히 하고 넓게는 비동맹 운동의 기수로서 제3세계에서의 지지 확보 및 강화를 대외 관계의 주안점으로 삼았던 전통을 지니고 있다. 냉전 종식 이후 신국제 질서 형성에 따라 다극화를 지향하며 실용주의 외교 노선에 따라 세계 모든 국가와 관계 발전을 도모하고 있다.

인도는 1991년부터 경제개방 개혁 조치와 더불어 동아시아 경제와의 연계 정책인 '동방 정책(Look East Policy)'을 추진해 왔다. 모디 총리는 기존의 '동방 정책'보다 더 적극적인 '신동방 정책(Act East Asia)'으로 조정하였다. 동아시아와의 협력 관계 강화를 통해 빠른 경제성장을 이룩하고 지역 내 안보 역학 구도의 변화에 보다 더 신속하게 대처하기 위해서이며 협력 대상을 아세안에서 동아시아 더 나아가 태평양 지역으로 확장시켜 더 많은 국가와 관계를 견고히 해나가겠다는 구상이다. 한편, 스리랑카 남부 함반토타 항구의 운영권 인수, 몰디브와의 FTA 추진 등 중국이 인도의 목을 옥죄어오고 있는 상황에서 인도는 아세안 국가와 한국, 일본 등과 협력을 확대하는 반면, 중국과의 교역 의존도가 지나치게 높아지는 점을 경계하고 있다.

2018년에 건국 기념일인 1월 26 공화국의 날(Republic Day) 행사에 아세안 10개국 정상 모두를 주빈으로 초청하여 아세안과의 관계

를 돈독히 하였으며, 이때 아세안 - 인도 유대관계 25주년 정상회의
도 개최하였다. 인도는 동남아 지역에 중국의 영향력이 갈수록 높
아지자 이를 우회적으로 견제하고자 아세안 국가들과 양자 간 또
는 다자 간 협력 사업을 확대하고 있다. 중국이 본격화하는 일대일
로 구상에 인도는 '신동방 정책'으로 드라이브를 걸었다. 여기에 미
국, 일본, 호주 등도 '아시아 태평양' 전략을 '인도 - 태평양(Indo -
Pacific)' 전략으로 확대하면서 인도와 연대를 추진하고 있다. 인도
가 과거 비동맹 고립적인 태도에서 벗어나 유라시아 지정학 경쟁에
참여하고 있는 셈이다.

2. 갈등하는 인도와 중국과의 관계

(1) 일대일로에 대한 인도의 태도

인도는 2017년 5월 14~15일 중국이 베이징에서 주최한 '일대일
로 국제협력 정상포럼'에 불참했다. 이 포럼 하루 전인 5월 13일 인
도 내무부는 "지역 간 연결 사업은 국제적으로 통용되는 규범 · 법
규 · 개방성 · 투명성 · 평등에 기반을 두어야 하며 재정적 책임원
칙을 준수해 프로젝트가 지역사회에 감당 못할 부담을 안겨서는 안
된다. 기술 이전을 통해 지역사회가 프로젝트 결과물을 장기적으로
유지할 수 있어야 하며 프로젝트는 개별 국가의 존엄성과 국경선을
존중하는 방식으로 진행돼야 한다"라는 입장을 발표하였다.
이러한 인도 측의 일대일로에 대한 이의 제기는 중국 · 파키스탄
경제회랑의 일부가 인도가 영유권을 주장하는 잠무(Jammu) 지역

과 카슈미르(Kashmir) 주를 통과함에 따라 표명한 것으로 풀이된다. 인도는 '일대일로 국제협력 정상포럼'이 개최된 같은 달에 아프리카 50여 개국의 정상급 지도자, 재무장관, 중앙은행 총재 등이 대거 참석하는 아프리카개발은행(AfDB) 연례회의를 개최하였다.

인도는 일본과 아시아태평양에서 아프리카로 뻗어나가는 자유회랑(Freedom Corridor) 사업을 추진하고 있다. 자유회랑 사업은 2016년 11월 모디 총리가 일본을 방문하였을 때 아베 총리가 선언한 것으로 중국의 영향력을 견제하기 위해서 양국이 협력해 인프라 개발 사업을 추진하자는 것이다. 양국은 일대일로를 통한 중국의 인프라 개발 독점에 대항하기 위해 서로 협력해 아프리카, 이란, 스리랑카, 동남아시아 전역에 걸쳐 다수의 인프라 사업에 착수하였다.

인도의 이런 국제 정치적 행보는 일대일로의 해상 실크로드가 동남아, 말라카 해협, 인도양, 중동 및 아프리카로 이어지는 데 대한 견제이다. 중국은 자국의 경제적 진출을 확대하고 해상 교통로를 확보하기 위해 소위 '진주목걸이' 같이 항구를 개발하고 있다. 이에 따라 인도양이 경쟁 무대화 되면서 인도도 물러서지 않고 맞서고 있다. 인도는 인도양 섬나라 세이셸에 군사기지를 세우기 위한 협정을 체결했고 이란 남동부의 차바하르항 운영권을 이란 정부로부터 임차하는 협약을 맺었다. 차바하르항은 중국이 임차한 파키스탄 남부 과다르항과 불과 9km 떨어져 있다. 일대일로 정책을 둘러싸고 중·인 양국 간 긴장은 커질 전망이다.

(2) 중-인도 국경 분쟁

인도와 중국은 국경 문제로 전쟁도 치렀지만 지금까지 국경을 확정하지 못한 채 3,488km에 이르는 실질통제선(LAC)으로 국경을 사용하고 있다. 중국은 인도가 통치하고 있는 아루나찰프라데시(Arunachal Pradesh)주 9만 km²를 자국 영토라고 주장하는 반면 인도는 중국이 통치하고 있는 카슈미르 악사이친 지역 3만 8,000km²의 영유권을 주장하고 있다. 인도를 식민통치하던 영국은 1914년 티베트와 '심라(Simla) 조약'을 체결해 티베트 남부 지역을 영국령인도의 영토로 하는 '맥마흔 라인(McMahon Line)'을 국경선으로 정했지만 중국은 '심라 조약'과 '맥마흔 라인'을 인정하지 않고 있다. 1962년에는 전쟁으로 비화되었고, 2003년부터 국경선 확정을 위해 특사를 임명하고 협상을 하고 있지만 갈등은 이어지고 있다.

〈중국-인도 국경 분쟁 지역〉

최근에도 일촉즉발의 대결 상태로까지 이어진 적도 있다. 2017년 6월 16일 중국이 도클람(중국 명칭은 洞朗)에서 도로공사를 시작하자 인도가 자국 안보에 대한 심각한 위협으로 간주하여 병력을 파견함으로써 인도군과 중국군 수천 명이 두 달 이상 대치했다. 인도 중심 지역에서 방글라데시 동쪽에 있는 아삼 지역(동북부 7개 주)을 가려면 폭 20km의 회랑지대를 지나야 하는데, 도클람 지역은 이 회랑지대의 입구의 실리구리(Siliguri)를 바로 압박할 수 있는 전략적 요충지다.

이 지역은 부탄-중국 간 영유권 분쟁 지역이다. 인도는 부탄과의 우호조약을 근거로 병력을 투입하여 중국군의 공사를 저지하였으며 이 지역을 실효 지배하고 있는 중국은 영토 침입 행위로 간주하며 반발했다. 2017년 8월 중순에는 히말라야 산맥 서부에 위치한 또 다른 국경 분쟁 지역인 라다크 지역에서 난투극이 벌어졌다. 인도-중국 양국 군이 아슬아슬한 대치 상황을 이어가고 있는 동안 양국 정부와 언론은 전면전도 불사하겠다는 등 강도 높은 경고를 주고받았다.

(3) 중-인도 관계 전망

양국 군 대치는 무력행사로까지 번지지는 않았다. 바로 2017년 9월 중국 푸젠성 샤먼에서 브릭스 정상회의와 10월 중국 공산당 제19차 당 대회가 예정돼 있었다. 중국이 한발 물러서 도로 건설을 중단했고 인도는 국경선 밖으로 군대를 철수시켰다. 국경 지역에서 긴장이 여전하지만 전면 충돌이 발생할 가능성은 낮다. 양국은 경제 발전을 위해 상호 협력이 필요한 상태이기 때문이다. 중국은 자국이 주도하는 지역 경제·군사 협력체인 상하이협력기구(SCO)에 인도를 파키스탄과 함께 정식 회원으로 승격시켰다.

실리주의를 내건 모디 총리는 취임 직후 서먹서먹한 관계를 유지해온 중국과의 관계 개선에 적극적으로 나섰었다. 시진핑 주석이 2014년 9월 인도를 방문했을 때 모디 총리는 고향인 구자라트에서 영접했고 모디 총리가 2015년 5월 중국을 방문했을 때는 시진핑 주석이 자신의 고향이라 할 수 있는 시안으로 내려와 영접하였다. 최고의 대우로 서로를 대하고 우의를 나누었지만 도클람 국경 분쟁을 통해서 국익 앞에서는 전쟁도 불사하겠다는 결기를 드러냈다. 중국은 인도와의 관계 개선이 매우 중요하다고 판단하여 2018년 4월에는 우한에서 비공식 정상회담을 개최했다. 앞으로 양국의 국력이 상승함에 따라 힘겨루기가 가속화되고 안보 전략적 게임이 치열해질 수밖에 없다.

3. 한국과 인도와의 관계

(1) 특별 전략적 동반자 관계 내실화

『삼국유사』「가락국기」에는 인도 아유타국에서 바다를 건너와 가락국 김수로왕과 결혼했다는 허왕후 설화가 나온다. 인도에서 발생한 불교가 한반도에 전파되었고 인도 시인 타고르는 한국을 '동방의 등불'이라고 부르는 등 한 - 인도 양국은 인연이 많다. 2015년 5월 모디 총리의 방한을 통해 한 - 인도 양국은 양국관계를 '전략적 동반자 관계 (Strategic Partnership)'에서 '특별 전략적 동반자 관계 (Special Strategic Partnership)'로 격상시키고, 수출입 은행이 인도 측에 100억 달러 규모의 인프라 개발 지원을 위한 금융 패키지를 제공하기로 하는 등 제조업, ICT, 인프라, 과학기술, 문화 교류 등 제반 분야에서 협력을 강화해 나가기로 합의하였다.

문재인 대통령은 2018년 7월 국빈 인도 방문 시에 가진 한·인도 비즈니스포럼 기조연설에서 한국과 인도의 관계를 한반도 주변 4대 강국 수준으로 끌어올리겠다고 말했다. 모디 총리와 정상회담 시 '한·인도 특별 전략적 동반자 관계'를 실질화하고 한 단계 더 높은 수준으로 발전시킬 적기라는데 인식을 같이하였으며, 사람·번영·평화를 위한 협력을 증진하고 4차 산업혁명에 대응하여 미래 성장 동력을 창출하는 '3P 플러스' 협력을 적극 추진하기로 하였다. 정상 차원의 상호 방문을 정례화하며 정상 간 협의를 보완하고 지원하기 위해 정부 간 고위급 협의도 확대하기로 했다.

양국 정상은 한-인도 협력의 새로운 방향을 제시한 '사람, 상생번영, 평화, 미래를 위한 비전'을 채택했다. 인도는 대한민국을 신동방 정책의 불가결한 파트너로 인식하고 마찬가지로 대한민국도 신남방 정책의 핵심축인 인도와의 관계를 가일층 강화해 나가기로 하였다. 그리고 현재 200억 달러의 교역 규모를 2030년까지 양국 교역액 500억 달러 규모로 확대하겠다는 목표를 제시했다.

사람(People)을 중시하는 양 정상의 공통된 정치 철학을 바탕으로, 양국 간 깊은 역사적 유대를 상징하는 허황후 기념공원 사업 추진 등 양 국민이 서로 마음에서부터 가까워지도록 하는 다양한 교류를 활성화해 나가기로 했다. 포괄적경제동반자협정(CEPA) 개선 협상의 조기성과 도출과 조속한 타결을 모색하는 한편, 양국 간 방대한 협력 잠재력과 상호 보완적 경제 구조를 최대한 활용해 무역, 인프라 등 분야에서 상생 번영을 이루어 나가기로 했다.

역내 평화와 안정을 위해 힘을 합하고, 국방·방산 협력, 테러 대응, 외교·안보 분야 정례협의체 활성화로 협력을 강화하기로 했다. 또한, 한반도의 완전한 비핵화 및 항구적 평화 체제 구축을 위해 긴밀히 공조해 나가기로 했다. 인도의 풍부한 고급 인력과 한국의 기술을 결합하여 한-인도 미래비전전략그룹 및 연구혁신협력센터를 설치하기로 하였으며, 과학기술 공동연구 등을 통해 양국이 함께 미래를 준비해 나가기로 했다.

(2) 한·인도 교역 관계

2009년 121억 5,000만 달러 수준에 지나지 않던 한-인도 양국 간 교역은 2010년 포괄적경제동반자협정(CEPA, comprehensive economic partnership agreement)이 발효되면서 크게 증가하여 2011년 205억 달러를 기록하여 역대 최고치를 보였다. 이후 세계 경기 침체로 인하여 150~170억 달러 수준을 유지하고 있다. 그런데 한-인도 CEPA 공청회 자료에 따르면 2014년 기준 한인도 CEPA 활용률은 56.3%로 낮은 것으로 나타났다. 그리고 인도-일본 CEPA의 양허 수준이 한-인도 CEPA보다 높게 합의되어 상대적으로 불리한 철강, 전기전자, 자동차 부품, 석유화학 분야의 일부 품목 양허 개선이 필요한 상황이다.

양국 간 무역 불균형은 CEPA 체결 이전 40~50억 달러에서 70억 달러 수준으로 확대된 상태로 이어지고 있는데, 인도 측은 한국과의 대외 교역 적자를 우려하는 상황이며 CEPA 개정 협상에 미온적인 태도를 보였다는 평가다. 그동안 몇 차례 협상이 이루어지기로 했으나 진전이 없었는데, 양국 정상 회담에서 CEPA 개선 협상의 조기성과 도출과 조속한 타결을 모색하기로 했다. 한국 기업들의 적극적인 인도 시장 진출, 한국 브랜드 가치 상승으로 인한 수요 증가, 고급 기술 및 제조 기반이 취약한 인도의 특성으로 인해 수입에 의존할 수밖에 없는 산업 구조 등을 고려할 때 한국의 수출 규모는 증가할 것으로 예상된다. 인도 역시 산업화가 진행됨에 따라 풍부한 인력과 자원을 바탕으로 생산한 제품들을 수출할 수 있을 것으로 전망되는 등 중장기적으로 양국 간의 교역 규모는 늘어날 것으로 예상된다. 이러한 점을 감안하여 양국은 2030년까지 교역액 500억 불 달성을 목표로 제시했다.

(3) 투자 진출 동향

현대자동차, 삼성전자, LG전자 등 한국 기업들이 1990년대 중반부터 인도의 잠재력을 믿고 적극적인 대인도 투자를 추진하여 인도 내 각 분야에서 시장점유율 수위를 점하는 큰 성공을 거두고 있다. 한편 양국 상호 투자 진출은 2004년 인도 타타그룹이 한국 대우자동차 상용차 부분을 인수하고 2010년 마힌드라가 쌍용자동차를 인수한 것처럼, 한국의 대인도 투자라는 일방적인 방향에서 벗어나 서로에게 도움이 되는 방향으로 발전하고 있다.

현대자동차는 인도 시장에서 확고한 기반을 구축하였다. 인도 동남부에 위치한 첸나이 현대차 공장은 1998년 9월 현지 생산과 판매를 시작한 이래 2018년 6월 초까지 누적 생산 대수가 800만 대를 넘었다. 이 가운데 530만 967대는 인도 현지에서 판매됐고 270

만 3,581대는 아프리카, 중동, 남미, 아시아 등 다른 국가로 수출됐다. 현대차의 해외 현지 공장 가운데 누적 생산량 800만 대를 넘어선 것은 중국에 이어 인도가 두 번째이다. 한편, 기아차는 안드라프라데시주 아난타푸르 지역에 공장을 건설하고 있다.

현대자동차 인도 진출 성공 사례

① 단독 투자 방식 채택

당시만 해도 인도 법률상 외국 기업의 단독 투자 자체가 원칙적으로 불가능했으나 4억 달러에 이르는 대규모 초기 투자와 높은 부품 현지화율, 인도에 유리한 수출 조건을 앞세워 인도 정부를 설득하여 단독 투자 허가를 받아내고 이를 통해 설립된 현대차 인도법인은 빠른 의사결정을 통한 공격적인 시장 확대 전략을 펼쳐나갈 수 있었다. 만약 합작 방식을 택하였더라면 인도 파트너와의 조율이 힘들어 경영에 문제가 생겼을 수도 있고 경영권 통제에도 제한이 생기며 자체만의 브랜드 이미지 구축에도 힘들었을 것이다.

② 철저한 현지 수요조사 및 현지에 맞는 생산

수개월에 걸쳐 소비자들의 행동 양식과 선호도 등을 철저히 조사했다. 인도의 기후 및 지리를 파악하고 인도인들의 선호도를 조사하며 열악한 도로 여건, 높은 기온, 저가 모델 선호 등 인도 시장의 특성을 고려한 모델을 개발하였다. 현지 시장조사 결과 소형차가 훨씬 더 진입하기 수월할 것으로 예상됐다. 차량이 필요하지만 경제적 여건상 차량 구매를 망설이는 수요가 상당하다는 분석 때문이었다. 이에 따라 선보인 차량이 바로 '상트로(한국 브랜드명 아토스)'였으며 작은 차체와 우수한 디자인을 앞세워 인도 소비자들에게 어필하였다.

③ 부품업체와 동반 진출 및 저렴한 인건비, 세제 금융 지원

자동차 부품업계와 함께 동반 진출하여 신뢰를 바탕으로 한 규모의 경제를 이루어 해외 유수의 기업들을 따돌릴 수가 있었다. 또한, 현대차 협력 업체들이 본사로부터 지속적인 기술 지도와 품질 지원을 받을 수 있었기 때문에 인도 소비자가 원하는 차량을 만들 수 있었다. 또한 인건비로 생산비 30% 정도를 낮출 수 있어 가격 경쟁력을 높여 주었다. 싼값에 판매하면서도 경쟁사인 마루티 이상의 마진을 확보할 수 있었다. 인도에 직접 부품공장을 신설하여 세제 · 금융 · 부지 지원 등의 파격적인 지원을 받을 수 있게 되었다. 인도 정부는 자국 시장을 '세계 자동차부품 생산의 메카'로 육성하기 위해 자동차 부품 공장 신설 시 세제 · 금융 · 부지 등을 지원하는 '자동차 신정책'을 발표한 바 있다.

④ 효과적인 마케팅 및 AS 전략

효과적인 마케팅 및 AS망을 구축하여 고객들이 차를 사는데 불편해하지 않도록 하고 만족할 만한 서비스를 지속적으로 제공하였다. 또한, 인도 국민배우로 선풍적인 인기를 얻고 있는 샤루크 칸(Sharukh Khan)을 모델로 써 현대차를 순식간에 인도 전 국민에게 각인시키는 계기로 만들었다. 그리고 인도 대법원에서 배기가스 규제를 유로 II로 강화했을 때 이미 현대차는 이 요건을 충족하고 있었기 때문에 인도인들은 현대자동차를 최고 수준의 기술로 만들어진 차량이라는 것을 인식시킬 수 있었다.

⑤ 현지 문화 이해 및 사회 공헌 활동 전개

현지 문화에 적응하고 현지 사회와 융합하기 위한 노력도 게을리하지 않았다. 높은 수준의 복리후생과 평균 이상의 임금으로 현지 노동자들의 삶의 질 향상에 적극적으로 이바지했다. 또 생산라인 한편에 힌두교를 상징하는 형상을 배치해 인도 문화에 대한 존중의 뜻을 표현하기도 했다. 2006년 상반기에 '사회공헌재단'을 설립해 지역 주민들을 위한 사회봉사활동을 전개하고 있다. 지역 단체들과 함께 '현대교통봉사단'을 조직하고 교통안전 교육 및 델리 교통관리 시스템을 지원하는 프로젝트를 진행하고 있다.

삼성전자는 노이다와 첸나이에 공장을 운영하고 있으며 모바일을 비롯하여 TV, 냉장고, 세탁기를 생산한다. 인도 시장에서 중국 업체들과 치열한 경쟁을 하고 있는 스마트폰은 2018년 7월 제2공장 준공식을 개최하여 월 생산량은 500만 대 수준에서 1,000만 대로 증가되었다. LG전자는 노이다와 푸네에 생산공장 및 벵갈루루에 연구소를 운영하고 있다. 내수 시장에 판매하는 제품 외에 중동, 아프리카 등에 수출하는 제품을 생산하고 있다. 주요 품목은 TV, 냉장고, 세탁기, 스마트폰 등이다. 롯데제과는 2010년 첸나이에 전용 공장을 설립한 이후 2015년에는 뉴델리 인근에도 공장을 설립해 남인도와 북인도를 연결하는 초코파이 벨트를 완성하였다.

인도는 인프라 개발을 위한 플랜트, 프로젝트에 대한 입찰이 활발하게 이루어지고 있어, 삼성엔지니어링 등 건설업체들이 진출해 있다. 금융계 진출도 활발하게 이루어지고 있다. 신한은행은 뭄바이 및 뉴델리 등에 지점을 개설했으며, 우리은행도 첸나이 등에 지점을 개설하여 인도시장 진출거점을 마련하였다. 하나은행도 첸나이에 지점을 개설하였다. 국민은행은 2012년 6월 인도 내 두 번째로 큰 은행이자 최대 민영은행인 ICICI 은행과 업무 협약(MOU)을 체결하고 뭄바이에 사무소를 열었으며 2016년 1월 구르가온으로 사무소를 옮기고 지점 전환을 추진하고 있다.

4. 한국의 인도 정책 방향

(1) 신남방 정책과 신동방 정책 협력을 통한 관계 강화

한·인도 양국은 민주주의, 자유시장경제, 법치주의 등 보편적 가치를 공유하고 있다. 상호 보완적인 산업 구조, 문화적 유사성 등 여러 측면에서 협력 잠재력이 크다. 문재인 대통령은 2018년 7월 인도 방문 시에 '사람(People)을 중심으로 상생 번영(Prosperity)하는 평화(Peace) 공동체로서 4차 산업혁명을 함께 준비'하는 '3P 플러스'를 추진하겠다고 밝혔다. 양국 간 협력 가능성을 최대한 활용하여 미래분야로 양국 관계의 지평을 넓혀 나가려는 것이다. 양국이 신남방 정책과 신동방 정책을 통해 미래를 향해 함께할 중요한 동반자임을 확인하였다.

모디 정부는 동아시아와의 협력 관계 강화를 통해 빠른 경제 성장을 이룩하고 지역 내 안보 역학 구도의 변화에 좀 더 적극적이고 신속하게 대처하고자 기존 동방 정책을 발전시킨 신동방 정책(Act East Policy)을 수립했다. 협력 대상 지역을 아세안에서 동아시아 더 나아가 태평양으로 확장시켜 더 많은 국가와 관계를 공고하게 해나가겠다는 계획이다. 인도는 냉전시 기 미·소 어느 쪽으로도 기울지 않는 개도국 비동맹 그룹을 주도했던 나라다. 최근에는 경제 발전에 힘입어 서남아시아를 넘어 보다 적극적으로 아시아·태평양 지역의 주요 이해 당사국으로 참여하려 하고 있다.

인도의 신동방 정책은 한국의 신남방 정책과 맞닿아 있다. 그 중심에는 중국의 부상 등으로 인한 지역 역학구도 변화로 확대된 리스크 대응과 시장 다변화를 통한 신경제성장 동력 창출 필요성이 자리하고 있다. 인도는 민주주의 국가로서 '민주주의 가치 동맹'을 추구할 수 있는 국가이며 정치와 안보 분야에서도 주목해야 하는 나라이다. 선진 민주주의 국가의 영향력이 줄어들고 자국 우선주의가 확산되고 있는 상황에서 동아시아의 역동적 민주국가인 한국과 서남아시아의 민주대국 인도 간에 협력 필요성이 크다.

한국의 신남방 정책은 물량에서 중국, 일본에 밀리고 있는 상황을 뒤집기 위한 전략적 선택이라고 할 수 있다. 신남방 정책 비전을 '한

- 인도 미래 공동체'에서 출발하여 '한-아세안 미래 공동체', '한-인도-아세안 미래 공동체'로 확산, 남방벨트를 구축하여 우리의 외교 저변과 활동 공간을 확대해 나가야 한다. 아시아 · 중동 · 아프리카 등과 관계를 증진하는 데 있어 인도를 '지렛대'로 삼아야 한다.

(2) 포스트 차이나 시장으로 개척

인도는 정치적 안정, 광범위한 산업 기반, 증가 일로에 있는 양질의 기술 인력, 경제 개방과 자유화 정책, 정보통신 · 서비스 · 제조업 등 다양한 산업 기반에 힘입어 본격적인 고도 성장 궤도에 진입했다는 평가를 받고 있다. 중국을 대체할 포스트 차이나 시장으로 인도 시장을 활용할 수 있다. 한국 정부는 CEPA 발효 8주년을 맞아 2018년 5월 뉴델리에 한-인도 포괄적 경제동반자협정 활용 지원센터를 열었다. 원산지 증명, 통관, 비관세 장벽 등 애로사항을 해소해 양국의 교역 확대에 기여할 것으로 기대된다.

인도는 열악한 교통 인프라로 인하여 산지로부터의 제품 운송, 집하, 도소매 연결, 결제 및 소비로 연결되는 과정이 매우 복잡하고 비효율적이었으나, 스마트폰이 빠르게 보급되고 대형 온라인 유통업체들이 온라인 장터를 확충함에 따라 소비자들이 쉽게 상품에 접근할 수 있게 되었다. 또한, 풍부한 노동력을 바탕으로 한 값싼 배송 시스템이 구축되고 핀테크 기술을 통한 결재 방식의 간편화로 악명 높았던 유통시장의 접근성이 개선되었다.

한국은 프리미엄 이미지를 활용한 마케팅으로 소비재 시장을 적극 공략해야 한다. 인도에서도 떠오르고 있는 한류 붐을 활용하여 소비를 주도하고 구매 품목이 다양한 청년층 및 여성층을 겨냥한 마케팅 전략을 구사해 나가야 한다. 또한, 모바일 기기를 활용하는 소비시장의 성장세가 뚜렷함을 감안하여 영화, 음악, 게임 등 문화 콘텐츠 분야를 중심으로 젊은 디지털 세대의 취향에 맞춰 소비시장을 개척해야 한다. CJ오쇼핑(Star CJ), GS홈쇼핑(Home Shop18)과 같은 한국 홈쇼핑 업체가 인도 시장에 진출해 있는 데, 이들 업체를 통한 직접적인 상품 판촉을 전개할 필요가 있다.

인도의 FTA 네트워크를 활용한 수출을 도모할 수 있다. 인도는 서남아시아(아프가니스탄, 파키스탄, 방글라데시, 스리랑카 등), 아세안(인니, 태국, 베트남, 말레이시아 등) 등과 FTA를 체결하였다. 특히, 아세안은 인도의 4번째 교역 파트너로서 활발한 교류가 이루어지고 있다. 동남아시아에 생산기지를 가지고 있는 한국 기업들은 인도-아세안 FTA를 활용한 인도 시장 진출을 적극적으로 고려할 필요가 있다. 최근, 철강, 화학품목을 중심으로 한 중국산의 범람으로 인도 정부는 수차례 수입 규제 조치를 시행한 바가 있으며, 한국산 제품에 대해서도 수입 규제 조치를 취하고 있다. 따라서 아세안 지역에 이미 진출한 생산시설을 활용한 대인도 수출 우회 정책을 추진할 필요가 있다.

(3) 현지 투자를 통한 내수시장 및 제3국 시장 개척

인도는 탄탄한 제조업 기반과 풍부한 인력, 우수한 창업 생태계를 보유하고 있어 전기전자, 철강, 화학, 자동차 등 분야에서 제조업 파트너로서 유망하며 한국의 글로벌 가치 사슬 파트너로 적합하다. 한국이 가진 하드웨어 분야의 강점과 인도의 소프트웨어 서비스를 결합하면 바람직한 협력 모델을 만들 수 있을 것이다. 그리고 인도는 외국 기업에 대한 차별 대우가 적고 문화를 수용하는 것도 중국보다 훨씬 유연하다. 삼권분립이 확실하여 외국 기업들이 부당한 대우나 불이익을 받았을 경우 사법부의 판단을 구할 수 있는 구제 절차도 구비되어 있다. 이미 아세안에는 한국 기업들이 많이 진출해 터전을 잡고 있지만 아직 인도는 그렇지 않다는 점에서 앞으로 인도에 더 많은 관심을 갖고 진출을 도모할 필요가 있다.

인도는 현지 투자를 통한 내수시장 진출은 물론 제3국 진출의 파트너로서도 중요성이 높다. 인도양의 중심에 위치하고 있고 예로부터 중동과 동남아시아를 잇는 주요 무역 요충지로 기능하였으며 중동, 아세안, 아프리카 진출이 용이한 경제·지리적 이점을 가지고 있다. 과거 영국 식민지 시기에 아프리카에도 많은 인도인들이 이주하여 네트워크가 형성되어 있어 중동, 아프리카로 수출하는 판로 확장이 용이하다. 또한, 인도, 파키스탄, 스리랑카, 네팔, 부탄을 포괄하는 서남아 국가에서 절대적인 비중을 차지하는 지역 강국이기도 하다. 이러한 지리적 이점을 활용하여 인도를 서남아 국가, 아세안, 중동, 아프리카 등으로 진출하는 해외 수출 생산 거점으로 활용할 수 있다.

또한, 세계에 뻗어 있는 인도 네트워크와 서남아 연계성(Connectivity)을 활용해 나가면 도움이 될 것이다. UN 자료에 따르면 인도는 세계에서 가장 많은 이민자를 보유하고 있다. 중동 지역의 경우 UAE는 350만 명에 이르는 인도인이 거주하고 있으며, 이는 UAE 인구의 30%에 해당된다. 이어 사우디아라비아(190만 명), 쿠웨이트(100만 명), 오만(80만 명) 순이다. 이 지역에 인도인 이민자가 주축이 된 회사들이 다수 활동하고 있다. 따라서 인도에 투자하면 내수시장은 물론 서남아, 중동 및 아프리카 등 제3국 시장을 대상으로 하는 수출 생산 기지화가 가능하다. 현대자동차는 인도 내 연간 60만 대 생산 차 중 40% 이상을 해외 수출하고 있다.

기업 환경 인프라가 개선되면서 대인도 투자가 증가하면 중소기업의 진출도 가속화될 것으로 보인다. 삼성, 현대, LG 등 대기업이 구축해 놓은 좋은 브랜드 이미지와 네트워크는 한국 중소기업이 진출하는데 상당한 이점으로 작용할 것이다. 인도의 제조업 경쟁력은 아직 미흡한 편이며, 전기전자, 자동차 부품의 상당 부분을 수입에 의존하고 있는 상황이다. 따라서 중간재의 경우, 독자 진출 시 원자재의 조달과 판매처 발굴에 애로를 겪을 가능성이 높은데 대기업 투자와 연계한 중소기업 동반 진출을 모색하고 동반 진출을 통한 납품망 확보와 현지 열악한 산업 생태계에 대한 대응이 필요하다.

코트라는 뉴델리 무역관 내에 한국 투자기업 지원센터를 설립하여 인도 투자를 지원하고 있다. 현지 로펌 및 회계법인과 협력 체계를 구축하여 투자 자문단을 구성하였으며 법률, 조세 관련 상담이 가능하다. 코트라는 초기 진출 기업에 사무 공간 및 마케팅 서비스를 지원하는 수출 인큐베이터 제도도 운영하고 있다. 한편, 인도 정부는 투자 유치 전담기관 'Invest India' 내에 한국 전용 데스크 Korea Plus를 설치하여 유치 활동을 전개하고 있다. 한국 기업의 인도 투자진출 관련 상담, 유력 투자 지역 소개, 대 인도 정부 애로사항을 해결해 주고 있다.

(4) 급속히 성장하고 있는 건설, 인프라 시장 개척

인도의 건설 및 인프라 산업은 2025년까지 매년 6%의 성장률을 기록할 것으로 예상된다. 국내외 자본을 활용해 고속도로 및 공항, 항만의 신축 공사를 추진하고 인도 전역에 100개의 스마트시티 건설, 주요 도시 간 산업 회랑(Industrial Corridor) 건설, 도로·배관·수처리 등 인프라 프로젝트를 추진하고 있다. 2025년까지 인도 내 인구 100만 명 이상 69개 도시의 민관 협력사업(PPP) 방식의 개발이 이루어져 관련 인프라 프로젝트 기회가 커질 것이다. 인도 정부의 스마트 시티 사업에 미국, 유럽 등 선진국들은 이미 MOU를 체결하고 개발 대상 지역을 선정한 상황이다. 해상 교량, 고속도로 및 스마트시티 등 다양한 인프라 확충과 건설 사업에 외국인 투자가 확대되면서 장기 경제 성장에 대한 기반을 마련하고 있다.

미국, 일본, 중국, 싱가포르 등 국가들은 경협 자금을 활용하여 인도의 대형 인프라 분야에도 적극 진출하고 있다. 특히 중국과 일본이 공격적으로 뛰어들고 있다. 해외 인프라 시장은 개별 기업이 아닌 국가 대항전으로 변했다. 국가와 기업이 협력하지 않으면 안 될 상황이 된 것이다. 인도는 한국 기업의 2017년 국가별 해외 건설 수주 규모에서 29억 달러로 2위를 기록하는 등 거대 신흥시장으로 부상하고 있다. 2017년 6월 한국은 대외경제협력기금(EDCF) 10억 달러 기본 협정 및 수출금융 90억 달러 등 총 100억 달러 규모의 금융 패키지를 지원하기로 하였으며 스마트 시티, 고속철도, 갠지스강 정화 등 대형 인프라 사업에 한국 기업 진출을 합의하였다. 인도가 추진하는 국가적 프로젝트에 한국 기업들이 참여할 수 있도록 정부에서 계속 역할을 발휘해야 한다.

(5) 4차 산업혁명에 공동 대응

인적·과학기술 교류를 확대하는 차원에서 '스킬인디아', '디지털인디아' 등과 연계하여 첨단기술, 우주과학, 혁신 창업 등에서 연구 및 기술 협력을 강화해 나가야 한다. 인도의 우수한 소프트웨어, ICT 분야의 인력과 한국의 풍부한 경험 및 제조·상용화 기술을 접목시키면 양국의 국가 경쟁력과 미래 성장 동력을 끌어올리게 될 것이다.

양국 정상은 4차 산업혁명 공동 대응을 위해 인공지능과 전기차, 헬스케어 분야 등의 첨단 제조, 에너지 신산업 등의 협력을 위한 MOU를 체결하는 한편 기초과학 분야 등의 5G, 사물인터넷 사이버 보안, 바이오 등 협력 분야를 더욱 넓혀 나가기로 했다. 이 일환으로 양국 간 '제4차 한-인도 과학기술공동위원회'에서 연구혁신협력센터를 공동으로 설립하기로 합의했다. 이 센터는 양국 공통 관심 분야인 우주, 원자력, 재료과학 등 과제를 기획하고 추진한다. 그리고 기초연구에서 응용연구, 기술 사업화로 연구 성과가 이어질 수 있도록 연구 단계 간 연계, 과제 관리 등 역할을 맡는다.

또한, 양국은 '미래비전전략그룹'을 설립하기로 합의했다. 과기부와 산업통상자원부, 인도 과학기술부, 상공부 등이 참여한다. 연구혁신협력센터 설립과 미래비전전략그룹 구성 등을 통해 양국의 미래 과학기술 협력이 한층 더 강화될 것이며 한국의 응용·상용화 기술과 제조 역량, 인도의 기초과학, 소프트웨어 등 양국의 강점을 결합해 시너지 효과를 창출할 것으로 기대된다.

신북방 ·
신남방 정책과
일대일로
전략 간 협력

1. 한 · 중 양국 정상 간 합의

문재인 대통령은 2017년 12월 중국 국빈 방문 시 가진 시진핑 주석과의 정상회담에서 일대일로 구상과 신북방 · 신남방 정책을 연계하기로 하고 구체적인 협력 방안을 적극 발굴하기로 뜻을 모았다. 이어서 문재인 대통령은 한 · 중 산업협력 충칭포럼에서 양 구상 간 연계는 역내 평화와 공동 번영을 실현하고 인류 공영을 이끄는 힘찬 물결이 되리라 믿는다고 강조하고, 이를 위한 네 가지 구체적 실천 방향을 제시했다.

첫째, 한 · 중뿐만 아니라 몽골, 러시아 등 역내 국가 간 연결성을 강화하는 것이다. 일대일로가 추진하는 6대 경제회랑 건설에는 유라시아 동쪽 끝, 대륙과 해양이 만나는 한반도와 연결되지 않고 있으므로 이를 메꾸기 위한 방안으로 중국 · 몽골 · 러시아 경제회랑 건설을 제시하였다.

둘째, 한 · 중 기업 간 장점을 결합한 제3국 공동 진출을 적극 지원하겠다고 밝혔다. 그리고 한국의 무역보험공사와 중국 건설은행이 양국 기업의 인프라 시장 공동 진출을 지원하기 위한 양해각서를 체결했다고 소개했다. 한국의 산업은행이 아시아 인프라 개발은행과 공동 출자해 '신흥 아시아 펀드'를 조성한 것처럼 다자개발은행과의 협력도 강화해 양국 기업의 제3국 공동 진출을 적극 지원하겠다고 하면서 한 · 중 투자협력위원회 등 협의 채널을 통해 상호 정보 교류와 금융 지원의 기반도 튼튼하게 다지겠다고 설명했다.

셋째, 한국과 중국을 비롯한 역내 국가 간의 교역과 투자 협력을 강화하겠다고 말했다. 한국의 신북방 · 신남방 정책은 역내 무역 장벽을 낮추고 투자를 활성화하는 정책이며 일대일로 구상의 5대 중점 정책 중 하나인 '무역창통'과 맥을 같이 한다고 설명했다.

넷째, 충칭을 비롯한 중국 주요 지방 정부와의 실질 협력을 강화하기 위해 유사한 경제 발전 전략을 갖춘 도시 간, 경제 특구 간 협력을 확대해 나갈 수 있도록 중앙정부가 적극 지원하겠다고 표명했다.

2. 기존의 합의 사항 계승 및 새로운 협력 방향 설정

2015년 10월 31일 한 · 중 · 일 정상회의 계기에 개최된 한 · 중 양자 회담시에 양국은 유라시아 이니셔티브와 일대일로 정책의 연계를 강화하기로 합의하였고 양국 관계 장관은 '유라시아 이니셔티브와 일대일로 협력에 관한 양해각서(MOU)'를 체결했다. 또한, 한 · 중 양국은 '제3국 시장 공동 개척에 대한 양해각서(MOU)'도 함께 체결했다. 양국 기업의 대외 경쟁력 향상을 위해 인프라 · 도시 건설, 에너지, IT · 통신, 환경 등의 분야에서 양국의 비교 우위를 결합해 제3국 시장을 공동 개척하며 이를 위해 AIIB 등 다자개발금융기구를 활용한 자금 지원 방안을 모색하고 공동 조사연구, 협력 경험 및 정보공유 등을 강화한다는 것이 주요 내용이다.

그러나 그 후 유라시아 이니셔티브와 일대일로 정책 간에 실질적 협력이 이루어지지 못하였는데, 과거에 합의한 사항을 사장시키지 말고 발전적으로 계승하여 활용해 나갈 필요가 있다. 한 · 중 양국은 신북방 · 신남방 정책과 일대일로에 공통점이 많아 연계 가능성이 크다는 인식을 공유하고 있으며, 양국은 정책 공조, 기반시설 연결, 무역 · 투자, 금융 협력 등 다방면에 걸쳐서 협력을 활성화할 수 있다. 한국은 아시아인프라투자은행(AIIB)에 중요한 창설 회원국으로 가입하여 활동하고 있다. AIIB를 활용하여 일대일로 프로젝트에 참여함으로써 한 · 중 양국 간 경제 협력을 강화할 수 있는 계기를 마련할 수 있다. 신북방 · 신남방 정책이라는 신정책이 나온 만큼 이러한 제반 상황을 감안하여 일대일로와 새로운 협력 방향을 설정할 필요가 있다.

1. 일대일로 전략 벤치마킹

일대일로 전략은 당대에서는 가장 잘 체계화된 해외 진출 전략이라고 할 수 있으며 신북방·신남방 정책을 추진하는 데 있어 참고할 가치가 크다. 먼저, 일대일로 추진 시스템을 벤치마킹할 수 있다. 일대일로 전략의 지휘부인 '일대일로 건설공작 영도소조'는 상무 부총리가 조장을 맡아 일대일로 프로젝트 건설을 총괄하고, 부조장은 당 중앙 정책연구실 주임, 부총리, 두 명의 국무위원으로 구성되어 있고 실무 업무는 국가발전개혁위원회, 외교부, 상무부가 협력하여 추진한다. 일대일로 전략은 중앙이 수립하나 구체적인 실행 방안은 지방정부가 마련한다. 정부뿐만 아니라 학계, 기업, 언론계 등 각계각층에서 일대일로 업무에 참여하는 시스템이 마련되어 있다.

일대일로는 3개의 육상 노선과 2개의 해상 노선 등 총 5개의 노선을 설정하였으며, '6대 경제회랑' 및 '5통' 전략은 창의적이고 포괄적인 것으로 평가된다. 그리고 일대일로 전략을 국내외에 체계적이고 적극적으로 홍보하여 일대일로 전략의 정당성을 강화시킴은 물론 국민적인 관심을 불러일으키고 다른 나라들의 관심과 참여를 유도하고 있다. 홍보 제고와 일대일로 성과 거양을 위해 각 지방에서 국제적인 일대일로 행사를 대대적으로 개최하고 있다.

예를 들어 산시성에서는 매년 실크로드 국제 박람회를 개최하고 있는데, 일대일로 정책을 홍보함은 물론 새로운 정책을 발굴하고 투자를 유치하며 나아가 상품이 교역되는 중요한 플랫폼으로 자리 잡아가고 있다. 닝샤후이주자치구는 격년제로 중국-아랍박람회를 개최하여 아랍 국가에 대한 진출통로로 활용하고 있다. 유명한 모까쿠(莫高窟) 석굴이 있는 간수성 둔황에서는 실크로드 국제문화박람회가 매년 개최되고 있다. 시안은 실크로드 '시상(西商)대회'를 대규모로 개최하여 일대일로 발전 정책을 홍보하고 투자를 유치하고 있다.

2. 일대일로 전략과 연계 및 활용

지리적으로 신북방 정책은 육상 실크로드인 '일대(一帶)'와 통하고 신남방 정책은 해상 실크로드인 '일로(一路)'와 통한다. 한국으로서는 가까운 주변국이자 제1의 교역 대국이고 주요 투자 대상국인 중국이 추진하고 있는 핵심 정책인 일대일로와의 협력은 양국 간 협력 차원에서 자연스러운 일이다. 그리고 중국의 일대일로 전략과 한국의 신북방·신남방 정책은 상호 협력의 여지가 많다.

갈수록 성장 동력이 떨어지고 있는 한국은 신북방 정책과 한반도 신경제지도 실현을 통해 신 성장 동력을 마련해야 하고 중국은 낙후 지역인 동북 3성 재개발이 절실한 시점이다. 한국은 중국 정부가 중점적으로 육성하는 국가 전략 프로젝트에 참여하면서 새로운 비즈니스 기회를 발굴할 수 있다. 중국으로서는 국제적인 우려를 불식시키기 위해서는 주변국 중 경제 규모와 국제적 영향력이 크며 자국에 적대적이지 않은 한국과 같은 나라와의 협력이 필요할 것이다. 앞으로 한·중 양국은 협조 가능한 분야를 발굴해 나가면서 협력의 경험을 축적해 나갈 필요가 있다.

먼저 생각할 수 있는 것이 가스, 철도, 전력 등 인프라 분야 협력이며, 동북아 슈퍼그리드 구축이 관심을 받고 있다. 동북아 슈퍼그리드는 몽골 및 러시아의 풍부한 천연·친환경 자원을 이용해 생산된 전력을 광역 전력망을 구축하여 전력 수요가 높은 한국, 중국, 일본에 공급하는 구상이다. 중국은 동북아 슈퍼그리드를 일대일로 전략 차원에서 다루고 있으며 글로벌 에너지 연계(GEI, Gobitec and Asian Super Grid) 구상을 제안했다. GEI 구상은 초고압 송전선로(UHV), 스마트그리드와 청정 에너지를 기반으로 글로벌 전력 네트워크를 구축하겠다는 장기적인 전략이다.

둘째, 동북아의 비즈니스, 컨벤션 및 관광 사업 허브 구축을 표방하고 있는 블라디보스토크 및 주변 지역 개발 사업에 다자 간 협력 사업으로 컨소시엄을 구성하는 방안을 추진할 수 있을 것이다. 중국과 협력하여 컨소시엄을 결성할 경우, 러시아 극동 지역 진출에 적극적인 중국과 여전히 중국 자본과 인력의 과도한 극동 지역 진출에 대해 우려하고 있는 러시아 양측 모두에 사업 추진을 위한 긍정적인 요인으로 부각될 수 있기 때문이다. 한편, 한·중 양국 간에 이미 논의된 협력 사업(훈춘, 자루비노)의 활성화 방안과 훈춘-나선-블라디보스토크를 연결하는 접경 지대 개발 검토도 가능하다.

셋째, 중국 횡단철도(TCR), 시베리아 횡단철도(TSR) 및 몽골 횡단철도(TMGR) 이용 활성화를 추진하고 중국 횡단철도와 시베리아 횡단철도 간 연결, 한반도 종단철도와 시베리아 횡단철도간 연결을 모색하는 것이다. 한국이 국제철도협력기구(OSJD)에 가입함으로써 이러한 논의에 탄력을 받을 수 있게 되었다. 일대일로의 성과로서 주목을 받고 있는 것이 중국-유럽 화물열차(中歐班列)이다. 화물량과 운송 횟수가 급속히 늘어나고 운송시간을 대폭 단축시키고 있다. 한국 화물이 장쑤성 롄윈강(蓮運港)이나 산둥성 칭다오 그리고 르자오(日照)로 들어와 중국-유럽 화물철도를 통해 유럽까지 수출하면 선박으로 수출하는 것보다 시간을 대폭 줄일 수 있다. 아울러 한·중 양국은 북극해 항로 개발에 있어서 협력을 추진할 수 있다.

넷째, 제3국 공동 진출로서 양국 기업 간 비교 우위를 바탕으로 동남아, 서남아, 중동, 아프리카 등에서 투자개발형 공동 진출 사업도 추진할 수 있다. 일대일로의 대상 지역은 대체적으로 고위험 지대, 고부패 지대로 분류되며 주변국들은 경제 혜택에도 불구하고 자국의 중국 종속을 우려하고 있다. 따라서 한·중 기업이 일대일로 사업에 동반 진출한다면 한국은 경제 협력의 거점을 확보하고 중국은 리스크를 경감하는 상호 원윈 전략이 될 수 있다. 이를 지원하기 위해 아시아인프라투자은행(AIIB) 자금을 활용해 나가는 방안을 강구해 나갈 필요가 있다.

다섯째, 실크로드 교류전이나 실크로드 박람회에 참가하고 중국 각 지방 성·시정부가 주관하는 박람회·전시회 등 행사에 적극 참여할 필요가 있다. 이러한 행사를 통해 우호 교류를 증진함은 물론 기업 상품을 홍보할 수 있어 시장 개척에도 도움이 된다. 2018년 11월에 상하이에서 제1회 중국국제수입박람회(CIIE, China International Import Expo)가 개최된다. 이 박람회는 2017년 5월 제1회 일대일로 정상포럼에서 채택된 사업으로서 시진핑 주석이 큰 관심을 가지고 있다고 한다. 중국 상무부는 이 박람회가 국가급 전시회로서 2018년 중국 정부가 주최하는 박람회 중에서 가장 큰 규모가 될 것이며 일대일로 주변국과 무역 수지 균형을 이루고 중국이 세계 무역 질서에 열려 있음을 실천적으로 보여 주는 중요한 행사가 될 것이라고 소개한 바 있다.

한·중 양국은 신북방·신남방 정책과 일대일로 전략 간 연계를 위한 구체적인 협력을 시작하였다. 김동연 부총리 겸 기획재정부 장관은 2018년 2월 2일 베이징에서 제15차 한·중 경제장관회의에 참석해 허리펑(何立峰) 국가발전개혁위원회 주임과 일대일로와 신북방·신남방 정책을 연계하기로 하고 유라시아 이니셔티브와 연계 협력하기로 체결한 양해각서(MOU) 내용을 신북방·신남방 정책 연계로 고치기로 했다. 신북방 정책과 일대일로의 접점인 중국 동북 3성 지역과 관련한 거점별 협력 방안도 마련하기로 했다. 동북 3성에 한·중 국제 협력·자유무역 시범구 설치 등도 논의되고 있다.

3. 일대일로 전략과의 경쟁 측면에서 전략

일대일로 전략 추진에 따라 중국의 영향력 확대를 우려하는 측면이 적지 않다. 더군다나 중국은 일대일로가 호혜적임을 표방하고 있지만 대규모 자본과 인력을 동원하여 세계 각지에서 싹쓸이 형태로 진격하는 행태를 취하고 있어 현지 사회의 반발을 일으키고 있는 경우가 늘어나고 있다. 자국의 위상 확대, 국력 강화를 도모하려는 것이 일대일로의 중요한 목적이기 때문에 반발과 비난에도 불구하고 중국은 자신의 행동을 정당화하며 기존의 전략을 밀고나갈 것이다. 이런 측면에서 일대일로와 협력하는 데는 분명한 한계가 있다. 그리고 일대일로 전략과의 협력 필요성에도 불구하고 서로 추구하는 목표와 정책이 다르며 국익을 두고 경쟁하는 측면도 있다. 따라서 일대일로와의 단순한 접목은 해서는 안 되며 협력할 것은 협력하고 활용할 것은 활용하며 경우에 따라서는 경쟁도 해야 한다는 점을 인식하여 일대일로 전략과의 관계를 면밀하게 설정할 필요가 있다.

한국은 중국과 같은 방식으로 진출한 적이 없고 가능하지도 않다. 중국 방식의 부정적인 측면을 반면교사로 삼아 진출 방안을 모색해 나가야 한다. 첫째, 기업들의 해외 인프라 진출 측면이다. 해외건설은 한국 경제의 '달러 박스' 역할을 톡톡히 했지만 대규모 인프라 투자가 이루어졌던 리비아 등 중동 정세 불안, 최근 저유가와 세계 경기 침체 등으로 어려움을 겪고 있다. 더구나 중국 기업들이 대대적인 자국 정부 지원을 바탕으로 프로젝트를 따내고 있어 어려움이 커지고 있다. 중앙아, 동남아 및 서남아 국가들이 인프라 구축, 도시 개발 사업을 본격화하고 있는데 이러한 기회를 활용해 나가야 한다. 정책 협력 위원회를 구축하고, 그 위원회에 관련 부서, 공공기관, 관련 협회가 참여토록 하여 기업들의 해외 인프라 진출 지원을 강화해 나가야 한다.

둘째, 물류 네트워크의 회복이다. 수출을 통해 먹고사는 한국에게 물류회사는 매우 중요하다. 그런데 거대 선사를 키우는데 40년이라는 시간이 걸린 한진해운이 흔적조차 볼 수 없게 되어 한국의 해운 경쟁력에 심각한 영향을 주고 있다. 한진해운 파산으로 무너져버린 해운 경쟁력을 회복하기 위해 한국해양진흥공사가 2018년 7월 설립되었다. 한국해양진흥공사는 선박 터미널에 대한 투자, 보증 등의 금융 업무를 비롯해 해운 거래 관리·지원, 친환경선박 대체 지원, 국가 필수 해운 제도, 한국해운연합 지원 등 해운 정책 지원과 각종 정부 위탁사업 수행을 망라하는 종합적인 지원 업무를 수행한다. 그러나 이것만으로는 충분하지 않다. 여러 선사들이 힘을 한곳에 모으는 방법밖에 없다. 한국 선사 간 협력이 어느 때보다 절실하다.

중국의 일대일로의 기본적인 전략은 점, 선, 면 형태로 물류 인프라를 기반으로 점을 찍고 항로, 내륙 물류 네트워크를 만들면서 산업단지, 도시 등의 면을 확보하여 해외시장을 확보해 나가는 정책이다. 이대로 가면 세계 물류가 중국에 의해 점령되며 해외시장도 중국에게 넘어간다. 이에 대한 대책이 마련되어야 한다. 디지털 플랫폼 구축이 시급하다. 대기업, 중소·중견 기업 그리고 스타트업들이 함께 공존하고 상생할 수 있는 물류·유통·IT 융합 생태계의 구축 마련도 필요하다. 한국 물류기업들은 '신남방 정책'과 '신북방 정책'에 맞춰 실효성 있는 비즈니스 모델을 만들어 현지 진출을 시도해야 한다.

셋째, 중국의 영향력 확대 우려 정서를 활용한 진출 전략이다. 중국의 야심을 숨겨 놓은 '차이나 머니'가 개발 도상국가들에게는 자칫 독배가 될 수 있다는 경고가 나오고 있다. 연선 국가들에 대한 대규모 투자에도 불구하고 향후 중국 경제에 예속될 수 있다는 두려움으로 중국 프로젝트 추진에 대한 반감도 점점 커지고 있다. 중앙아 국가들은 일대일로 전략 추진에 따른 인프라 구축은 환영하면서도 정치 · 외교적 우려와 경계로 인해 독일, 한국과 같은 제3국의 참여를 바라고 있다. 이 점을 주목하여 중앙아 국가들이 인프라 구축과 함께 추진하는 산업지대 구축에 진출하는 방안을 고려할 필요가 있다.

또한, 중국과 러시아 간의 '틈새' 포착을 통해 한국의 경제적 진출효과를 극대화할 수 있는 전략적 접근 방안을 구상해야 한다. 러시아는 외국 자본의 투자를 환영하면서도 '중국 인구 확장론'과 '중국 위협론'이 작용하여 중국-러시아 협력 계획을 소극적으로 추진하거나 계획은 많지만 이행하지 않는 상황이 나타나고 있다. 대신에 할 수 있는 나라가 바로 한국이다. 한국은 러시아의 우려를 불식시킬 수 있고 효과성을 제고시킬 수 있다.

넷째, 문화 행사와 결합한 한류 마케팅을 지속적으로 확대해 나갈 필요가 있다. 현실적으로 한국의 역량은 무역 규모, 인프라 투자에 있어서 중국, 일본 등에 비해 한계가 있다. 한국이 할 수 있는 힘의 원천은 문화이다. 한류의 힘은 바로 우리가 주변 국가인 중국이나 일본의 전략과 비교할 때 강력한 강점이며 신북방 · 신남방 정책 추진에 있어서 중요한 지렛대로 활용할 수 있다. 특히, 동남아시아와 중앙아시아에서 불고 있는 한류를 적극 활용해서 시장을 선점해야 한다. 아세안, 중앙아, 인도 등에서 한국 드라마가 인기를 끌면서 한국에 대한 이미지와 한국 제품에 대한 선호도가 높아지고 있다. 화장품에서 그치지 않고 첨단 가전, IT 제품 등에 대한 선호도를 유지하고 농업 가공품 등으로 확산될 수 있도록 한류 마케팅을 지속해 나가야 한다.

7

신북방 · 신남방 정책, 한반도 신경제 지도를 통한 종합 발전 전략

● 제1절 ― 번영의 축으로 신북방·신남방 정책 제시

1. 한반도 신경제 지도와 동북아 플러스 책임 공동체

　문재인 정부는 한반도, 즉 남북의 경제 협력 촉진을 위한 '한반도 신경제 지도'와 동북아의 공동 번영을 위한 '동북아 플러스 책임 공동체 구상'을 국정과제로 발표했다. '한반도 신경제 지도'는 한반도를 동해권과 서해권, 접경 지역 등 3대 경제 벨트로 묶어 H 형태로 개발하여 신성장 동력을 확보하고 북방 경제와의 연계를 추진하며, 이를 위해 남북 간 경협을 재개하고 궁극적으로 남북한 하나의 시장 협력을 지향함으로써 경제 활로 개척과 경제 통일 기반을 구축하자는 구상이다.

　한반도 신경제 지도 구상은 북핵 문제 해결과 함께 대북 정책의 핵심으로서 남북 경협과 동북아 경협의 비전 및 방향을 담고 있다. 분단으로 갇혀 있는 우리 경제의 영역을 북한으로, 대륙으로 확장하여 경제 활로를 개척하여 새로운 성장 동력을 찾아내고, 이를 토대로 동북아 평화 정착과 공동 번영을 달성하자는 것으로 공동의

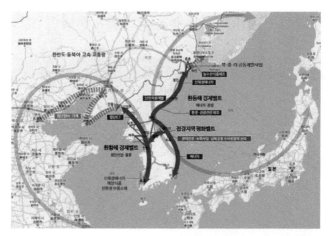

〈한반도 신경 제지도〉   출처: 국정기획자문위원회

이익에서 출발해서 갈등과 긴장을 완화하고 지속 가능한 평화의 싹을 틔워 나가자는 것이다. 한반도가 나아가야 할 미래에 대한 청사진의 성격을 내포하고 있다. 한반도 신경제지도는 단순한 경제지도가 아니라 한반도와 동북아 평화를 위한 평화지도이며, 북한핵문제나 동북아 대립에서 위협받는 것은 결국 우리 자신이라는 절박함이 작용하고 평화가 전제되지 않으면 경제협력도 불가능하다는 현실인식이 바탕에 깔려 있다.

'동북아 플러스 책임 공동체'는 중견 국가의 위상을 활용하여 지정학적 취약성을 극복하고 평화와 번영의 미래를 준비하고자 하는 중장기적인 비전이다. 북핵 문제를 해결하고 남북 관계를 개선함으로써 평화를 이룩하는 데 진력하며 다른 한편으로 동북아는 물론이고 유라시아, 아세안, 인도, 호주 등으로 외교 지평을 적극적으로 확대해 나간다는 것이다. 이것은 동북아 평화협력 플랫폼, 신북방 정책, 신남방 정책의 세 가지 축으로 이루어져있다.

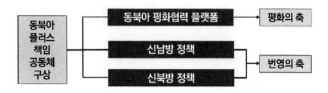

2. 동북아 평화협력 플랫폼과 신북방 · 신남방 정책

'동북아 평화협력 플랫폼'은 동북아에서 동맹 질서가 현존하는 상황에서 한국 주도로 다자 협력 외교를 통해 진영 대결구조를 완화시키고 외교 외연을 확대하며 이슈를 다양화하고 심화시키며 제도화를 추진한다는 것이다. 동북아 지역 내 지정학적 긴장과 경쟁 구도 속에서 장기적으로 한국의 생존 및 번영에 우호적인 평화 협력적 환경 조성을 추진하고 평화 기반을 확대하는 '평화의 축'으로서 '동북아 평화협력 플랫폼'을 구축하고 동북아를 넘어서는 북방 · 남방 지역을 '번영의 축'으로 삼는 신북방 정책과 신남방 정책을 추진하기로 한 것이다.

신북방 · 신남방 정책은 '동북아 플러스 책임공동체'와 '한반도 신경제구상' 등 문재인 정부 국정 과제의 취지를 살려 일대일로 · 신동방 정책 등 역내 국가들의 유라시아 통합 노력에 대응하여 해양과 대륙을 잇는 가교 국가의 정체성을 회복하며 초국경 소다자 협력 활성화를 통한 한반도 · 동북아 평화 체제를 구축하고, 시장 다변화, 4차 산업혁명 기술 협력, 에너지 · 물류망 확충 등을 통해 신성장 동력 확보에 효과적으로 기능하는 정책이다.

● 제2절 ── 한반도 신경제 지도 구상에 따른 개발 전략

1. 한반도 신경제 지도 개발 전략

신북방 · 신남방 정책은 국내, 남북한, 북방 및 남방 국가 연계 개발이 이루어져야만 진정으로 효과를 발휘할 수 있다. 북한을 통해 북방으로 가는 데는 큰 어려움이 있으나 마침 남북정상회담 및 북미정상회담을 통해 북핵 문제 해결의 전기를 맞이하게 되었으며, 한반도 신경제지도 구상이 탄력을 받을 수 있게 되었다.

출처: 청와대

〈H자형 한반도 개발 전략〉

한반도 신경제 지도는 금강산 - 원산 · 단천 - 청진 · 나선을 개발한 뒤 남측 동해안과 러시아를 연결하는 '동해권 에너지 · 자원 벨트', 수도권 - 개성공단 - 평양 · 남포 - 신의주를 연결하는 '서해안 산업 · 물류 · 교통 벨트' 및 동서를 잇는 축으로서 'DMZ(비무장지대) 환경 · 관광 벨트'로 구성되어 있다. 남과 북을 생산 공동체, 소비

공동체, 수출 공동체로 만들겠다는 구상이다.문재인 대통령은 판문점 남북 정상회담 시 김정은 위원장에게 한반도 신경제 지도 구상이 담긴 책자와 프레젠테이션(PT) 영상이 담긴 이동식 저장장치(USB)를 전달하여 신경제 지도 구상에 대한 관심을 환기시켰다.

남북은 2018년 6월 26일 판문점 남측 지역 평화의집에서 철도협력 분과회의를 열고 민족 경제 균형 발전을 위해 동해선·경의선 철도협력 사업의 현지 공동조사를 빠른 시일 내에 진행하기로 했다. 그리고 남북은 6월 28일 '도로협력 분과회담'을 열어 휴전선 북쪽 개성~평양 경의선 도로와 고성~원산 동해선 도로를 우선 '현대화'(개보수)하기로 원칙적으로 합의했다. 도로·철도를 이으면서 남북 경제 협력과 북방 경제 협력을 추진하면 한반도 신경제 지도 구상이 실현될 수 있다.

2. 북한 개발 시 기대 효과

한국은 저성장, 저고용, 저출산, 고령화, 중진국 함정에 빠져 수년째 1인당 GDP가 3만 달러 문턱을 넘어서지 못하고 높은 청년 실업률을 기록하고 있다. 한국 경제가 노동시장 위축, 수요 감소 및 기업의 수익성 악화, 투자 감소, 개인 자산의 하락에 직면하고 있는 상황에서 북한 시장에 대한 기대가 커지고 있다. 한반도와 대륙의 연결은 한반도에 항구적인 평화 및 안정을 가져다줄 수 있고, 저성장기로 접어든 한국 경제의 돌파구가 될 것이다. 유라시아의 대륙 국가들과 교통, 물류 및 에너지 인프라 연계를 통해 새로운 성장 공간을 확보하고 공동 번영을 도모하여 대륙-해양 복합국가로서 새로운 일자리 창출 및 지속 성장을 견인하는 차세대 경제 성장 동력을 확보할 수 있다.

먼저, 남북 관계의 안정적 관리와 경제 협력 관계가 형성되면 안보와 지정학적 리스크 해소를 통해 경제 운용과 경제성장에 긍정적으로 작용한다. 둘째, 북한은 남한에 새로운 시장을 제공할 수 있다. 북한 시장뿐만 아니라 중국 동북 3성, 러시아 극동, 중앙아시아 등 광활한 유라시아 대륙 시장에 보다 쉽게 접근할 수 있다. 줄잡아도 2억이 넘는 인구가 한국을 중심으로 단일 시장화하여 명실상부한 동북아 경제 공동체가 구축되는 것이다.

셋째, 북한은 제조기지로서 성장 잠재력이 크다. 인구 대부분이 중고등교육 이상을 이수하여 양질의 노동력 공급이 용이하다. 북한 사람들은 소득 증대에 대한 동기 부여가 높은 편이다. 북한은 노동 집약적 제조 활동과 고급 인력을 활용한 IT 분야 기술 활동에 적합한 지역이다. 넷째, 남한 기업은 언어와 문화 측면에서 다른 국가들에 비해 절대적으로 유리하다. 다만 현재 북한의 중국 편중 현상이 심한데, 이것은 혈맹국이라는 역사적 유대, 접경 지역이라는 지경학적 특성에 따른 교역의 용이성, 임가공 등 상호 보완적인 산업 구조가 작용하고 있기 때문이다.

다섯째, 북한은 도로, 철도, 항만 등 교통시설, 정보통신 시설, 상하수도, 전력 및 가스 등의 공급 연결망이 필요할 것이다. 한국의 건설투자가 점점 하락할 것으로 예상되는 상황에서 북한 인프라 구축을 위한 투자는 새로운 수요 창출을 가져와 한국 건설 산업에 돌파구로 작용할 수 있다.

제3절 ─── 한반도 권역별 연계 개발 전략

1. 환동해권 연계 개발 전략

(1) 부산항의 역할 제고

한반도 신경제지도에서 환동해권은 부산에서 한반도 동해안을 거쳐 중국과 러시아를 잇고, 나아가 부산항과 나진-선봉항, 일본의 니카타항을 삼각으로 연결하는 거대한 산업경제권이다. 신북방 정책의 핵심인 9개 브리지 전략이 성공하려면 해상과 복합 물류 네트워크 강화가 필요하다. 부산은 환황해와 환동해 경제권의 접경지대이고 유라시아 대륙과 태평양을 연결하는 관문 기능을 하고 있으며, 9개 브리지 전략 중에서 항만, 수산, 북극 항로, 조선 분야를 주도할 수 있는 동북아 해양수도이다. 부산이 환동해 경제권을 주도적으로 열어가고 신북방 정책의 중심지 역할을 해야 한다.

문재인 대통령은 2018년 3월 16일 부산 신항에서 열린 부산항 미래비전 선포식에 참석해 부산은 대한민국 해양수도를 넘어 아시아 해양수도가 될 것이고 철도·공항과 함께 육해공이 연결되는 동북아 물류 거점 도시가 될 것이라며 신북방·신남방 정책의 성공 여부도 부산항 혁신에 달려 있다고 강조했다.

유라시아 대륙과 환태평양이 만나는 접점에 있는 부산이 신북방 정책을 주도하면서 극동러시아와 연결고리를 강화할 경우 자연스럽게 북한과의 연결고리도 만들어 나갈 수 있고 부산에서 해상으로 그리고 육상으로 유라시아 대륙까지 연결이 되는 날이 앞당겨질 것이다. 이를 위해 부산이 동북아 국제 운송회랑에서 시발점 역할을 할 수 있도록 주변국과 네트워크를 구축해 나가야 한다. 예컨대 러시아 자루비노항 건설 동참과 훈춘-자루비노-부산항으로 이어지는 노선 활성화와 장춘-만저우리-유럽을 잇는 국제 화물운송 열차 운행 강화이다.

그리고 제대로 이러한 역할을 하기 위해서는 부산항의 능력을 강화시켜 나가야 한다. 마침 해양수산부는 부산항의 물류 처리 능력을 1.5배 확대하고 최첨단 스마트 항만으로 탈바꿈시키는 부산 신항 발전 계획을 내놨다. 부산 신항의 물류 허브화를 위해 2030년까지 신항 컨테이너 처리 용량도 50%까지 확대하며 '신항만 기본 건설 계획'에 개발 규모와 입지 등을 담는 등 제2신항 구축에도 속도를 내기로 했다.

훈춘에는 포스코와 현대그룹이 투자한 훈춘국제물류센터가 가동되고 있다. 훈춘국제물류센터는 포스코의 북방 물류 허브와 자원 개발을 위한 기반시설로서 활용하고 있으며 앞으로 중국 동북 지역과 러시아·북한 접경 지역으로 사업 영역 확대를 위한 교두보 역할이 기대된다. 부산은 우선 훈춘국제물류센터와 연계하여 북방으로의 물류 루트를 개발하고 이를 중국 동남부, 나아가 동남아 등으로 연결시켜 시너지 효과를 높여 나가야 한다.

(2) 강원도를 신북방 정책의 전진기지로 육성

평창 동계올림픽을 성공적으로 개최한 강원도가 남북 화해 분위기를 타고 동해항·속초항만 등을 중심으로 북방 경제권 물류 선점을 위한 '강원도 국제해운물류 5개년 계획'을 발표했다. 물동량 창출을 위한 인프라 구축, 내륙과 항만을 연결하는 물류 시스템 구축, 도내 무역항별 특성화 전략 수립, 친환경 동해 신항 건설, 수출입 화물유치 추진단 설치 등이 주요 내용이다.

환동해권 개발에 있어서 중심 역할을 해야 하는 강원도는 컨테이너항로 개설, 동해항 기능 재배치 및 철도 인입선 조정 등을 통해 동해항의 해운 물류 기능 강화 및 고부가가치 항만 육성을 위한 발판을 마련하며 동해-블라디보스토크 항로와 속초-자루비노-훈춘을 연결하는 '동북아 신해운항로'를 구축해 나갈 방침이다. 환동해권 개발에 있어서 북극 항로 개발은 또 다른 호재가 될 수 있다. 기후 변화에 따른 지구 온난화로 북극해가 열리면 물류의 흐름이 동해쪽으로 이동될 것이다. 동북아-북극해 항로는 유럽으로 가는 가장 빠른 길이기 때문이다. 북극해 항로의 상용화가 가져올 물류 혁명은 환동해 혁명의 기폭제로 작용할 것이다.

2. 환황해권 연계 개발 전략

(1) 한반도 신경제 지도 구상의 환황해 경제 벨트 연계

한반도 신경제지도에서 환황해경제권은 여수와 목포에서 시작하여 한반도 서해안을 거쳐 북한의 해주, 남포와 연결하고 중국을 연결하는 산업경제권이다. 남북 경협이 활성화되면 랴오닝 연해 경제 벨트 계획, 북한의 황금평·위화도 개발 계획에 한국의 신경제 지도 구상의 환황해 경제 벨트 계획을 연계해 나가는 것을 모색할 수 있다. 북한이 2018년 4월 남북정상회담을 통해 핵·경제 병진노선 대신 경제 건설에 집중하겠다는 입장을 천명하면서 북한 개발에 대한 기대감이 증폭되고 있다. 그동안 일대일로 정책은 주로 중국 중서부 지역에 편중돼 진행되어 왔는데, 북한의 비핵화 진전에 따라 중국 측에서 전격적으로 일대일로를 북한까지 확장하는 시나리오를 상정할 수 있다. 이렇게 되면 북한의 철도 등 물류 개선은 신속하게 이루어질 수 있다. 그러나 한반도 통일 및 단일 경제권 유지라는 측면에서 북한의 물류개선은 중국이 아닌 한국이 추진해야 한다는 점을 염두에 두고 주도적으로 추진할 필요가 있다.

(2) 새만금을 환황해권 개발의 핵심 지역으로 활용

새만금은 강과 바다에서 건진 광활한 땅을 활용한 대규모 사업이다. 새만금 방조제는 33.9km로서 세계에서 가장 긴 방조제이며 주변은 경치가 수려하고 가까운 곳에 볼거리가 많아 관광객을 끌어들이기에 좋은 곳이다. 환황해권 중심에 입지하여 중국, 일본, 유라시아 진출이 용이하다. 항공기로 3시간 이내에 닿을 수 있는 인구 100만 이상인 도시가 60여 개가 있어 지리적 접근성이 좋을 뿐만 아니라 무역 접근성도 좋다. 다수의 국가들과 FTA를 체결한 한국의 무역 환경을 활용하면 '메이드 인 코리아' 효과를 누릴 수 있는 장점이 있다. 서해안축 중앙부에 위치하여 서해안 지역의 발전 견인에 유리하다. 당진-군산-무안-대불을 잇는 서해안 산업 벨트의 중심지, 태안-안면도-변산반도-신안·목포를 잇는 서해안 관광 벨트의 중심지와 연결된다. 새만금이 한국 경제의 미래와 관광 발전을 견인하는 블루칩이 될 수 있다.

출처: 새만금청 홈페이지

새만금은 중국의 지적에 있어 투자, 물류 등 측면에서 잘 활용하면 중국의 '일대일로'와 한국의 '신북방·신남방 정책'을 연결하는 중요한 연결고리가 될 수 있다. 새만금 개발 계획에 따르면, 새만금 신항과 군산공항을 연결하는 '새만금-대야간 복선전철'이 2020년 완공을 목표로 건설되고 있는데, 새만금에서 익산으로 이어진 철도망은 익산에서 기존의 철도를 타고 올라가 서울로 연결된다. 남북 종단철도가 연결되면 중국 횡단철도, 시베리아 철도와 연결되어 유

럽의 각국으로 이어진다.

새만금은 해로를 통해 일대일로와 연결될 수 있다. 새만금의 신항만에서 출발, 서해를 통과하여 롄윈강 항구에 닿으면 롄윈강에서 중국 횡단철도(TCR)와 이어지며, 중앙아시아 지역을 거쳐 유럽까지 이어지는 것이다. 그리고 새만금의 신항만은 수심이 17~40m에 달하여 25만 톤 선박의 접안이 가능하다.

(3) 열차 페리 구상 및 중국-유럽화물열차

열차 페리를 통해 황해를 잇고 중국 횡단철도(TCR)와 연결하는 방안을 추진할 필요가 있다는 의견이 꾸준히 제기되어 왔다. 열차 페리는 컨테이너선 규모의 선박에 선로를 설치한 뒤 열차를 통째로 선적해 이동하는 운송 수단으로 항만에 도착하면 다시 기차를 연결해 철로로 수송하는 방식으로 현재 중국의 다롄-옌타이 노선에서 운행되고 있다. 인천과 옌타이를 잇는 노선이나 평택과 옌타이를 잇는 노선이 후보지다. 해상을 통해 유럽까지 가는 대신에 선박과 철도를 동시에 활용하면 화물 운송 시간을 대폭 줄일 수 있고 중국 서부 지역은 물론 중앙아시아로 빠르게 운송할 수 있다.

열차 페리 방안이 경제성 등으로 실현이 어렵다면 중국-유럽 화물열차를 활용하는 방안을 생각할 수 있다. 일단 화물을 선박으로 롄윈강이나 칭다오로 운반하고 중국 횡단열차(TCR)로 유럽으로 가는 방안이다. 중국-유럽 화물열차가 초기에는 물동량이 부족하여 경제성 문제가 제기되었지만 이제는 물동량이 많아 효과를 보고 있다. 한편, 중·몽·러 경제회랑 구축에 참여해 나가면서 중국-한반도 경제회랑을 모색해 갈 수 있다.

3. 한반도 종단철도 연결

〈향후 전개 가능한 한반도 및 주변 물류망〉　　출처: 경기연구원

(1) 한반도 종단철도 연결 필요성

21세기 유라시아 시대를 열기 위해서는 남북한 간의 경제적 협력이 필수적으로 요구되며 시발점은 남북을 종단하는 한반도 종단철도와 도로의 개통을 통한 대륙 접근성의 확보이다. 한 축은 극동러시아를 시작으로 유라시아 대륙과 연결하는 물류 축이고 또 한 축은 북한과 연결하여 중국과 유라시아로 연결되는 축이다. 궁극적으로 대륙과 연결하기 위해서는 한반도 종단철도(TKR)가 시베리아 횡단철도(TSR), 중국 횡단철도(TCR)에 연결되어야 한다. 이러한 연결 구상은 한국의 번영과 다가오는 통일 시대를 대비하기 위해서도 반드시 성취해야 할 중요한 과제이다.

북한은 동북아 물류 체계에서 일종의 '진공' 상태로 남아 있기 때문에 남-북, 동-서로 이어지는 축의 원활한 물류에 커다란 저해 요인이다. 남북 관계가 개선될 경우 가장 먼저 풀어야 할 과제다. 북한의 '진공'이 해소된다면 남북한 철도는 자연스럽게 연결될 수 있다. 이 철도가 연결되어야 중국 동북 3성을 거쳐 시베리아 횡단철도, 중국 횡단철도, 만주 횡단철도(TMR), 몽골 횡단철도(TMGR)에 연결되어 중앙아시아, 유럽 등지로 갈 수 있다. 한반도 종단철도 연결 여부는 장래에 한국이 유라시아 물류 소통의 기착지가 되느냐 아니면 물류의 섬으로 남아 있느냐를 결정한다고 해도 과언이 아니다.

2018년 4월 27 남북정상회담 개최 후 발표된 판문점 선언에 "남과 북은 민족 경제의 균형적 발전과 공동 번영을 이룩하기 위하여 10.4선언에서 합의된 사업들을 적극 추진해 나가며 1차적으로 동해선 및 경의선 철도와 도로들을 연결하고 현대화하여 활용하기 위한 실천적 대책들을 취해나가기로 하였다."라고 명시되었는데, 한반도 종단철도 연결 추진에 대한 희망을 가질 수 있게 되었다.

(2) 한반도 종단철도 연결 구상

한반도 종단철도(TKR) 건설을 통한 유라시아 철도망 구축의 각론에서는 '부산-울산-포항-강릉-원산-블라디보스토크'를 연결하는 동해선 연결 방안과 '부산 혹은 목포-대전-서울-원산-블라디보스토크'를 연결하는 경원선 연결 방안이 제기되고 있다. 경원선 연결 방안은 서울에서 원산을 연결하는 수도권 중심주의에 기반하고 있는 반면, 동해선 연결 방안은 태평양과 유라시아 대륙의 관문인 부산을 중심에 놓고 태평양과 유라시아를 연결하는 구상의 연장선상에 놓였다는 분석이다.

동해선 연결 방안은 남북 교류 활성화 이전에는 수도권-강원권 항만-시베리아 횡단철도(TSR)을 잇는 철도와 해상 복합 운송 루트를 구축하고, 남북 교류 활성화 이후에는 광역 경제권-강원권 철도-북한 철도-시베리아 횡단철도-유럽 수송 루트를 구축한다는 인식이다. 경원선은 기존의 철로 라인을 현대화하는 작업만 거치면 되는데, 동해선은 인프라를 건설해야 하는 상황이라 시간과 비용이 더 들어갈 것이라는 견해가 많다. 러시아 측에서는 나진, 선봉을 통과해 부산까지 연결하는 동해선 라인에 대해 관심을 많이 가지고 있다고 한다.

출처: 한국철도공사

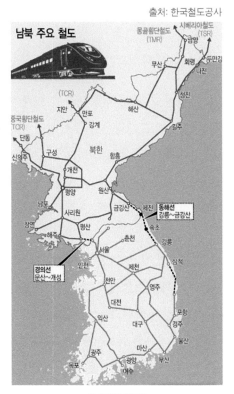

〈남북한 철도〉

부산에서 강릉을 거쳐, 북한 원산까지 이어지는 동해선 철도는 이 가운데 강릉역에서 고성군 제진역까지 110km가 끊겨 있어서 이 것을 다시 잇는 게 동해선 복원의 핵심이다. 동해선을 연장하면 시베리아 횡단철도를 통해 유럽 철도망과도 연결할 수 있다. 한편, 복원된 후 10여 년 간 방치된 경의선은 서울에서 신의주까지 연결돼 있다. 다만, 북한 구간에서 속도를 100km 이상 높이려면 낡은 철도 시설을 현대화해야 한다. 경의선이 연결되면 중국 횡단열차를 타고 유럽으로 갈 수 있다. 경의선은 남북 간 인적 교류의 허브 역할을 맡을 것으로 기대된다.

(3) 남북 철도 연결을 기회의 개념으로 인식

독일이 통일된 후 한반도 통일 비용 논란이 크게 일어난 적이 있으며, 그때 특히 북한의 철도 개량에 천문학적인 비용이 들 것이라는 분석이 나왔다. 그런데 일대일로 전략으로 수천km에 이르는 대륙 간 횡단철도나 고속철도가 추진되고 있는 상황에서 북한을 관통하는 철도나 고속철 건설은 그렇게 큰 프로젝트가 될 수 없을 것이다.

통일을 비용의 개념으로 보는 대신에 대륙으로 연결하여 한민족이 뻗어 나가는 기회의 개념으로 인식할 필요가 있다. 소요되는 자금은 한국이 전담하는 것이 아니라 남북 철도 연결 등 남북한 사업에 대한 아시아인프라투자은행(AIIB)이나 아시아개발은행(ADB)의 활용도 모색할 수 있다. 진리췬 AIIB 총재는 북한은 AIIB 비회원국이지만 이사회 승인을 거쳐 금융 지원이 가능하며 비핵화가 진전될 경우 지원을 검토할 수 있을 것이라고 언급하였다.

맺음말

위대한 전략가인 브레진스키는 2000년대 초에 저술한 『제국의 선택(The Choice)』의 서문에서 "중국은 경제적으로 진보했지만 적어도 두 세대 동안은 상대적 빈곤국으로 남을 가능성이 높다."라고 예측했다. 그런데 그로부터 10여 년이 된 후 세계 각국은 엄청난 쇼핑을 즐기는 요우커(遊客, 중국인 관광객)를 유치하는 데 큰 힘을 쏟을 정도로 부가 축적되어 "적어도 두 세대 동안은 상대적 빈곤국으로 남을 가능성이 높다."라는 대전략가의 예측이 무색하게 될 만큼 발전하고 있다.

지금까지 중국 관련해서는 "사람이 참 많다."라는 말을 많이 해 왔는데, 이제는 "돈이 참 많다."라는 말도 추가되어야 할 판이다. 중국은 과거에는 '인해 전술'을 썼다면 이제는 '돈 보따리' 전술을 쓰고 있다. 막대한 차이나 머니를 바탕으로 유라시아 대륙을 인프라로 연결하는 일대일로 전략을 추진해 나가고 있다. 일대일로 전략의 주요 목적은 자국의 위상을 확대하고 국력을 강화하여 '중국 몽'을 실현하는 것이다. 이제 일대일로는 인프라 시장을 석권하고 물류망을 하나하나 점령하면서 진격하고 있다. 이런 상황에서 한국은 아래 사항을 유념하면서 신북방·신남방 정책이 국익을 창출하도록 추진해야 한다.

첫째, 신북방·신남방 정책에 대한 범국민적인 참여를 유도해야 한다. 몇 사람, 일부 부처의 전유물이 되어서는 안 되며 참여자를 다양화해야 한다. 중앙정부뿐만 아니라 지방정부, 학계, 기업, 언론계 모두를 망라하여 속도감 있게 구체적인 진출 전략을 짜고 실행해 나가야 한다. 또한, 해외 지향적으로만 되어서는 안 되고 국내개발과 연계시켜 나가야 하며, 특히 지방정부, 기업들의 역할이 중요하다. 일과성 정책이 되지 않고 지속 가능한 정책으로 자리를 잡고 역동적으로 추진되도록 해야 한다. 그동안 많은 정책들이 발표될 때는 요란했으나 제대로 이행되지 못하고 정권이 바뀌면 사장되어 버린 경우가 다반사였음을 유념하여 신북방·신남방 정책이 문재인 정부의 정책으로만 끝나지 않고 계속 이어져 국익을 창출해 나가도록 해야 한다.

둘째, 해당 국가들이 신북방·신남방 정책을 우호적으로 받아들이도록 해야 한다. 다양한 포럼 개최와 '공공 외교(Public Diplomacy)'를 통해 공감을 얻어내고 공존 공영하는 비전을 보여주어야 한다. 일대일로 정책이 호혜적임을 표방하고 있지만 거대한 자본과 인력을 동원하여 싹쓸이 형태로 진격하는 행태를 취하고 있어 반발을 일으키고 있는 경우가 늘어나고 있다. 신북방·신남방 정책은 개발 경험도 공유해 나가면서 상호 원원하는 교집합을 마련해 나갈 필요가 있다. 진정으로 상생하는 방향으로 나아가야 효과를 볼 수 있다는 점을 염두에 두고 추진되어야 한다. 개별 기업 차원에서는 단기적 이익만 보고 나갈 것이 아니라 지역 경제 발전에 기여하고 중요한 국책사업에 참여한다는 사명의식을 갖고 참여해야만 효과를 거둘 수 있다. 블라디보스토크 동방경제포럼이나 한-아세안 정상회의는 성과를 보여 주고 비전을 보여 주는 좋은 기회가 될 수 있다.

셋째, 북한 변수를 제대로 관리하고 새로운 한반도 정세를 슬기롭게 활용해 나가야 한다. 역대 한국 정부의 북방 정책은 북한 변수로 인해 번번이 좌절되곤 했다. 북한이 핵무장 전략을 채택하면서 동북아의 안보 정세는 항상 긴장되고 경제 발전에 필요한 안정과 동력은 제한을 받아왔다. 그런데 이제 남북정상회담에 이어 북미정상회담에서 비핵화 문제에 있어서 합의를 이루면서 신북방·신남방 정책 추진을 위한 양호한 환경이 조성되고 있다. '한반도 신경제지도' 구상의 실행도 탄력을 받을 것이라는 전망이 나오고 있다. 그러나 과거 사례에서 알 수 있듯이 북한 문제는 기대를 잔뜩 갖게 하다가 실망으로 끝난 경우가 많았다. 모처럼 얻은 기회를 잘 살릴 수 있도록 긴장의 끈을 놓지 말아야 하며, 신북방·신남방정책이 한반도 신경제지도라는 다리로 연결되어 한반도를 넘어 중국, 러시아, 몽골, 중앙아, 유럽 및 아세안, 인도로 확산되어 대한민국의 번영을 이끌어가도록 해야 한다.

참고문헌

중국어 문헌

"一帶一路": 機遇與挑戰(人民出版社, 2015년)

讀懂 一帶一路(中信出版社, 2105년)

"一帶一路" 引領中國(中國文史出版社, 2105년)

歐亞經濟論壇發展報告(西安交通大學校, 2015年, 2017年)

一帶一路 戰略 導讀(甘肅文化出版社, 2015年)

絲綢之路經濟帶(馬莉莉 任保平 編著, 中國經濟出版社, 2015年11月)

國家戰略(張鋒 著 西安交通大學出版社, 2017年1月)

西北大學"一帶一路"研究成果匯編(郭立宏 盧山冰 主編, 西北大學出版社, 2016年12月)

"一帶一路"戰略下中國與歐亞金融合作(沈悅 主編, 西安交通大學出版社, 2016年9月)

絲綢之路經濟帶國際運輸通道研究(孫啟鵬 馬飛 劉丹 朱文英 編著 西安交通大學出版社, 2016年9月)

中國與"一帶一路"發展系列研究叢書(叢書主編 馮宗憲, 西安交通大學出版社, 2017年8月)

번역 문헌

거대한 체스판(The Grand Chesboard: American Primary and Its Geostrategic Imperatives, Zbiegniew Brezenski 지음, 김명섭 옮김, 삼인, 2000.4)

The Two Koreas(DON OBERDORFER 지음, 이종길 옮김, 길산, 2002.7)

제국의 선택(The Choice : Gloval Domination or Gloval Leadership, Zbiegniew Brezenski 저, 김명섭 번역, 황금가지, 2004.4.30)

덩샤오핑 평전(Deng Xiaoping and the Transformation of China, Ezra Feivel Vogel 저, 심규호, 유소영 역, 민음사, 2014.1.15.)

힘든 선택들(Hard Choices, 힐러리 로댐 클린턴, 김규태, 이형욱 역, 2015.4)

중국 공산당은 어떻게 통치하는가(후안강 지음, 성균중국연구소 옮김, 성균관대학교출판부, 2016.12)

중국제조 2025(진페이 지음, 조재구 번역, MC미디어, 2017.1.1)

한국어 문헌

북방에서 길을 찾다(동북아공동체연구재단, 디딤터, 2017.5)

북방정책(기원, 전개, 영향)(하용출 외, 서울대학교출판부, 2003.11)

코리아 다시 생존의 기로에 서다(배기찬 지음, 위즈덤하우스, 2005.5)

고선지 루트(장연주 연출, 김승환 촬영, KBS미디어, 2016.9)

2018년 중국 전망:정치.외교.경제.사회 (성균중국연구소, 2018.1)

문재인의 한반도 정책, 통일부

동북아 평화협력 플랫폼, 외교부

2016 지구촌 한류현황(외교부, 한국국제교류재단, 2016.12)

아세안과 동남아 국가연구(박광섭.이요한 공저, 도서출판 대경, 2002.1)

북방정책과 한국정치의 정책결정(임춘건 지음, 한국학술정보(주), 2008.1)

중난하이로 가는 길(김정계.정연란 공저, 도서출판린, 2014.5)

중국의 新 실크로드 전략 일대일로(이강국 지음, 북스타, 2016.1)

한중관계의 새로운 모색(이희옥.면홍화 편저, 다산출판사, 2017.5)

성균차이나 포커스 제19호(2015년)

성균차이나브리프(성균중국연구소)

시진핑 리더쉽(김기수 지음, 석탑출판, 2012.8)

2016 외교 백서(외교부, 2016.10)

문재인 대통령 연설문집(문화체육관광부 해외문화홍보원, 2017.7)

상하이자유무역시험구(이강국 지음, 북스타, 2015.3)

서안 실크로드 역사문화 기행(이강국 지음, 북스타, 2017.6)

한국외교 60년(외교통상부, 2009.12)

북한은 현실이다(이수혁 지음, (주)북이십일21세기북스, 2011.9)

북.중 접경지역(이옥희, (주)푸른길, 2011.3)

동아시아 정세 변화와 한국 외교, 외교안보연구원, 2008.5

한중수교 25년사(성균중국연구소 엮음, 성균관대학교출판부, 2017.8)

포스트 차이나,아세안을 가다(이충열 외 6인, 디아스포라, 2017.10)

중국의 부상과 동남아의 대응(이선진 외 지음, 동북아역사재단, 2011.12)

수퍼아시아(KBS〈수퍼아시아〉제작팀 지음, 가나출판사, 2017.7)

포스트 차이나 진짜 인도를 알려주마(박민준 지음, 플랜지 북스, 2017.7)

현대 동남아의 이해(윤진표 지음, 명인문화사, 2016.8)

동아시아공동체 : 동향과 전망(동아시아공동체연구회 지음, 아산정책연구원, 2014.4)

일대일로의 모든 것(이창주 지음, 서해문집, 2017.6)

북방 ROUTE(강태호 외 지음, 돌베개, 2014.12)

아시아의 꿈, 아세안 공동체를 말하다((윤진표 외, 한·아세안 센타, 2015.11)

북한 비즈니스 진출 전략(삼정 KPMG 대북비즈니스 지원센타, 두엔북, 2016.4.25)

메콩강 경제권 문화와 비즈니스(강영문, 전남대학교출판문화원, 2018.3.30)

일대일로, 신북방·신남방정책 등 관련 언론보도

연구 논문, 보고서

러시아의 극동·바이칼 지역 개발과 한국의 대응방안(2014 KIEP 정책연구브리핑, 제성훈 외)

러시아 극동지역 개발현환과 한국의 협력방안(KOTRA 해외시장뉴스, 2017.10)

13·5 규획 시기 한국의 중국 동북지역 경제협력 과제와 전략(대외경제정책연구원 연구자료 17-09, 이현태 외, 2017.11)

중국 동북지역과 연계한 남북중 신(新)인프라 전략 연구(경제·인문사회연구회 중국종합연구 협동연구총서 17-49-06, 대외경제연구원 서종원 외)

북방경제협력의 비전과 추진방향(북방경제협력위원회 제1차 회의, 2017.12)

한반도와 북방지역 연계강화를 위한 접경지역 개발협력 방안 연구 : 훈춘 일대를 중심으로 (경제·인문사회연구회 중국종합연구 협동연구회 17-49-05, 대외경제연구원 이현주 외)

세미나 자료

신북방정책과 동북아경제협력 정책토론회(국회 동북아 공존과 경제협력 연구모임, 2017.11.7.)

新 남방정책과 아세안 협력강화방안(국회 동북아 공존과 경제협력 연구모임, 2017.12.18)

메콩강 4개국 투자환경 및 프로젝트 진출방안 세미나(기획재정부 및 코트라, KDI, 해외건설

협회, 2018.2.1.)

바다로! 대륙으로! 시장을 넓혀라! 아세안 · 인도 · 유라시아 진출설명회(코트라, 2018.2.22)

제8차 한-러 극동포럼(한국해양수산개발원, 2018.5.16.)

신남방정책과 한 · 인도 협력 미래(대외경제정책연구원, 경제인문사회연구회, 2018.7.3)

신남방정책: 비전, 전략 그리고 추진방향(국립외교원, 2018.7.3)

웹사이트

북방경제협력위원회 홈페이지

외교부 홈페이지 및 해당 공관 홈페이지

일대일로 사이트(www.edailu.cn) 및 중국 정부 홈페이지

코트라 홈페이지

동남아 및 인도 관련 연구소 홈페이지

한-아세안센타 홈페이지

일대일로와 신북방 신남방 정책

초판 1쇄 인쇄   2018년 8월 23일
초판 1쇄 발행   2018년 8월 29일

지은이 | 이강국
펴낸이 | 박정태
편집이사 | 이명수   감수교정 | 정하경
책임편집 | 이정주   편집부 | 김동서, 위가연
마케팅 | 조화묵, 박명준, 송민정   온라인마케팅 | 박용대
경영지원 | 최윤숙

펴낸곳   BookStar
출판등록   2006. 9. 8. 제 313-2006-000198 호
주소   파주시 파주출판문화도시 광인사길 161 광문각 B/D 4F
전화   031)955-8787
팩스   031)955-3730
E-mail   kwangmk7@hanmail.net
홈페이지   www.kwangmoonkag.co.kr

ISBN   979-11-88768-07-3 03340
가격   20,000원